阿布基尔港

埃及吉萨金字塔

中方工程师与埃及工程师一起核检设备

中国员工在儿童节慰问埃及亚历山大孤儿院的小朋友

“一带一路”合规经营
系列丛书

工程建设企业境外合规经营指南
埃及

中国施工企业管理协会
中国港湾工程有限责任公司
编著

中国市场出版社
China Market Press
·北京·

图书在版编目（CIP）数据

工程建设企业境外合规经营指南. 埃及 / 中国施工企业管理协会，中国港湾工程有限责任公司编著. 北京：中国市场出版社有限公司，2024. 8. --（“一带一路”合规经营系列丛书）. -- ISBN 978-7-5092-2576-9

Ⅰ. F426. 9-62

中国国家版本馆 CIP 数据核字第 2024YE7518 号

工程建设企业境外合规经营指南：埃及

GONGCHENG JIANSHE QIYE JINGWAI HEGUI JINGYING ZHINAN：AIJI

编　　著：中国施工企业管理协会 中国港湾工程有限责任公司
责任编辑：王雪飞

出版发行：中国市场出版社
社　　址：北京市西城区月坛北小街 2 号院 3 号楼（100837）
电　　话：（010）68034118/68021338
网　　址：http：//www. scpress. cn

印　　刷：河北鑫兆源印刷有限公司
规　　格：145mm×210mm　32 开本
印　　张：10. 75　**字　　数：**275 千字
版　　次：2024 年 8 月第 1 版　**印　　次：**2024 年 8 月第 1 次印刷
书　　号：ISBN 978-7-5092-2576-9
定　　价：68. 00 元

《工程建设企业境外合规经营指南：埃及》

编委会

岐温华　中国电建集团海外投资有限公司总法律顾问
　　　　兼首席合规官

张　磊　中国土木工程集团有限公司中土研究院副院长

宋玉祥　上海市建纬（北京）律师事务所高级合伙人

张明明　中国石油天然气第一建设有限公司
　　　　企管法规部经理

张玉金　江西中煤建设集团有限公司企业管理部部长、
　　　　合规办公室主任

PREFACE
序言

“一带一路”倡议是顺应全球治理体系变革，彰显同舟共济、命运与共意识的国际公共产品。作为完善全球治理体系、推动构建人类命运共同体的中国方案，共建“一带一路”已经成为 171 个国家（地区）和国际组织开展国际合作的新模式，正在向高质量共建的阶段迈进。

共建“一带一路”在完成总体布局的基础上，聚焦重点、深耕细作，扎实推进项目实施，累计开展了 3000 多个项目，可圈可点的成果、实实在在的好处，让“一带一路”朋友圈不断扩大。中国企业参与“一带一路”建设的程度也越来越深入，面临的市场环境越来越复杂，合规经营在企业可持续发展中也显得越来越重要。

为更好地帮助企业提高合规经营管理水平，有效防范及化解经营风险，早在 2017 年 5 月，习近平总书记就中国企业合规经营问题，在中央全面深化改革领导小组会议上，明确指出加强企业海外经营行为合规制度建设的必要性。2018 年 7 月 1 日，国家标准《合规管理体系指南》（GB/T 35770—2017）正式实施；2018 年 11 月 2 日，国务院国资委《中央企业合规管理指引（试行）》发布实施；2018 年 12 月 26

日，国家发展改革委正式发布《企业境外经营合规管理指引》，为中国企业更好地开展境外经营业务、建立合规管理体系和制度，提供了官方的指导意见。

中国施工企业管理协会基于工程建设行业的实践经验和研究成果，联合 12 家会员单位，在国家发展改革委区域开放司的指导下，出版《工程建设企业境外合规经营指南》（以下简称《指南》），结合企业自身情况，以丰富翔实的案例，系统地从市场环境、通用规则、国别（地区）规则以及示范项目等角度展示了中国企业在境外稳扎稳打、开拓进取的合规发展历程，具有针对性、实务性和系统性的特点，是一套指导性非常强的工具书。

《指南》的出版有利于帮助广大施工企业适应国际工程承包自由化、便利化的市场环境，引导企业以实现行业高质量发展为目标，期望通过树立境外合规经营优秀典型，分享境外合规运营经验，帮助企业完善合规运营体系，形成合规文化，提升企业在国际市场中的竞争力。同时，在更广泛的范围倡议共建“一带一路”的企业，增强机遇意识和风险意识，夯实基础，固牢底线，趋利避害，在发展中不断前进，在合作中茁壮成长。

曹玉书

2021 年 12 月

PREFACE 前言

近年来，中国企业对“一带一路”倡议的参与逐渐深化，对外承包工程项目合同额不断增多。“走出去”的企业越来越多，行业、领域涉猎越来越广，面对愈发严峻的境外合规挑战，中国企业广泛参与境外经营的同时，如何兼顾自身发展与国际化合规要求，则成为当前新形势下需要深度思考的问题。

埃及作为最早加入“一带一路”倡议的国家之一，其在政治、经济、文化等方面与我国保持着积极且高水平的对话与交往。埃及地处亚非两洲的结合部分，地理位置优越，文明源远流长，在非洲及阿拉伯世界具有举足轻重的地位。2014 年 12 月，中埃两国建立全面战略伙伴关系，埃及通过扩大国际合作加快国内基础设施建设，双方积极深化相关领域合作，共同造就了国际社会中团结合作、互利共赢的典范。

由习近平主席与埃及总统塞西共同揭牌的中埃合作区，不仅是共建“一带一路”和“苏伊士运河走廊经济带”对接的示范项目，还是埃及和红海两岸工业现代化的一张崭新名片。由中企承建的斋月十日城轻轨项目于 2022 年部分通车，极大便利了沿线近 500 万名居民的出行，为埃及发展城际快速轨道交通系统提供了经验。除参与埃及的能源项目、港口和工业园区建设，推动了埃及经济的发展之外，中国企业还与埃及政府合作，在埃及境内设立生产基地，进一步促进了就业和技术转移。双方共建的苏伊士（泰达）经贸合作区为5万多名埃及民众直接或间接提供就业机会，成为促进两国投资和技术合作的重要平台。

2008年中国港湾进入埃及市场，并于次年在新开罗注册全资子公司。子公司秉承中国港湾的优良传统，以“感知责任、优质回报、合作共赢”为公司宗旨，努力拓展市场，服务在建项目，在埃及市场逐步树立了一流品牌形象。自业务开展以来，中国港湾先后承建了赛德东港项目、苏赫纳集装箱码头项目与阿布基尔集装箱码头项目，合同总额约7.72亿美元，在埃及港口项目工程行业享有美誉。

赛德东港项目与苏赫纳集装箱码头项目的建成，不仅大幅度提高了赛德东港、苏赫纳港区的货物吞吐能力，还在创造就业、拉动当地经济增长等方面作出了积极贡献。目前在建的埃及阿布基尔集装箱码头项目施工至今，已累计为当地提供直接就业岗位超2000个。码头全面开港运营后，年吞吐能力有望达200万标准集装箱，将有效带动周边经济，增加当地就业，促进埃及海运贸易业发展，带动相关产业链持续发展。

中国港湾长期扎根埃及开展属地化经营，注重中资企业在市场国开展业务过程中的合法合规经营要求。在埃中资企业，一方面要应对埃及市场中存在的正式制度、非正式制度与中资企业内部制度间存在的碰撞，另一方面还要特别关注国际机构制定的通用型合规经营法律法规的监管要求。中资企业在促进创造经济效益、达成合法化经营目标的前提下，势必会面临来自埃及当地社会、国际社会的一系列特殊挑战。

当下，国际格局正在发生深刻调整，埃及通货膨胀与贸易保护主义带来的危机与风险也在不断加剧，中资企业面临持续性的经营挑战。但机遇与挑战往往并肩而行，中国港湾作为“走出去”的中国企业，紧抓“一带一路”历史机遇，并意识到只有不断提高自身合规经营意识，建立健全合规管理体系，提高合规管理能力与经验，加强对埃及当地营商环境的了解，才能有效防范和应对合规风险，真正走上国际化、规范化经营的发展道路。

CONTENTS
目录

Chapter 1

第一章

境外工程建设合规管理的重要性

“合规”一词源自英文 compliance，是指企业行为符合法律法规及其内部规章制度和商业道德的要求。企业合规管理本质上是对企业内部的自我管理提出了要求，不仅要求其合法合规，还要求其遵守企业自己制定的规章和社会承认的商业道德。近年来，随着中国“走出去”战略、“一带一路”倡议的推动，越来越多的企业走出国门，开始广泛参与跨国经营，而与此同时，越来越多的中国企业遭受海外合规处罚，引发了国内企业对于合规问题的关注和思考。

一、合规的起源

（一）企业合规思想的起源

合规思想最早可追溯到成立于 1906 年的美国食品和药物管理局（FDA）当时对食品和药物安全的监管，这促使部分企业开始将合规视为企业运营的一部分。20 世纪 50 年代，英国为发展外向型经济，向外扩张本土企业。尽管当时的英国法律以及各个行业的规章制度相对比较完善，但对外投资要做到“入乡随俗”，英国本土的法规、企业规章和文化理念等已不适用于投资所在国。在此背景之下，从国家、行业和人员三个层面考虑，英国率先推出合规。

（二）企业合规体系的诞生

20 世纪 60 年代，因电气设备行业龙头企业的垄断行为，美国开始反垄断大潮，政府在该领域重拳出击，合规管理随着美国《反托拉斯法》（反垄断法）的实施而得到了普及，在当时促使很多企业开始建立反垄断合规体系。

（三）企业专项合规体系的建设

20 世纪 70 年代，为应对这一时期出现的系列财务丑闻，美国证券交易委员会在 1977 年颁布了《反海外腐败法》，要求上市公司在贿赂、回扣、记账和其他方面执行合规政策。《反海外腐败法》在合规的世界发展史上具有标志性意义。一方面是因为该法在反腐败领域具有广泛的域外管辖效力，至今仍然是悬在各跨国企业头上的“达摩克利斯之剑”；另一方面是因为该法要求企业对资金往来进行准确的会计记录，从而直接介入了企业财务内控体系的建设。

1986 年，美国发布了《环境审计政策声明》，将企业环保作为合规工作要点，鼓励公司对设备使用是否符合环保要求进行系统、定期和客观的检查，以确保公司合规体系的有效性，发现潜在的环保违规问题。同一年，美国军火企业联合起草了《国防工业的商业伦理与企业活动精神》，将自觉履行合规管理制度作为企业自律的要求。1988 年，美国又通过了《内幕交易与证券欺诈取缔法》，进一步防止证券内幕交易。这一系列专项法案的制定推动了企业在问题领域专项合规体系的建设。

二、合规体系的成形与完善

（一）企业合规体系的成形

20 世纪 90 年代以前的合规管理多集中在某些具体领域，从 20 世纪 90 年代开始，企业全面合规体系建设逐渐成形。标志性的事件是 1991 年美国量刑委员会发布《针对机构实体联邦量刑指南》（简称《量刑指南》）。

《量刑指南》主张将机构实体是否具备完善的合规体系作为减轻刑事责任的重要考量。该指南的出台标志着现代合规理念与合规标准的成形。企业按照《量刑指南》的合规标准审查现有合规体系或建立新合规体系。

1992 年，关于通过控制危险废物跨越国境的转移和处置来防止危险废物对环境和人体健康造成危害的全球性国际公约——《巴塞尔公约》开始生效，目前已经有 187 个国家签署。

1995 年，联合国首次提出“全球契约”的构想，号召企业以承诺遵守国际行为准则的方式，使经济活动兼顾社会公益，承担相关社会责任。2004 年，“全球契约”扩充形成人权、劳工标准、环境、反贪污四个方面的十项基本原则。

1997 年，经济合作与发展组织（OECD，简称经合组织）成员国达成《反对国际商业活动中向海外政府官员行贿行为公约》。

（二）企业合规体系的规范

2001—2002 年，安然有限公司和世界通信公司等企业发生财务造假丑闻，暴露出美国上市公司治理和财务审计方面存在的严重问题。为加强公司监管、重振投资者信心，美国国会于 2002 年通过《萨班斯-奥克斯利法案》（简称《萨班斯法案》），对美国上市公司财务监管中存在的问题作出了针对性规定。

《萨班斯法案》适用于所有在美国上市和准备赴美上市的公司，包括外国公司，如中国的阿里巴巴、网易等，因而对世界范围内的企业经营和合规管理产生了深远影响。

2004 年，巴塞尔银行监管委员会颁布《巴塞尔协议》，鼓励银行不仅要识别当前的风险，而且要识别将来的风险，并且改进现有的风险管理体系来管理这些风险。2005 年，巴塞尔银行监管委员会又发布了《合规与银行内部合规部门》高级文件。

这一时期对合规发展产生重要影响的，还包括 2004 年修订后的《针对机构实体联邦量刑指南》。修订后的《量刑指南》为评估合规体系的有效性规定了更为细致和严格的要求，包括但不限于：培养诚信合规的组织文化、强调管理层对合规体系的监督、加强员工合规培训和宣介、建立内外部风险评估机制等内容。

（三）企业合规体系的发展和完善

肇端于 2007 年的次贷危机席卷全美。为遏制金融违规、挽回公众信任，美国国会于2010年通过了《多德-弗兰克华尔街改革和消费者保护法案》。该法案的规则覆盖了几乎整个金融业和国民经济，旨在改善金融业责任制和透明度，避免再次发生经济危机，是美国金融业自大萧条以来最为深远的一次改革。

反腐败合规在这一阶段再次成为热点。以美国对德国西门子公司的反腐败执法案为代表，美国司法部和证券交易委员会在这一时期对大量跨国公司进行了反腐败调查和执法。受《反海外腐败法》巨额罚款的警示（西门子被罚约16亿美元）和会计条款的要求，众多企业开始不断加强自身的反腐败合规体系建设。

2010年，《量刑指南》再次修订，此次修订强调了合规官的独立性，对企业合规体系建设产生了不小的影响。

2010年，经合组织颁布《内控、道德与合规最佳行为指南》，要求企业制定明确的政策来禁止海外贿赂，制定针对所有员工的合规执行体系、相关交流和培训机制、完善的举报制度等。

2014年，国际标准化组织发布实施了《合规管理体系 指南》（ISO 19600），将合规管理分为建立和改进两部分，包括确定合规范围、建立合规方针、评估合规风险、制订应对计划、实施和控制、评估和报告、持续改进等阶段，为所有规模和类型的企业建立有效的合规管理体系提出了指导性建议。

2014年，亚太经合组织通过了《北京反腐败宣言》《亚太经合组织预防贿赂和反贿赂法律执行准则》《亚太经合组织高效率公司合规项目基本要素》。

2016年，国际标准化组织颁布了《反贿赂管理体系——要求和使用指南》（ISO 37001：2016），对于企业运营当中可能存在的不正当的利益往来行为，阐述了预防、发现和应对措施。

2017 年，美国司法部发布的《合规管理体系评估》罗列了问题样本清单，企业可以对照这份清单，对自身合规管理体系的充分性和效能进行评估。

2019 年，《量刑指南》更新版明确提出了 12 项评估合规体系有效性的指标，并在《商业组织联邦起诉原则》中明确提出了 3 个评价标准：合规体系是否设计良好？是否有效实施？是否实际发挥作用？

2021 年，国际标准化组织的《合规管理体系 要求及使用指南》（ISO 37301：2021）正式发布实施。ISO 37301 规定了组织建立、运行、维护和改进合规管理体系的要求，并提供了使用指南，适用于全球任何类型、规模、性质和行业的组织。

到目前为止，经营合规的概念已经深入商业领域的各个方面，各个国际组织都为构建全世界范围内公平、公正的合法合规经营环境不断努力着。而反过来对企业而言，经营风险不可能完全杜绝，但却可以利用已尽合规义务的规则来保护自身，并且利用合规管理规则来加强企业建设。可以说，合规潮流不可逆，主动拥抱使用才是正确的做法。

点评：

从合规的起源到完善成形这近一个世纪的发展历程之中，我们可以看到企业的合规从最初经济法的各领域，如反垄断法、证券和金融监管以及跨国商业行为，到现在已经扩展到经济和社会规制的各个领域。它从不同的企业和部门兴起，从最开始的分流和不同目标，到 20 世纪 90 年代，最终汇总成干流，初步形成相对完整的体系，而目前已经成为各国家、地区乃至全球商业组织和法律部门的共享制度。每一次合规的演变都是各个历史大事件迭代的结果，各个国家和组织都努力地从失败事件中总结经验，逐步完善并形成达成共识的合规规范。

站在企业的立场上，合规更多和“风险管理”“内控体系”联系在一起。对于风险事件而言，每一个风险事件有危又有机，危与机是共存的孪生兄弟。每一个风险事件，不只是事故，同时也是改进的契机，是推动前进的最深刻动力。因此，每个企业经营者都应充分意识到以下几点：

第一，合规要求不是对企业的约束，它最终的目标是引导全球商业环境朝健康有序、公平公正的方向发展。

第二，只有融入全球商业规则中，成为其中合格的一分子，才能接入全球的供应链环境，获取更多的业务机会，同时也能规避更多的风险。可以说，企业成为“合规组织”是参与全球竞争的最基本条件。

第三，注重企业发展过程中或者同行业中的每一次大事件，这是完善企业运行机制，规避运营风险的最好时机。

“走出去”与“全球性协作”是不可逆转的趋势，因时势而勃发的中国合规管理成为我国各个企业在国际化进程中的实践热点。但是源于美国并扩展到世界范围内的这一制度，在国内推行的时候的确有许多值得检讨的地方。中国式的公司治理、法治水平和大陆法系的制度局限性，限制了合规作用的发挥。然而，相对于开拓者，我们是幸运的，可以站在前人的肩膀上去处理合规问题。我们还需要不断地完善合规管理和制度，这正是我们向前迈进最正确的方向。

三、合规管理的基本概念

合规是指企业及其员工的经营管理行为符合有关法律法规、国际条约、监管规定、行业准则、商业惯例、道德规范和企业依法制定的章程及规章制度等要求，是企业通过制定合规政策，按照内部规范的要求统一制定并持续修改合规规范，监督内部规范的执行，以增强内部合规控制；对违规行为进行持续识别、监测、预警，防范、控制、化解合规风险的一整套管理活动和机制。

合规管理包括组织内部的自我审查和来自外部组织的监管，其主要内容包括（但不限于）：合规管理制度建设、合规文化建设、合规信息系统建设、合规咨询、合规培训、合规审核、合规审计、合规检查、合规考核、合规评价、合规报告、法律法规追踪、投诉举报处理、监管配合和合规问责等。

四、合规管理的意义

（一）中国当前合规管理的现状

合规管理理念和实践于 20 世纪 70 年代末由三资企业引入中国。就合规监管而言，我国也经历了由金融机构逐步向其他行业扩散的过程。目前，我国政府对于企业合规管理体系的建设十分重视，要求各行业都应加强企业合规管理，完善企业合规建设。

2006 年 10 月，中国银监会颁布了《商业银行合规风险管理指引》，为商业银行合规风险的管理提出了指引。

2016 年 4 月，国务院国有资产监督管理委员会印发了《关于在部分中央企业开展合规管理体系建设试点工作的通知》，指出企业合规管理在中国移动、中国石油、东方电气集团、招商局集团、中国中铁等 5 家中央企业开始试点。

然而，和跨国企业相比，中国企业在合规问题的处理上相对落后，很多中小企业乃至部分大企业甚至都不知道合规管理的概念，而相对重视合规管理的企业，如华为、中兴通讯和中国铁建等，其合规管理体系的构建也还处于起步阶段。我国对企业经营合规方面的相关法律法规也正在逐步完善过程中。

2008年以来，中国企业大规模“走出去”，因为对国际上通行规则与非通行规则的认识不足或者理解不到位而产生了大量不合规的商业行为，导致企业受到经营所在地政府或者国际组织的制裁。这不仅给企业造成经济与声誉损失，还给中国企业国际形象带来负面影响。

在2018年，中兴通讯被美国政府处罚14.9亿美元的同时，被列入美国禁售制裁名单，几乎濒临倒闭。同样是中国通信行业领头羊的华为也一直受到美国相关监管机构的调查。

近年来，随着中国企业国际化程度逐步加深，我国“一带一路”倡议持续推进，更多的中国企业，尤其是工程建设、工程服务类企业，参与到世界银行以及其他国际多边开发机构贷款项目的投标、建设及服务中。然而，自2019年新冠疫情暴发以来，贸易保护主义日渐盛行、民粹主义不断抬头，部分地区地缘政治紧张局势难见缓解，大国政治博弈进一步加剧。受台海问题、新疆问题、印巴问题、南海问题以及2022年愈演愈烈的俄乌局势影响，欧美部分国家或组织为打击我国经济社会的发展，对我国在海外上市、经营的企业或项目开展过度的审核与监管，这使中国企业面临的境外经营合规风险越来越大。

截至2022年3月11日，世界银行官网公布数据，尚在制裁名单上的中国企业和个人共计196个（不含港澳台），中国是受世界银行制裁企业数量最多的国家。这为“走出去”的中国企业在合规管理方面敲响了警钟。

（二）国家对企业境外经营合规管理的重视

国家对企业境外经营合规管理越来越重视。近年来，陆续出台了规范企业境外经营行为、提升企业合规管理水平的方针政策，详见表1-1。

表 1-1 中国政府近年来发布的合规要求

时间	机 构	事 项
2010 年 8 月	商务部、外交部、国家发展改革委、公安部、国务院国资委、安全监管总局、全国工商联	·印发《境外中资企业机构和人员安全管理规定》 进一步加强新形势下境外中资企业机构和人员安全保护工作，保障“走出去”战略的顺利实施。
2011 年 7 月	国务院国资委	·发布《中央企业境外国有资产监督管理暂行办法》 目的是规范境外企业经营行为，维护境外国有资产权益，防止国有资产流失。
2013 年 2 月	商务部、环境保护部	·印发《对外投资合作环境保护指南》 引导企业积极履行环境保护社会责任，推动对外投资合作可持续发展。
2013 年 3 月	商务部	·印发《规范对外投资合作领域竞争行为的规定》 促进对外投资合作业务健康和可持续发展，规范企业海外经营行为，鼓励和保护公平竞争，杜绝不正当竞争行为，提升对外投资合作企业管理水平和竞争能力。

续 表

时间	机 构	事 项
2014 年 1 月	商务部、财政部	·审议通过《对外劳务合作风险处置备用金管理办法（试行）》 目的是规范对外劳务合作企业的经营行为，保障外派劳务人员合法权益。
2014 年 8 月	商务部	·审议通过《境外投资管理办法》 促进和规范境外投资，提高境外投资便利化水平。
2017 年 5 月	中央全面深化改革领导小组	·审议通过《关于规范企业海外经营行为的若干意见》 提出要“加强企业海外经营行为合规制度建设”。
2017 年 12 月	国家发展改革委、商务部、人民银行、外交部、全国工商联	·发布《民营企业境外投资经营行为规范》 从完善经营管理体系、依法合规诚信经营、切实履行社会责任、注重资源环境保护和加强境外风险防控等五方面对民营企业境外投资经营活动进行引导和规范。
2017 年 12 月	国家发展改革委	·审议通过《企业境外投资管理办法》 加强境外投资宏观指导，优化境外投资综合服务，完善境外投资全程监管，促进境外投资持续健康发展。
2017 年 12 月	国家质量监督检验检疫总局和国家标准化管理委员会	·发布《合规管理体系 指南》（GB/T 35770—2017/ISO 19600：2014） 为企业全面系统地建设合规管理体系提供了具体的指南。

续 表

时间	机 构	事 项
2018 年 8 月	推进“一带一路”建设工作 5 周年座谈会	强调企业应规范投资经营行为，合法合规经营，注意保护环境，履行社会责任，成为共建“一带一路”的形象大使。
2018 年 11 月	国务院国资委	· 印发《中央企业合规管理指引（试行）》 对中央企业的合规管理体系建设提出了要求和建议。
2018 年 12 月	国家发展改革委等七部委	· 发布《企业境外经营管理指引》 对于推动企业持续提升合规管理水平提供了更加具体的行动指引。
2021 年 8 月	国家市场监督管理总局和国家标准化管理委员会	· 发布《合规管理体系 要求及使用指南》征求意见稿 该稿基于 ISO 37301：2021 进行修订并代替 GB/T 35770—2017。

在 2018 年 11 月举行的民营企业座谈会上，习近平总书记指出，要在合法合规中提高企业竞争能力，形成更多具有全球竞争力的世界一流企业。在第二届“一带一路”国际合作高峰论坛上，习近平主席进一步明确，共建“一带一路”要引入各方普遍支持的规则标准，推动企业在项目建设、运营、采购、招投标等环节按照普遍接受的国际规则标准进行，同时要尊重各国法律法规。李克强总理也曾在批示中强调，强化合规经营意识是企业“走出去”的前提。他还要求国家发展改革委、商务部、国务院国资委、外交部四部委调查中国企业“走出去”遇到的问题，指导企业特别是国有大中型企业在经营中遵规守

法，切实防范风险。

2021 年 12 月，国务院国资委发布《关于进一步深化法治央企建设的意见》，提出认真落实全面依法治国战略部署，持续深化法治央企建设，着力构建世界一流企业的合规制度体系，不断提升依法治企能力，助推企业高质量发展。2021 年 12 月 3 日，国务院国资委再次召开中央企业“合规管理强化年”工作部署会，强调中央企业必须把强化合规放到贯彻习近平法治思想的高度来认识，放到落实全面依法治国战略的全局来部署，放到保障企业高质量发展的层面来推动，力争通过一年时间推动企业合规管理工作，建立健全企业合规管理体系，真正发挥规范管理、防控风险、支撑保障的重要作用。

同时，中国政府也更加积极地参与全球反腐败与合规管理的国际合作。2014 年亚太经合组织（APEC）北京会议通过了《北京反腐败宣言》（简称《宣言》），中国是《宣言》的发起者和参与者。此外，中国还参与发起并通过了《亚太经合组织预防贿赂和反贿赂法律执行准则》《亚太经合组织高效率公司合规项目基本要素》等重要文件。同时，中国也积极加入各类世界级别的公约，如《联合国反腐败公约》《国际商务交易中打击勒索和贿赂行为准则》等。作为中国的企业，必然要顺应全球合规治理加强的大趋势，履行公约所规定的义务，积极预防和应对商业贿赂，树立和维护国家形象。

（三）中国企业境外经营合规管理的重要意义

合规管理是企业稳健经营运行的内在要求，也是防范违规风险的基本前提，是每一个企业都必须重视且进行管理的一部分，也是保障自身利益的有力武器。

合规管理可以防止决策失误。领导者的权限较大，再小的决策失误都有可能引发公司的多米诺效应。合规化管理能够通过约束高层领导人员的相关行为，最大限度地减少因决策失误而带来的经营风险。

合规化管理是规范员工行为的有效手段，通过建构科学的企业合规文化以及合规体系，有利于让员工养成合规化的习惯，避免违规风险。同时在制度层面向广大员工普及合规管理的相关条例，有利于让员工自觉自律地避免违规化操作。

对于境外经营的中国企业来说，合规管理还有着更多更高层次的意义。

1. 树立和维护国家形象的需要

跨国企业虽然具有国际性，并且遵循基本的商业逻辑行事，但在以国家为主体的当代世界中，让人产生的第一印象还是其国家形象。如果中国企业在“走出去”的时候能够塑造一个遵规、亲和、友善、负责的中国形象，就会减少许多冲突和困境。因此，建立合规体系并使其有效运行，是使企业所有商业活动始终保持合法合规的基本保障，是中国企业在境外经营时，树立和维护国家整体形象、提升企业国际声誉的最基本条件。

2. 文化融入的需要

在国际市场上，我国企业在工程建设领域技术方面的差距并不大，但在管理和文化层面还有很大差距。因此，建设与国际经营接轨的先进企业文化，转变思想观念、改变思维方式，成为我们参与国际竞争的关键因素。

在合规经营、反对腐败成为主流价值观的大背景下，我们首先要创新的就是合规文化。要把文化理念转变为行为，需要通过建立系统的制度，将合规要求融入具体的工作流程及岗位中，持之以恒地严格执行。将表面的合规管理逐渐变成习惯，形成一种严谨的行为方式。通过合规制度的建立与执行、合规文化的培育，将管理文化由任意型、粗放型向信誉型、集约型转变。

中国文化比较强调变通、灵活，有时候这是优点，有时候就容易出问题。企业要想真正融入国际大家庭，实现做强做优，就必须对我们的行为方式和道德文化进行认真反思和总结，学会遵守国际游戏规则，才有可能自立于世界大企业之林。

3. 市场竞争的需要

随着中国企业的发展壮大，一部分中国企业已处于发展变革的重要阶段。在这个阶段中，一是面临更多、更复杂的合规风险。二是在合规要求更严格的环境下参与市场竞争是未来的发展趋势，这就决定我们只有走合规经营之路，才能防范合规风险，才能在世界范围内和发达国家跨国公司竞争。而合规经营又能反过来提升企业的信誉，从而增强国际竞争能力。通过行为的合规来进一步保障执行结果正确，这也是提升企业经营质量的必选之路。

4. 防范政治风险的需要

当前，世界正在经历大变局，人类社会进入大发展、大变革的新时代。世界多极化、经济全球化、社会信息化、文化多样化持续发展，全球治理体系和国际秩序变革持续推进，各国相互联系和依存大大加深，国际力量分布趋于重构，国际社会对于可持续发展的呼声更加强烈。与此同时，国际及地区安全形势日趋复杂，全球性威胁挑战日益上升。国际上少数势力继续顽固奉行单边主义，诉诸强权政治，干涉他国内政，损害他国正当权益，制造矛盾、分歧和对抗，阻碍人类社会发展进步。

在这样恶劣的国际形势背景下，作为后起之秀的中国企业，在国际市场上的一举一动都备受关注，一旦出现失误就会被无限放大、抹黑。如何保持合规经营，不被某些国家用经济规则的借口制约发展，对于应对极高的地缘政治风险具有积极意义。

（四）工程建设企业境外经营合规管理的重要性

自 2013 年我们提出共建“一带一路”倡议以来，越来越多国家响应，共建“一带一路”正在成为我国参与全球开放合作、改善全球经济治理体系、促进全球共同发展繁荣、推动构建人类命运共同体的中国方案。其中，作为共建“一带一路”的“排头兵”，对外工程承包企业与“一带一路”沿线国家一起，以基础设施互联互通建设为起点和重点，共同建设了许多重大项目，对切实改善相关国家的基础设施状况发挥了重要作用。互联互通的基础设施发展目标更为对外工程承包业务注入了活力和动力。

随着共建“一带一路”向高质量发展方向不断推进，对外承包工程业务面临发展方式创新、合规合法经营等重大挑战。近年来的政府工作报告均指出，高质量共建“一带一路”，坚持共商共建共享。其中特别强调要“遵循市场原则和国际通行规则”，这必然要求“走出去”的中国企业把境外合规经营放在首位，不搞内幕交易，不钻漏洞空子，树立起境外合规经营优秀典范的形象，让国际社会看到，惠及世界人民的“一带一路”是有规矩、守规矩的“一带一路”。同时，企业也能通过完善合规运营体系，形成合规文化，进一步提升在国际市场中的声誉和竞争力，朝着良性、健康的方向行稳致远。

五、融合 ESG 评价体系的合规管理

（一）ESG 评价体系

ESG 是英文 environmental（环境）、social（社会）和 governance

(治理)的缩写，其概念由联合国于2004年率先提出，是一种旨在引导社会关注企业环境、社会、治理能力而非只偏重财务绩效的价值理念和评价标准，是对企业在促进经济可持续发展、履行社会责任等方面所作出的贡献进行评估。ESG标准下的“E”(环境)将重点放在企业环保政策、员工环保意识及企业对于温室气体排放、空气质量、能源管理、燃料管理、水及污水管理、生物多样性等多方面所作出的贡献，“S”(社会)则侧重于企业在人权、客户权益、社区关系、数据安全及客户隐私、劳工关系、职业健康与安全、多样化与共融等方面的成绩，“G”(治理)指企业在系统化风险管理、意外及安全管理、报告和审计政策、监管覆盖等多方面的举措。

政府监管机构和投资者可以通过对企业ESG绩效的观察，评价投资对象在促进环境保护、促进经济可持续发展和履行社会责任等方面的表现，进而在政策引导和投资决策方面采取相应的行动。ESG评价体系已逐步发展成为衡量企业发展潜力和前景的新型标准和投资人遵循的投资准则，其理念在全球政府和市场主体中得到广泛实践和推广，并成为发达国家、新兴市场国家的主流投资理念和实践策略之一。

(二) ESG在中国的发展

目前我国尚未全面要求上市公司强制性进行ESG相关信息的披露。近年来，在全球节能减排的环保大背景及我国可持续发展战略的带动下，我国政府亦提出在2030年前实现碳达峰、2060年前实现碳中和(“双碳”)目标，ESG体系中所倡导的节能环保、可持续的企业经营理念与国家所倡导的可持续发展战略及绿色发展理念高度契合。

基于上述背景，我国政府及证监会对于规模型企业、上市公司及特殊行业进行ESG相关信息披露、开展ESG评级的意愿越来越强烈。

例如，在2020年3月，由中共中央办公厅、国务院办公厅印发《关于构建现代环境治理体系的指导意见》，指出要建立完善上市公司和发债企业强制性环境治理信息披露制度。2021年5月，生态环境部发布《企业环境信息依法披露管理办法》，要求符合条件的重点排污单位、上市公司、清洁生产审核企业、发债企业强制披露环境信息。2021年7月，中国人民银行印发行业标准《金融机构环境信息披露指南》，有效促进更多金融机构编制环境信息披露报告。2022年3月，国务院国资委成立社会责任局，其主要责任之一为“抓好中央企业社会责任体系构建工作，指导推动企业积极践行ESG理念，主动适应、引领国际规则标准制定，更好推动可持续发展”。2022年4月，中国证监会发布《上市公司投资者关系管理工作指引》，明确了上市公司投资者关系管理工作的主要职责，在沟通内容中增加上市公司的ESG信息。2022年5月，国务院国资委发布《提高央企控股上市公司质量工作方案》，提出力争2023年实现央企ESG报告的全覆盖，并且要推动央企建立ESG的评级体系。2023年4月，生态环境部、自然资源部等11部门发布《碳达峰碳中和标准体系建设指南》，提出加快构建结构合理、层次分明、适应经济社会高质量发展的碳达峰碳中和标准体系。2024年4月，上海、深圳和北京证券交易所共同发布了《上市公司可持续发展报告指引》，要求上证180、科创50、深证100、创业板指数样本公司及境内外同时上市的近460家公司强制披露ESG报告，且需在2026年4月30日前与2025年报同期披露。

上述文件的发布及相关指导机构的成立，无不在向社会释放一种信号：国家持续关注ESG体系，ESG报告在企业年度报告中的占比将逐渐增大，未来ESG评价体系将对上市公司及拟上市公司产生更大的影响。

2023 年 9 月，《中央企业上市公司 ESG 蓝皮书（2023）》对 441 家央企上市公司的 ESG 治理水平进行了综合性评价。蓝皮书显示，2023 年逾 60%的央企上市公司明确了 ESG 战略规划相关要求，近 80%的央企上市公司明确了 ESG 主管部门或处室。截至 2023 年 8 月底，近 87%的央企上市公司发布了独立的社会责任报告及 ESG 报告，54 家中央企业实现控股上市公司报告发布“全覆盖”。

国际 ESG 的发展主要得益于国际组织及投资者的市场推动，而在我国 ESG 政策的发展过程中，监管部门起到了非常重要的引导作用。例如：

（1）国务院国资委对中央企业和国有企业披露社会责任报告或 ESG 报告提出了明确要求。

（2）生态环境部门对环境信息披露作出了具体要求，信息披露的主体和内容较以往都更加完善。

（3）中国人民银行主要对金融机构披露环境信息提出要求，并发布了相关指南。

（4）中国证监会和证券交易所主要对上市公司披露社会责任报告、ESG 报告提出了相关要求，包括港股上市公司、A 股纳入 MSCI 指数（明晟指数）的上市公司、科创板公司以及其他符合条件的沪市及深市上市公司。其中，港交所发布了具体的 ESG 披露指引。

然而，目前国内尚未建成较为完善的 ESG 信息披露体系，以此来衡量企业信息披露的可比性、可靠性和可信度。

我国不少企业表示，国际主流评级体系的 ESG 价值观存在一定程度的差异，在中国使用时难以结合中国国情，导致对中国企业的评价不够客观。部分企业参照了国际主流 ESG 披露标准，例如全球报告倡议组织（GRI）发布的标准。一些在 ESG 方面做了很多实事的中国企业，所获评价低于实际情况，投资机构难以依据评估结果对 ESG 风险和价值作出全面分析判断。

不过，我国 ESG 相关团体标准在近年快速涌现。如 2022 年 6 月 1 日起正式实施的国内首个企业 ESG 披露团体标准《企业 ESG 披露指南》（T/CERDS 2—2022）。

进一步引导和规范国内 ESG 信息披露标准，立足我国国情和发展阶段，加快构建中国特色 ESG 评价体系已成为业内共识。

点评：

国内外 ESG 评价体系

1. 国际 ESG 评价体系

据不完全统计，全球 ESG 评级机构有 600 多家，其中影响力较大的有彭博、明晟、汤森路透、富时罗素、路孚特、晨星等。不过，不同 ESG 评级机构在机构使命、机构特性、评级目标、评级框架、评级方法、打分机制、评级结果，乃至产品与服务方面存在巨大差异。

例如，英国富时指数涉及 12 个领域 300 个指标，汤森路透 ESG 评级涉及 10 个领域 178 个指标，道琼斯指数涉及环境和社会的六大领域，MSCI 指数涉及 10 个主题 35 个关键问题，晨星 ESG 则涉及 6 个领域共 18 个关键问题。当然，各评级机构也会逐步更新其评级标准。

2. 国内 ESG 评价体系

与国际相比，国内 ESG 评价体系起步较晚，但近几年发展却很迅速。目前，国内主流 ESG 评级体系有华证 ESG 评级、中证 ESG 评级、商道融绿 ESG 评级、嘉实 ESG 评级、社会价值投资联盟 ESG 评级、万得 ESG 评级等。

在评级对象方面，华证、中证、商道融绿与嘉实基金等机构的 ESG 评级体系均为 A 股公司，其他机构以中证 800、沪深 300 成分股为主。指标体系方面，多数评级的一级指标体系从 E、S、G 三个维度展开。

在数据搜集方面，多数机构通过公司公开披露与多方监控等多渠道获取。

（三）融合 ESG 的合规管理体系

ESG 合规已成为业界共识。ESG 作为衡量企业发展可持续性表现的重要维度之一，是建立企业合规管理体系不可或缺的重要组成部分。但相较于其他的合规事项，目前阶段的 ESG 合规还需要参考更多的国际合规标准和风险管理方法，同时也有必要了解其他国家的合规要求，以适应“企业出海”的需要。因此，在 ESG 领域，我国企业所要合的“规”体现出了国际化程度高、合规边界广的特征。总体上，ESG 的公司治理维度要求企业进行合规风险识别和管理，这就需要企业根据部门职责、岗位职责和不同类型的组织活动，识别合规风险源，并定义每个合规风险源对应的合规风险状态，以制定合规风险源清单和合规风险状态清单。《合规管理体系 要求及使用指南》（ISO 37301）与一些风险管理的标准和评估技术，如《风险管理标准》（ISO 31000）和《风险管理-风险评估技术》（IEC 31010），可作为 ESG 评价体系中系统性风险的识别提供方法论依据。

融入 ESG 的合规体系应建立在对 ESG 理念和实践、大合规因素的深刻理解之上，塑造真正良好的 ESG 评价体系，进而有效防范或降低系统性风险。

（四）企业在 ESG 体系下的合规管理

企业内部 ESG 合规体系的建立是势在必行的，需将 ESG 纳入公司运营的方方面面，在公司日常风险管控中增强环境保护、社会责任以及公司治理成效等方面的意识，在制定公司合规目标时，除传统的财务效益外，还应兼顾环境效益及社会效益。

具体而言，在环境因素上，企业可借助外部专业律师团队的力量为企业披露 ESG 体系下企业可能存在的风险，例如在某一具体项目立项前委托专业律师团队进行环境、环保尽职调查，对潜在的环境风险及社会影响进行评估与管理；在项目具体实施过程中时刻防范环境因素风险，防范其因项目实施造成环境污染而遭受行政处罚等。同时，结合目前的"双碳"趋势，企业也可根据自身发展需要及需求参与到绿色金融、碳排放交易之中。目前在碳排放交易方面，国家政策属于重大利好时期，碳排放交易可有效促进企业自身节能降耗，增强企业可持续发展能力，同时也与企业承担污染防治、环境保护等社会责任的理念以及国家"减碳降碳"的决心相契合。

从社会因素而言，企业在开展具体项目时，应注意因地制宜，最大限度地减少项目对当地生态、人文等造成的影响，同时也可开展项目为当地提供更多的就业岗位与经济支持。在项目开展的过程中深度参与当地社区建设，主动承担社会责任。同时企业也应注意此类社会公益福利项目的积累，可在企业内部形成一个 ESG 信息数据库，当企业需要进行 ESG 相关信息披露时，信息数据库将会迅速直观地为企业提供正面素材。

从治理因素上看，企业董事会成员及高管应当将 ESG 体系下的风险防控视为其日常职务的重要组成部分，将 ESG 风险应对纳入日常管理决策。在企业治理方面，企业可委托专业律师团队为其制定 ESG 相关政策指引，并形成一套健全的企业 ESG 管理体系，从而让企业员工都能够有效地参与到企业的 ESG 战略中。企业同时也应注意年度 ESG

报告、半年度或月度环境保护报告的撰写与披露，从 ESG 报告中向投资者及潜在的投资者传递企业可持续发展的理念、战略规划等。

未来近 40 年为我国的“双碳”时代，也是我国以中国式现代化全面推进中华民族伟大复兴、建成社会主义现代化强国的历史时期。实现高质量发展，促进人与自然和谐共生，是中国式现代化的本质要求。实现高质量发展的关键环节就是要推动绿色化、低碳化发展。新时代新征程，随着我国各级政府、监管部门相继出台碳达峰碳中和实施意见、方案，我国企业尤其是重点工业企业应牢固树立 ESG 理念，做好企业合规治理，走上绿色低碳的高质量发展道路。

六、合规管理与风险管理和企业内部控制的关系

（一）三者的含义

1. 合规管理

合规管理的定义如前文所述。

2. 内部控制

内部控制是指企业和各个组织在经济活动中建立的一种相互制约的业务组织形式和职责分工制度，是为了实现其经营目标，保障资产的安全、完整，保证会计信息资料的准确可靠，确保企业经营方针的贯彻执行，以及经营活动的经济性、效率性、效果性，而在企业内部采取的自我调整、约束、规划、评价和控制的一系列方法、程序与措施的总称。

1980 年后，美国 COSO 委员会（全美反舞弊性财务报告委员会发起组织）将“内部控制”定义为“一个组织设计并实施的程序，以便为达到该组织的经营目标提供合理保障”。

在 COSO 委员会制定的内部控制框架中，把内部控制活动分成五大组成部分，即控制环境、风险评估、控制活动、信息与交流、监督评审。

2002 年，美国成立的上市公司会计监管委员会明确采用了《COSO 内部控制整合框架》作为内控评价的标准体系。许多国家和地区的资本市场也采用了《COSO 内部控制整合框架》，有些国家和地区在参照该框架的基础上建立了自己的内控体系。

我国在 2005 年先后出台了《上交所上市公司内部控制指引》和《深交所上市公司内部控制指引》两个文件。这两个文件参照了美国《萨班斯法案》的要求，在理论体系上和《COSO 内部控制整合框架》一脉相承。

3. **风险管理**

风险管理是指通过对风险的识别、评估，选择最有效的应对方式，在事前主动地、有目的地、有计划地处理风险，以最小成本争取获得最大安全保证的管理方法。

企业风险管理理论的发展大致分为三个阶段。

第一阶段是以“安全和保险”为特征的风险管理。100 多年前，航运企业风险管理的主要措施就是通过保险把风险转移给保险公司。

第二阶段是以“内部控制和控制纯粹风险”为特征的风险管理。随着工业革命的发展，公司对业务管理和流程方面的内部控制提出了要求。美国 1977 年的《反海外腐败法》要求公司管理层加强内部会计控制，1992 年的《COSO 内部控制整合框架》提出以财务管理为主线的内部控制系统。

第三阶段是以“风险管理战略与企业总体发展战略紧密结合”为特征的全面风险管理。风险管理实践表明，仅靠内部控制难以实现企业的最终目标。为此，COSO 委员会于 2004 年 9 月出台了《COSO 企业风险管理整合框架》，提出了由三个维度构成的风险管理整合框架。

我国国务院国资委于2006年发布《中央企业全面风险管理指引》，标志着我国中央企业建立全面风险管理体系工作的启动。

（二）三者的侧重点

合规管理是内部控制的一个重要方面，也是风险管理的一个关键环节。内控制度的完善离不开合规化的管理及操作。

这三者各有侧重点，详见表1-2。

表1-2 合规管理、内部控制与风险管理的侧重点

合规管理	内部控制	风险管理
1. 反商业贿赂、反欺诈、反舞弊； 2. 反垄断、反不正当竞争、反洗钱； 3. 贸易管制、海关估值、转移定价； 4. 数据安全、信息保护、隐私保护； 5. 高管刑事责任； 6. 税务合规； 7. 安全健康环保； 8. 知识产权保护。	1. 组织架构的设计与运行； 2. 发展战略的制定与实施； 3. 人力资源的引进与开发、使用与退出； 4. 安全生产、产品质量、环境保护与资源节约、促进就业与员工权益保护； 5. 企业文化的建设与评估； 6. 资金活动：筹资、投资和资金营运； 7. 采购业务：购买、付款； 8. 资产管理：存货、固定资产、无形资产； 9. 销售业务：销售、收款； 10. 研究与开发：立项与研究、开发与保护； 11. 工程项目：立项、招标、造价、工程建设、工程验收； 12. 担保业务：调查评估与审批、执行与监控；	1. 战略风险； 2. 财务风险； 3. 市场风险； 4. 运营风险； 5. 法律风险； 6. 环境风险； 7. 政策风险； 8. 技术风险。

续 表

合规管理	内部控制	风险管理
	13. 业务外包：承包方选择、外包实施； 14. 财务报告：编制、对外提供、分析利用； 15. 全面预算：编制、执行、考核； 16. 合同管理：合同订立、履行； 17. 内部信息传递：内部报告的形成、内部报告的使用； 18. 信息系统：开发、运行与维护。	

合规管理的核心是若企业不合规，“企业及相关利益主体将遭遇声誉损害、高额赔偿，乃至刑事处罚”。将企业和个人行为纳入合规管理体系中，保障主体不因不合规而遭受以上损失。这是合规管理的驱动力，也是合规管理的内在核心。完善的合规体系可成为减轻责任的抗辩理由，这是合规可创造的价值，也是锦上添花的事。

内部控制的核心是“通过内部控制五要素，对管理层及员工的行为进行约束，以尽可能实现企业的运营有效、报告可靠、合规这三大目标”。内部控制可以帮助企业实现业绩和盈利目标，同时又保证企业出具的财务报告可靠和企业行为符合法律法规。

风险管理的核心是“以可接受的成本保护和创造价值”。可接受的成本是指企业对风险的偏好程度，保护价值是指企业进行风险管理的基本目的，创造价值是指企业运用风险带来的机会，它是企业进行风险管理的高级目的。随着社会波动性、复杂性和模糊性日益增加，以及利益相关者的参与度越来越高，企业更加需要完善的风险管理机制来应对。将风险管理贯穿于整个企业会产生许多好处，包括增加新的机遇、识别和管理企业的风险、增加竞争优势、减少负面损失、降低绩效偏离度、改善资源部署、提升企业韧性等。近年来，基于风险导向的管理理念逐渐兴起，企业管理中常见的公司治理、企业文化、战略管理、绩效管理、危机管理等方面都可以使用风险管理框架，以促使其更好地标准化、科学化。

（三）三者的关系

合规管理、内部控制、风险管理都是企业治理与管理必不可少的一部分。在经济与社会不确定性不断增加的情形下，以及政策作为经济与社会治理的重要手段不断加强的时代中，在历经一些惨痛教训之后，三者都越发显得重要。

与战略管理、营销管理、人力资源管理等职能与职责相比，合规管理、内部控制与风险管理在企业中偏向于基本保障、风险预防。如果将企业比喻为一辆向前行驶的车辆，那么合规管理、内部控制与风险管理应该类似于刹车、前后护栏、ABS（防抱死制动系统）等组合在一起的功能。

合规管理、内部控制、风险管理侧重的视角不同。合规管理强调对规则（法律、规章制度、商业伦理、当地宗教和文化）的遵守，内部控制强调对行为（企业各层级、业务各环节）的限制，风险管理强调对未来不确定性事件的控制。

合规是内部控制要达到的目标之一，而内部控制则被涵盖在企业风险管理之内，是风险管理的一个基础和组成部分。因此，从三者的内涵来看，合规管理小于内部控制，内部控制小于风险管理。但从价值上来看，三者目前并不是可以相互取代的。

Chapter 2
第二章

埃及概况

一、地理位置和人口分布

（一）地理位置

阿拉伯埃及共和国（简称埃及）地跨亚、非两洲，隔地中海与欧洲相望。埃及大部分位于非洲东北部，只有苏伊士运河以东的西奈半岛位于亚洲西南部。国土面积 100.15 万平方千米，排名世界第 30 位，96%的国土为沙漠。埃及东临红海并与巴勒斯坦、以色列接壤，西与利比亚为邻，南与苏丹交界，北临地中海，海岸线长约 2900 千米。

埃及首都开罗属东 2 时区，比北京时间晚 6 小时。

（二）人口分布

据埃及中央公众动员与统计局数据，截至 2023 年 11 月 2 日，埃及人口约 1.06 亿，主要集中分布在尼罗河三角洲和沿岸地区，其中，开罗省人口为 1029 万人，吉萨省人口为 956 万人，亚历山大省人口为 557 万人。截至 2022 年 5 月底，在埃及的华侨华人总数不超过 1 万人，主要集中于开罗、亚历山大、艾因苏赫纳等地区。

二、自然环境和自然资源

（一）自然环境

1. 气候条件

埃及全境干旱少雨，尼罗河三角洲和北部沿海地区属亚热带地中海气候，其余大部分地区属热带沙漠气候。开罗地区年降雨量约 18 毫米，夏季平均气温最高 34.2℃，最低 20.8℃，冬季气温最高 19.9℃，最低 9.7℃。地中海沿岸城市亚历山大年平均降雨量约 200 毫米。南方地区夏季平均气温最高 42℃，最低 20.8℃，冬季平均气温最高 25.8℃，最低 9.6℃，早晚温差大。

2. 地形地貌

按照自然地理分布，埃及可分为尼罗河谷及三角洲、西部利比亚沙漠、东部阿拉伯沙漠和西奈半岛 4 个区。

尼罗河谷和三角洲地区地表平坦，开罗以南通称上埃及，以北称下埃及，面积约为 3.3 万平方千米；西部的利比亚沙漠是撒哈拉沙漠的东北部分，为自南向北倾斜的高原，面积约为 67.1 万平方千米；东部阿拉伯沙漠，西至尼罗河河谷，东到红海滨，黄金、煤炭和油气资源丰富，面积约为 22.5 万平方千米；西奈半岛面积约 6 万平方千米，大部分为沙漠，南部山地有埃及最高峰凯瑟琳山，海拔 2629 米，地中海沿岸多沙丘。

3. 水系分布

埃及的主要河流为尼罗河，是古埃及文明的摇篮。尼罗河纵贯南北，全长 6670 千米，在埃及境内长 1530 千米。它从苏丹的喀土穆向北奔流途中，河水在 6 个地区受阻，形成了著名的尼罗河六大瀑布。阿斯旺建有高坝，形成巨大的纳赛尔水库，总面积 6000 平方千米，为世界第二大（非洲第一）人工湖。尼罗河三角洲地区支流纵横，多盐沼、潟湖。苏伊士运河是国际重要航道。苏伊士地峡区有大苦湖和提姆萨赫湖等湖泊。

（二）自然资源

1. 生物资源

由于埃及国土面积的 96% 是沙漠，沙漠生态系统决定了生物物种的相对单一性。在沙漠地区最常见的动物是骆驼，常见的植被大都是耐干旱的椰枣树和柽柳等。尼罗河谷地和三角洲是埃及最主要的农业区，这里阳光充足，水资源丰富，农业发达，是埃及的“粮仓”，盛产棉花、水稻、小麦、玉米、甘蔗、苜蓿、花生、葵花籽、椰枣、柑橘、葡萄、西红柿、马铃薯以及各种水果和蔬菜等。除了尼罗河谷地和三角洲以外，苏伊士运河区伊斯梅利亚城的种植业也很发达。

棉花是埃及最重要的经济作物，因其绒长、光洁、韧性好，被称为“国宝”。埃及的长绒棉被称为棉花中的白金，同样一件棉织品，使用埃及长绒棉的产品，价格往往会高出平常的数倍。

2. 矿产资源

埃及主要资源是石油、天然气、磷酸盐、铁等。埃及的石油和天然气探明储量分别位居非洲国家第五位和第四位。截至 2021 年，埃及的天然气储量为 63 万亿立方英尺（约合 1.78 万亿立方米），原油储量约为 33 亿桶，平均原油日产量达 60.8 万桶，天然气日产量达 0.68 亿立方米。

2015 年以来，埃及在地中海海域接连发现几个储量较大的气田，如祖哈尔气田探明储量高达 8500 亿立方米，以及储量可观的努尔、阿托尔等气田。另外，已探明磷酸盐储量约 70 亿吨、铁矿 6000 万吨，还有锰、煤、金、锌、铬、银、钼、铜和滑石等资源。

点评：

埃及的目标是成为地区能源中心，该国一直在寻求提高石油和天然气产量，吸引更多投资。

三、经济状况和发展规划

（一）经济状况

1. 总体经济

近年来，埃及基础设施建设水平迅速提高，经济结构性改革初显成效。国际货币基金组织、世界银行、欧盟以及阿拉伯地区各国对埃及经济改革给予积极评价，中国、韩国、俄罗斯、日本等国对埃及发展鼎力支持。但埃及经济依然面临政府效率和人力资源素质有待提高、科技研发投入不足等问题。埃及主要经济指标见表 2-1。

表 2-1　埃及主要经济指标

主要指标	2019—2020 财年	2020—2021 财年	2021—2022 财年	2022—2023 财年
GDP（亿美元）	3825	4233	4752	3871
实际 GDP 增长率（%）	3.5	3.3	6.6	3.8
通货膨胀率（%）	5.7	4.5	8.5	21.6
人均 GDP（美元）	3802	4146	4563	3644
人均 GDP 增长率（%）	18.3	9.0	18.1	-20.1
经常账户赤字占 GDP 比重（%）	2.9	4.4	3.5	2.8
失业率（%）	8.3	7.3	7.3	7.0
外汇储备（亿美元）	382.0	405.8	333.8	348.1
外国直接投资（亿美元）	74.5	52.1	89.4	100

续 表

主要指标	2019—2020 财年	2020—2021 财年	2021—2022 财年	2022—2023 财年
旅游业收入（亿美元）	98.6	48.6	107.5	136.3
苏伊士运河收入（亿美元）	58	59.1	70.0	87.6
外债（亿美元）	1235	1379	1557	1647

资料来源：国际货币基金组织数据库、埃及中央银行，数据均为截至该年6月底的各财年数据。

注：埃及财年为上年7月1日至次年6月30日。

2. 经济增长率

据埃及财政部数据，2022—2023 财年，埃及的实际国内生产总值（GDP）增长率达到 3.8%，而 2021—2022 财年，增长率为 6.6%。

3. GDP 构成

埃及产业结构近年来变动不大，2020—2021 财年，埃及第一、二、三产业占 GDP 比重分别为 10.8%、33.9%和 55.3%，继续呈现服务业占主体地位的经济结构。

4. 财政收支

2022—2023 财年财政收入 14839.8 亿埃镑，占 GDP 比重约 18.9%；财政支出 19371.7 亿埃镑，占 GDP 比重约 24.7%。根据 2022—2023 财年财务业绩的初步指标，埃及的基本盈余为 1643 亿埃镑，相当于 GDP 的 1.7%，总赤字为 6.2%。

5. 通货膨胀率

由于汇率浮动和进口成本上升，埃及的年通货膨胀率在 2022—2023 财年上升到 21.6%。据埃及中央公众动员与统计局数据，与 2022 年 8 月 15.3%的通货膨胀率相比，埃及 2023 年 8 月整体通货膨胀率达到创纪录的 39.7%。

点评：

根据埃及中央公众动员与统计局的数据，2022 年 8 月至 2023 年 8 月这 12 个月内，食品和饮料价格上涨了 71.9%，酒类和烟草价格上涨了 57.6%，餐饮和酒店服务价格上涨了 49.5%，家具和家用电器价格上涨了 42%，成衣价格上涨了 23.6%，医疗保健服务价格上涨了 22.8%，交通运输价格上涨了 15.2%，住房、水、电、天然气和燃料价格上涨了 7.2%。

为了遏制不断上升的通货膨胀率，埃及中央银行分别在 2023 年 3 月底和 8 月初两次加息，截至 2023 年 11 月 5 日，存款利率和贷款利率分别为 19.25%和 20.25%。

6. **失业率**

据埃及官方数据显示，埃及的失业率在 2023 年第二季度小幅下降至 7%，比上一季度小幅下降 0.1%。第二季度失业人员总数为 217 万，占总劳动力的 7%，其中男性为 123 万，女性为 94.1 万。该报告还显示 15 岁至 29 岁年龄段的失业者占失业人口的 61.8%，而上一季度为 60.3%。另外，拥有初中、高中、大学及以上学历的失业者在该季度占 84.1%，比上一季度的 81.7%有所下降。

点评：

埃及 2023 年第二季度的劳动力总数为 3097 万人，比上一季度的 3057 万人增加了 1.3%。劳动力由城市地区 1337 万工人以及农村地区 1759 万工人构成。在性别分布方面，男性劳动力超过 2550 万人，而女性劳动力超过 540 万人。劳动力增加的原因是该季度增加了 40 万名工人，失业人数减少了 2000 人。这一总体转变导致劳动力净增长约 39.9 万人。这些数据凸显了埃及在管理就业形势和支持劳动力稳定方面所作的持续努力。

埃及政府应对失业和刺激经济增长的举措包括基础设施投资、经济改革、青年就业计划、支持中小企业和农业举措。这些措施强调了国家解决失业和促进经济繁荣的承诺。

7. **债务**

据埃及计划与经济发展部公布数据，截至 2022 年第四季度，埃及外债增长 5.1%，达 1629.4 亿美元。此前，埃及中央银行数据显示，2022—2023 财年一季度（2022 年三季度）外债总额降至 1549 亿美元，低于上个财年末（2022 年 6 月底）的 1557 亿美元。根据与国际货币基金组织（IMF）达成的贷款协议，埃及政府承诺在 2022—2023 财年结束时将总债务上限控制在 GDP 的 92.1%以内，到 2026—2027 财年降至 83%。

8. **主权债务等级**

（1）惠誉。国际评级机构惠誉于 2023 年 11 月 3 日将埃及长期外币发行人违约评级从“B”下调至“B-”，前景稳定。理由是金融风险增加和政府债务增加。

惠誉表示，评级下调反映了埃及外部融资、宏观经济稳定以及本已很高的政府债务轨迹面临的风险增加。改革进展缓慢，包括向更加灵活的汇率制度过渡和国际货币基金组织方案审查的拖延，损害了埃及汇率政策的可信度，并在政府外债偿还增加的情况下加剧了外部融资约束。埃及货币下行压力加大，政策调整路径变得更加复杂。

惠誉表示，评级前景定为稳定是因为包括国有企业私有化、大型项目放缓和汇率调整在内的改革有可能在 2023 年 12 月总统选举后加速，这会为国际货币基金组织新的、规模可能更大的贷款计划以及海湾合作委员会的额外支持铺平道路。将埃及主权信用评级下调至“B-”，表明埃及外部融资、宏观经济稳定和本已较高的政府债务面临的风险增加。

（2）穆迪。国际信用评级机构穆迪 2023 年 10 月 5 日发表声明，将埃及的主权信用评级从“B3”下调至“Caa1”，前景展望为稳定。这是该机构 2023 年以来第二次下调埃及主权信用评级。穆迪称，此次降级反映了埃及政府偿还外债能力恶化，外汇持续短缺的现状。

（3）标准普尔。标准普尔于 2023 年 10 月发布报告，将埃及本外币长期主权信用评级由“B”下调至“B-”，展望稳定，并将此归因于硬通货严重短缺。

（二）重点/特色产业发展情况

1. 油气工业

埃及是非洲地区重要的石油和天然气生产国，油气工业是埃及经济的主要支柱之一，2020—2021 财年该行业收入占 GDP 总值的 13.6%。

埃及石油与矿产资源部报告显示，2022 年埃及能源储量激增，新发现西部沙漠、苏伊士湾、地中海和尼罗河三角洲的 42 口油井和 11 口气井。

在 2022 年，埃及所有石油产品的总产量达到 7950 万吨。在 2022 年，除炼油厂生产的丁烷外，埃及总共生产了 2780 万吨原油和凝析油，此外还生产了约 5060 万吨天然气和 110 万吨丁烷。石油产量的增加导致原油和一些石油产品的进口减少。2022 年，埃及石油产品消费量每年增长 6.2%，达到 8100 万吨。

此外，埃及的天然气出口在 2022 年达到 84 亿美元，与 2021 年的 35 亿美元相比，天然气出口收入激增 140%。

2. 纺织工业

埃及有非洲最大的棉花和纺织工业集群，从棉花种植到纺纱、织布，直至成衣制造，产业链较为完整。在成衣制造方面有较强的能力，织布和印染环节相对较弱，需大量进口。

埃及约有 7000 多家纺织企业，其中 90%为中小企业，吸纳就业约 150 万人，占全国工业就业人口的 1/3，纺织业占 GDP 比重约 3%。近年来，纺织品（含成衣制造）出口额约占出口总额的 10.6%，主要出口市场为欧洲、美国、土耳其和意大利。约 1000 家企业享有合格工业区资格，向美国出口免税产品。盖璞、皮尔卡丹、马莎百货等知名品牌均在埃及设厂。埃及的私人纺织工业非常活跃，埃及东方纺织公司是世界上最大的机织地毯生产公司，年生产量达 1.1 亿立方米。

3. **农业**

埃及是传统农业国，2020—2021 财年农业增加值同比增长 12%，占 GDP 比重的 12.5%。可耕种土地面积占国土总面积的 3.5%，农业从业人口约占全国就业人口的 31%。主要农作物有棉花、小麦、水稻、玉米等。由于可耕种面积严重不足，埃及是世界最大的粮食进口国之一。

当前，埃及小麦播种面积 140 万公顷，年产量约 900 万吨，2021 年进口小麦接近 1200 万吨。玉米播种面积 93 万公顷，年产量 744 万吨，2021 年进口玉米 920 万吨。稻米播种面积 50 万公顷，年产量 290 万吨（去壳），2021 年进口大米 50 多万吨。

埃及经济作物种植业比较发达，水果、蔬菜是其出口创汇的重要来源之一。埃及每年生产 170 万吨柑橘和 80 万吨马铃薯，每年农产品出口约为 560 万吨，价值 30 亿美元。棉花是埃及最重要的经济作物，主要为超长绒棉、长绒棉和少量中短绒棉三类，出口品种以长绒棉和超长绒棉为主。其中超长绒棉占棉花产量的 20%，主要种植于北部地区。长绒棉是埃及棉的主要代表，占其棉花产量的 70%，主要产区在尼罗河三角洲。中短绒棉主要产于南部的上埃及地区。

4. 服务业

旅游业和航运业是埃及服务业的支柱产业。

埃及拥有丰富的旅游资源，旅游业是国民经济的重要支柱产业。2022—2023 财年埃及旅游业收入达到 136 亿美元，较 2021—2022 财年的 107 亿美元增长 21.3%，创历史新高。有 1200 多家旅游酒店遍布全国热门景点。埃及旅游部门力争游客数量每年能够继续增加 25% 至 30%，到 2028 年，国际游客达到 3000 万人次。

苏伊士运河位于欧、亚、非三洲交界地带的要冲，连接红海和地中海。苏伊士运河是世界最繁忙的航线之一，运河通航量约占全球航运的 10%，集装箱运输量占全球的 25%。运河收入是埃及国家财政收入和外汇储备的主要来源之一。2023 年 6 月，埃及苏伊士运河管理局宣布，苏伊士运河收入在 2022—2023 财年达到 94 亿美元，高于 2021—2022 财年的 70 亿美元，创有记录以来的最高水平。

点评：

埃及苏伊士运河管理局于 2023 年 10 月 16 日发表声明称，自 2024 年 1 月 15 日起，原油运输船、成品油运输船、液化石油气运输船、液化天然气运输船、化学品运输船和其他液体散货船、集装箱船、车辆运输船、游船、特殊浮动设施的通行费将上涨 15%。干散货船、一般货船、滚装船和其他船只的通行费将上调 5%。与此同时，从北欧和西欧港口直接驶往远东港口的集装箱船不受新一轮涨价影响。

（三）发展规划

1.《可持续发展战略：埃及愿景 2030》

结合联合国 2030 年可持续发展议程和非盟 2063 议程，埃及政府于 2016 年 2 月发布《可持续发展战略：埃及愿景 2030》（Sustainable Development Strategy：Egypt's Vision 2030，简称《埃及愿景 2030》），其中经济发展政策的三大核心包括：保持国家宏观经济稳定，减少财政赤字；改善投资环境，大力吸引外资；在各领域实施类似新苏伊士运河项目的大型“国家项目”。

根据《埃及愿景 2030》，埃及政府将继续致力于发展以私营部门为主导、具有竞争力、基于知识库的多样化市场经济。埃及稳定的宏观经济发展环境、持续的包容性增长、最大化附加价值等特点将创造充足的就业岗位。至 2030 年，埃及将跻身世界前 30 大经济体之列，国家竞争力及国民幸福指数进入世界前 30 强。埃及经济将在世界经济中扮演活跃的角色，有能力适应国际化发展要求，并在世界中等收入国家中占据一席之地。

至 2030 年，经济指标实现如下目标：年均 GDP 增长率达到 7%，投资对经济增长贡献率提高到 30%，出口对经济增长贡献率为 25%，服务业占 GDP 比重提升至 70%，债务占 GDP 比重不超过 50%，通胀率维持在 3%~5%，财政赤字率降至 5%以下，失业率降至 5%以下。

2.《埃及交通运输建设总体规划（2012—2027 年）》

《埃及交通运输建设总体规划（2012—2027 年）》的主要内容有：

（1）建设大开罗物流中心，打造连接地中海—红海的国际物流带，将埃及建成亚欧货物运输大通道。埃及应重点建设北起亚历山大港、南至艾因苏赫纳港的国际物流带，并以大开罗卫星城——十月六日城为中心，将其建设成为集仓储、分装、配送、外贸等为一体的国际化物流中心。

（2）构建以 11 个走廊组成的埃及全国交通运输网。依托国际物流带的建设，以大开罗为中心，构建由地中海沿线走廊、西部沙漠走廊等 11 个运输走廊组成的全国交通运输网。其中以地中海沿线走廊、上埃及走廊、红海走廊及国际走廊四大走廊构成两纵两横的主干线。

（3）为完成 11 个走廊建设目标，计划将建设规划拆分成 103 个项目，分阶段实施，包括 51 个公路项目、24 个铁路项目和 2 个高铁项目等，总投资达 3200 亿埃镑（约合 533 亿美元）。其中，政府投资 1328 亿埃镑，吸纳私人投资 1872 亿埃镑。

规划的实施分为短期（2012—2017 年）、中期（2018—2022 年）和长期（2023—2027 年）3 个阶段。投资额分别为 698 亿埃镑、795 亿埃镑、1707 亿埃镑。有报告认为，以大开罗为中心的国际物流带应放在建设的首要位置，并以此带动整个埃及物流业发展。

四、国家象征和政治制度

（一）国家象征

1. 国旗

现行的埃及国旗于 1984 年 10 月 4 日启用，呈长方形，长与宽之比为 3∶2。自上而下由红、白、黑 3 个平行相等的横长方形组成，红色代表革命和鲜血，白色代表光明的未来，黑色代表受外国压抑的长久历史。其中中央的国徽被称为“萨拉丁之鹰”，鹰爪下方的文字则是用阿拉伯文写的“阿拉伯埃及共和国”（见图 2-1）。

图 2-1　埃及国旗

2. 国徽

埃及国徽为一只金色的鹰，称为“萨拉丁之鹰”。金鹰昂首挺立、舒展双翼，象征胜利、勇敢和忠诚，它是埃及人民不畏烈日风暴、在高空自由飞翔的化身。鹰的胸部镶嵌着一枚红、白、黑三色竖纹盾形徽章，底部座基饰带上写着“阿拉伯埃及共和国”（见图 2-2）。

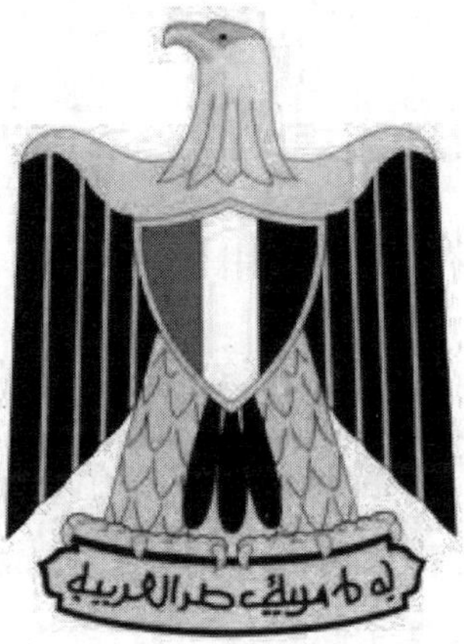

图 2-2　埃及国徽

3. 国歌

《祖国，祖国，祖国》是埃及的国歌，由赛义德 · 达尔维什作词，

1979 年开始使用。《祖国，祖国，祖国》的原作共有三段，但目前一般只使用首段。

国歌歌词大意：祖国，祖国，祖国，我的爱与心为了你；祖国，祖国，祖国，我的爱与心为了你；埃及！大地的母亲，你是我的希望与追求，以及所有的人，你的尼罗有无数的荣耀。埃及！最珍贵的宝石，前额永远的火焰！噢，我的家园，永远自由，不遭受一切敌人！埃及！慷慨的大地，你充满了古老的荣耀，我的决心是击退敌人，使安拉信任。埃及！高贵是你的孩子，忠诚与激情的守护者。不管是战争还是和平，我们都会为你牺牲自己，祖国！

（二）政治制度

1. 宪法

2012 年 12 月，埃及全民公投以 63.8%的支持率通过新宪法。宪法确定了埃及为共和制政体，总统为国家元首，由选举产生，掌握实权。2019 年 4 月，埃及举行修宪全民公投，以 88.83%的支持率（投票率 44.33%）通过宪法修正案。此次修宪的主要内容包括延长总统任期，设立参议院、副总统等。

2. 总统

2019 年 4 月 24 日，修宪案经全民公投通过，规定总统是国家元首兼武装部队最高统帅，任期 6 年，有权任命副总统、总理及内阁部长，以及解散人民议会，在特殊时期可采取紧急措施。在人民议会（立法机关）闭会期间，还可通过颁布法令进行统治。阿卜杜勒·法塔赫·塞西于 2014 年首次赢得总统选举，2018 年再次当选。在 2023 年 12 月的总统大选中，首轮投票结果显示，塞西在首轮投票中获得了 89.6%的选民投票。埃及现行选举法规定，若有候选人在两轮制投票的首轮投票中获得超过半数的选票，则直接当选新一任埃及总统，因此现任总统塞西再次赢得连任，任期为 2024 年至 2030 年。

点评：

埃及总统塞西于 2023 年 10 月 2 日宣布将参加 12 月举行的新一届总统选举。

2019 年宪法修正案中为塞西量身定制的一项条款将他从 2014 年到 2018 年的四年任期从两届任期上限中排除，这些修正案在 2019 年的全国公投中获得批准，从而允许他竞选第三届任期。

3. 议会

人民议会是最高立法机关，议会的主要职能是：提名总统候选人；主持制定和修改宪法；决定国家总政策；批准经济和社会发展计划及国家预算、决算，并对政府工作进行监督。2019 年 4 月修宪将议会由一院制改为两院制。众议院拥有立法权、监督权和财政权，政府对众议院负责，受其监督；任期 5 年，设不少于 450 个席位。新设的参议院为资政机构，主要职能是就立法、结约、外交政策等重大事项向众议院和总统提出建议；任期 5 年，设 300 个席位。2020 年埃及先后举行参议院和众议院选举，现任参议长为阿卜杜瓦哈卜 · 阿卜杜拉齐格，众议长为哈纳菲 · 贾巴利。

4. 政府

2019 年 12 月，埃及内阁改组，穆斯塔法 · 马德布利留任总理，改组后有 33 个部委。内阁主要成员有外交部长舒克里、国防部长扎齐、内政部长陶菲克等。投资与国际合作部分拆为国际合作部、投资与自由区管理总局（GAFI），两者均直接向内阁负责。原旅游部和文物部合并为旅游与文物部。再次设立 2014 年废止的国家信息中心。

（三）主要党派

1. 祖国未来党（Nation's Future Party）

2014年成立，前身为祖国未来运动，2020年议会选举后成为参众两院第一大党，在众议院中有316席，在参议院中有149席，党主席为参议长阿卜杜瓦哈卜·阿卜杜拉齐格。

2. 共和人民党（Republican People's Party）

2012年12月成立，2020年议会选举后成为参众两院第二大党，在众议院中有50席，在参议院中有17席，党主席为哈齐姆·欧鲁尔。

3. 新华夫脱党（New Wafd Party）

1978年2月成立，前身是华夫脱党，是穆巴拉克时期的主要反对党。2020年议会选举后成为参众两院第三大党，在众议院中有26席，在参议院中有10席，党主席为阿卜杜萨纳德·叶迈玛。

五、政府机构和行政区划

（一）政府机构

根据宪法规定，埃及内阁是埃及最高执行及管理机构，由总理和部长组成，现任总理为穆斯塔法·马德布利。负责经济的部门主要有财政部、贸易与工业部、国际合作部、投资与自由区管理总局、通信与信息技术部、电力与可再生能源部、石油与矿产资源部、交通部和旅游与文物部等。

点评：

政府机构名称和网址见“附录1　埃及政府部门和相关机构一览表”。

（二）行政区划

埃及划分为 8 个经济区、27 个省，每个经济区包括一个或数个省。详见表 2–2。

表 2–2 埃及 8 个经济区和 27 个省一览表

经济区	省份	省会
开罗区	开罗省	开罗
	吉萨省	吉萨
	盖勒尤比省	本哈
三角洲区	曼努菲亚省	史宾・库姆
	杜姆亚特省	达米埃塔
	达卡利亚省	曼苏拉
	西部省	坦塔
	卡夫拉・谢赫省	卡夫拉・谢赫
上埃及北部区	贝尼・苏夫省	贝尼・苏夫
	法尤姆省	法尤姆
	米尼亚省	米尼亚
上埃及南部区	索哈杰省	索哈杰
	基纳省	基纳
	阿斯旺省	阿斯旺
	红海省	左尔达卜
	卢克索省	卢克索
艾斯尤特区	艾斯尤特省	阿斯尤特
	新河谷省	哈尔加
亚历山大区	亚历山大省	亚历山大
	布哈拉省	达曼胡尔

续 表

经济区	省份	省会
苏伊士运河区	北西奈省	阿里什
	南西奈省	坎塔拉
	塞得港省	塞得港
	伊斯梅利亚省	伊斯梅利亚
	苏伊士省	苏伊士
	东部省	扎加齐格
马特鲁区	马特鲁省	马特鲁

资料来源：埃及政府网站。

首都：埃及首都开罗位于尼罗河三角洲顶点以南 14 千米处，北距地中海 200 千米，是埃及的政治、经济、商业和文化中心。开罗省、吉萨省、盖勒尤比省共同组成的大开罗区，人口超过 2500 万，是阿拉伯和非洲国家人口最多的城市，是世界第十六大都会区。古埃及人称开罗为“城市之母”，阿拉伯人把开罗称作“卡海勒”，意为征服者或胜利者。

其他主要城市和经济中心：

（1）亚历山大：位于尼罗河口以西，距首都开罗约 200 多千米，是埃及第二大城市、埃及和东地中海地区货物吞吐量最大的港口城市。公元前 332 年，希腊马其顿国王亚历山大大帝占领埃及后建立此城，并以他的名字命名。亚历山大风景秀美，气候宜人，是埃及的夏都和避暑胜地，被誉为“地中海新娘”。亚历山大是古代和中世纪名城，是地中海沿岸政治、经济、文化和东西方贸易的中心，是埃及的航运和外向型工业中心之一。

（2）塞得港：埃及主要港口城市之一，地处非洲和亚洲、地中海和红海的交接点，城市综合发展水平较高。1859 年，随着苏伊士运河的开凿而修建，以当时派驻的总督塞得帕夏的名字命名。

（3）沙姆沙伊赫：位于西奈半岛南端，历史上长期无人居住，1967—1982 年被以色列占领，1982 年根据戴维营协议归还埃及。沙姆沙伊赫是著名的热带海滨度假胜地，每年成千上万来自世界各地的游客来此观光度假。

六、社会组织和公共交通

（一）社会组织

2011 年以前，埃及只有一个工会组织，即埃及工会联合会。2017 年 11 月，埃及议会通过《工会法（213/2017）》，禁止成立独立工会。埃及的工会组织架构中，最基层是工会委员会，最顶端是埃及工会联合会。工会组织分为三级：工厂的工会委员会、全国性的产业工会、埃及工会联合会（埃及工联）。2018 年 5 月，埃及工会联合会举行 12 年来的首次选举。

埃及现有非政府组织（NGO）5 万多个，埃及的非政府组织每年接受外来资助达 10 亿埃镑，约有 400 家非政府组织接受外来资助。2019 年 4 月，非政府组织法修订委员会决定制定新的法律草案，内阁会议已批准法律草案大纲，其中规定，NGO 可在通知当局后建立，并设立监督机构，监督 NGO 工作。

（二）公共交通

埃及是中东和北非地区现代化进程起步较早的国家，各类基础设施较为完备。

1. 公路

埃及拥有较为完善的公路交通运输体系，沿尼罗河两岸及红海沿岸是其公路网的主干道，连接南至阿斯旺、北至亚历山大的尼罗河沿岸各大城市。截至2022年，埃及公路基本连接全国大部分城镇乡村，已建成超过74万千米的初级和二级公路，还有近5万千米公路在建，以开罗为中心，向尼罗河三角洲区域辐射的公路网络也较为发达和便利。公路交通是埃及居民最主要的出行方式，承担了约94%的货物运输。埃及公路管理局计划投资100亿埃镑进行一系列的公路建设，包括开罗到亚历山大，红海到埃及的公路等。政府还计划投资78亿埃镑对现有道路进行维修。

点评：

埃及公路基础设施质量在全球排名较高，根据世界经济论坛发布的《2019年全球竞争力报告》，埃及在公路基础设施质量方面名列全球第28位，较2014年的第118位大幅上升。

2. 铁路

目前埃及铁路长度为10008千米，日客运量200万人次，年货运量约300万吨，铁路货运能力不足，且目前埃及整个铁路系统设备陈旧，运输效率低下，亟待升级。

埃及正在进行铁路现代化改造，由中国企业承建的埃及斋月十日城轻轨铁路是埃及第一条电气化铁路，于2022年7月3日通车试运行，2022年12月12日正式运营。该项目是中埃“一带一路”合作的旗舰项目之一，是连接开罗市区、东部沿线卫星城及埃及新首都的纽带。

埃及交通部实施铁路发展计划，计划未来铁路货物运量占货运总量的比重达到20%。

3. 空运

埃及全国共有机场30余个，其中11座为国际机场。其中最大的是开罗国际机场。开罗国际机场是埃及航空的基地，也是星空联盟的成员之一，连接了非洲、欧洲、亚洲和美洲的多个目的地。开罗国际机场有3座航站楼，共有147个机位，可满足年旅客吞吐量3000万人次的需求。

点评：

一些机场的改扩建工作在进行中，如开罗国际机场4号航站楼建设预计在2025年完成，亚历山大的伯格埃尔阿拉伯机场建设项目也获得相应的资金支持。

4. 水运

（1）河运。埃及境内的尼罗河全线可通航，加上灌溉用的河渠，可通航水道总长约3500千米，但利用率不高。较为常用的线路有开罗至阿斯旺航线，长度980千米；开罗至亚历山大，长度205千米；开罗至杜米埃塔，长度241千米。沟通地中海和红海的苏伊士运河长190.25千米，宽280~345米，水深22.5米，是世界上最重要和最繁忙的运河之一，全世界10%的海运贸易需经过苏伊士运河。2015年，新运河的扩建工作顺利完成，工程耗资约82亿美元，运河的通航能力和通航便利性大幅提高。

（2）海运。埃及海岸线总长2900千米，有7条国际海运航线，现有亚历山大、塞得港、杜米亚特、苏伊士等60多个港口，年吞吐总量为800万集装箱，海港贸易量为1.01亿吨。苏伊士运河是沟通亚、非、欧的主要国际航道。近年来，运河进行了大规模扩建，使过运河船只载重量达24万吨，可容纳第四代集装箱船通过。亚历山大是埃及最大港口。塞得港正成为埃及最大的集装箱转运枢纽。

近年来，埃及港口建设不断发展，吞吐能力逐年增加，埃及拟加大港口建设，将货物吞吐能力由目前的 2.3 亿吨增至 3.7 亿吨（至 2030 年），其中重点建设的港口是塞得港和亚历山大港。围绕港口建设，还有大量相应的基础设施建设。根据世界银行报告，埃政府计划在十月六日城、斋月十日城、伊斯梅里亚等地建设陆港，并将在杜米埃塔地区建设物流中心。

5. 市内交通

（1）地铁。在城市公共交通方面，地铁建设主要集中在开罗。1987 年 10 月开始运营的开罗地铁现有 1、2、3 号线。4 号线正在实施，5 号线、6 号线均已规划。埃及国家隧道管理局拟在 2032 年前新建 6 条地铁线路，将大开罗地区与周围郊区相连接。开罗地铁单程票价 9 站以内 3 埃镑，16 站以内 5 埃镑，超过 16 站为 7 埃镑，学生、老年人和有特殊需要人士 2 埃镑。

点评：

埃及是伊斯兰国家，因此在每趟地铁中间设立 2 节女士专用车厢。女士专用车厢门上用红色标注，其余均为绿色的普通车厢。男士不能进女士车厢，女士却可随意乘坐普通车厢。由于票价便宜，方便快捷，因此搭乘地铁的人很多，高峰时期（上午 8 点到 10 点，下午 3 点到晚 8 点）比较拥挤。

（2）公交。埃及拥有发达的公交网络，可服务于大多数城市以及乡村。公交是最便宜的交通工具，不同类型的公交车舒适度有所不同。车票可以在汽车站购买，也可以网上购买。

（3）出租车。埃及停车场有大量个人和官方运营的出租车。出租车是主要城市最常用的交通工具。几乎到处都有个人出租车，只需向司机招手就可以搭乘，但建议提前询问价格（尤其是在埃及有朋友或联系人可以询问的情况下）。上车前，应与司机协商好价格。集体出租车通常在城际路线运行以确保乘客更快地在城际间出行。可以在地铁站、火车站和汽车站附近找到出租车。司机通常在达到乘客配额（3~4人）时就会发车。一般来说，集体出租车的票价要低于公共汽车和火车的票价，但他们没有固定的时间表，而是根据乘客数量发车。

（4）微型巴士。微型巴士介于公交和集体出租车之间。根据规定一次可以运送12名乘客，但实际乘客往往是允许配额的两倍。微型巴士主要在开罗和亚历山大等主要城市以及一些较小的城市中提供。微型巴士目的地较少，票价与集体出租车的票价相近。

七、外交关系

1. 对外政策

埃及奉行独立自主、不结盟政策，主张在相互尊重和不干涉内政的基础上建立国际政治和经济新秩序，加强南北对话和南南合作。突出阿拉伯和伊斯兰属性，积极开展和平外交，致力于加强阿拉伯团结合作，推动中东和平进程。反对国际恐怖主义。倡议在中东和非洲地区建立无核武器和大规模杀伤性武器区。重视大国外交，积极发展同新兴国家关系，在地区和国际组织中较为活跃。截至2023年7月，埃及已与160多个国家建立了外交关系。

2. 同中国的关系

埃及是第一个承认新中国的阿拉伯国家和非洲国家，于1956年5月与中国建交。1999年，中埃两国建立面向21世纪的战略合作关系。2006年5月，两国外交部建立战略对话机制。2006年6月，两国签署关于深化战略合作关系的实施纲要。2007年5月，中国全国人大和埃及人民议会建立定期交流机制。2014 年以来，中埃两国元首多次会晤。2014 年 12 月，中埃两国建立全面战略伙伴关系。2016 年 1 月，两国政府签署《中华人民共和国和阿拉伯埃及共和国关于加强两国全面战略伙伴关系的五年实施纲要》《中华人民共和国政府和阿拉伯埃及共和国政府关于共同推进丝绸之路经济带和 21 世纪海上丝绸之路建设的谅解备忘录》《关于苏伊士经贸合作区的协定》《中华人民共和国商务部和阿拉伯埃及共和国航空部关于开展区域航空合作的谅解备忘录》等。

2017 年 5 月，中国信保与埃及投资与国际合作部签署了《关于投资促进的谅解备忘录》。中埃两国领导人对双边关系发展予以高度评价。2017 年 9 月，习近平主席在厦门会见塞西总统时，再次表示中方高度重视发展中埃关系，称双方要保持密切的高层交往，在涉及彼此核心利益问题上相互支持，要对接发展战略，利用基础设施建设和产能合作两大抓手，共同将埃及打造成“一带一路”沿线支点国家；塞西表示埃及高度重视埃中全面战略伙伴关系，对两国关系高水平发展感到满意，称支持“一带一路”倡议，愿将自身发展战略同这一倡议对接，并加大同中方在投资、基础设施等领域合作。

新冠疫情发生后，两国继续保持密切交往。2020 年 1 月，双方同意朝着新时代构建中埃命运共同体的目标，提升两国关系水平。

3. 同美国的关系

穆巴拉克[1]时期，埃及是美国在中东的重要伙伴之一，美国是埃及的主要援助国，2011 年埃及政局发生重大变化后，美国宣布免除埃

[1] 埃及前总统，2011 年埃及爆发大规模的民众抗议，迫使执政 30 年的穆巴拉克下台。

及 10 亿美元债务，提供 1.9 亿美元财政援助和 2.5 亿美元贸易信贷担保，建立 6000 万美元投资基金。

2013 年 7 月初，埃及局势再度剧变后，美国对埃及军方强力镇压穆斯林兄弟会支持者游行示威持批评态度，并暂停部分对埃及的援助，2014 年 6 月塞西就职总统后，美埃关系有所缓和，美国恢复对埃及的部分援助。塞西是 2009 年以来首位访问美国的埃及总统，2017 年 4 月，塞西访美，与美国总统特朗普举行会谈，埃及《金字塔报》以《埃美关系翻开新的一页》为题报道此次会晤。但是在 8 月 22 日，美国白宫突然发表声明，决定削减对埃及 9600 万美元的军事、经济援助，并推迟约两亿美元的军事贷款，理由是埃及在改善人权方面进展缓慢，并限制埃及境内的非政府组织活动。埃及政府表示震惊并予以愤怒的回应："此举是对两国数十年来关系的战略性误判。"而在一年之后，美国国务院于 2018 年 7 月 27 日宣布，决定向埃及发放 1.95 亿美元的军事援助。

2021 年 11 月 1 日，埃及通过美国国际开发署与美国签署了 7 项发展融资赠款协议，价值 1.25 亿美元。这些协定是在埃及和美国联合经济关系的框架内达成的，该关系加强了发展合作的努力，以支持埃及在各个领域的发展愿景。

2023 年 10 月 19 日，埃及总统府发表声明称，埃及总统塞西与美国总统拜登进行了通话，同意通过拉法口岸向加沙地带提供"可持续"援助。两国有关部门将在联合国监督下与国际人道主义组织协调，确保援助物资抵达。

4. 同巴勒斯坦的关系

埃及是最早支持巴勒斯坦事业的阿拉伯国家之一。巴勒斯坦解放组织（简称巴解）成立后，埃及即表示坚决支持。1980 年，埃巴关系降到最低点，巴解驻开罗办事处被关闭。1987年11月，埃及重新开放巴解驻开罗办事处。1988年11月，巴勒斯坦宣布建国后，埃及即宣布承认，巴解驻开罗办事处也随之升格为大使馆。马德里中东和会后，埃及积极推动巴以和谈，促进巴勒斯坦内部和解，并呼吁国际社会向巴勒斯坦人民提供人道主义援助。2008年12月，加沙冲突爆发后，埃及努力斡旋，推动哈马斯与以色列停火，缓解加沙人道主义危机，为联合国安理会通过第1860号决议发挥重要作用。2009年，埃及主办加沙重建国际会议，并召集巴勒斯坦各派在开罗举行多轮内部和解对话会。2010年，巴勒斯坦民族权力机构主席阿巴斯多次访问埃及。2011年，阿巴斯、哈马斯领导人扎哈尔等分别访问埃及。5月，在埃及调解下，法塔赫与哈马斯在埃及签署和解协议。埃及政府重新开放连接加沙地带的拉法口岸。

塞西总统多次积极在以色列与哈马斯之间调停斡旋。在解决巴以问题中的独特桥梁作用进一步强化了埃及在中东地区的政治地位，增加了埃及与美国进行外交互动时讨价还价的砝码。近年来，埃及忙于应付国内危机无暇他顾，在地区事务中的地位被日益边缘化。塞西再次连任后，巴以问题成为埃及迫切需要证明实力、重树中东地区大国地位的重要切入点。

5. 同以色列的关系

1980年2月，两国建立大使级外交关系。2000年11月，因以巴爆发大规模冲突，埃及召回驻以色列大使。2002年4月，埃及宣布除为争取地区和平而进行的接触外，中断一切与以色列联系。2005年3月，埃及恢复向以色列派驻大使。

埃以两国虽然建交，但一直处于“冷和平”状态。在穆尔西时期，埃及和哈马斯抗议以色列对加沙地带的强硬政策，导致埃以关系恶化。塞西上台后，双方关系逐渐缓和。2015 年 9 月，以色列驻埃及大使馆重新开放。2016 年 1 月，埃及驻以色列大使上任，结束了这个职位空缺 3 年多的状况。埃及还在国际上支持以色列。2015 年 11 月，埃及支持以色列加入联合国和平利用外层空间委员会，这是埃及历史上第一次在联合国投票支持以色列。2016 年 7 月埃及外长舒凯里正式访问以色列，是 2007 年以来埃及外长首次访问以色列，此次由外交部长访问以色列，标志着双方的合作建立在更广泛的共同利益基础之上。

2023 年以色列对加沙战争开始以来，双方关系急剧僵化，埃及政府坚决反对以色列将加沙的巴勒斯坦人驱逐到西奈半岛的企图，声称此举将威胁埃及与以色列之间的和平协议。

6. 同欧盟的关系

埃及与欧盟在政治、经济和安全等问题上有较为广泛和深入的合作。埃及与欧盟的双边贸易额占埃及对外贸易总额的 40%，欧洲国家是埃及最主要的外资来源国。2014 年，塞西当选总统后，多次与欧盟成员国国家元首互访。

2022 年 11 月 16 日，埃及国际合作部部长拉尼娅同欧盟就建立绿色氢战略伙伴关系签署了谅解备忘录。该谅解备忘录总额为 3500 万欧元，旨在支持埃及能源平台及其与食品、能源和水资源之间的关系。

欧盟计划将欧盟与埃及 2004 年签署的联合协议升级为更广泛的全面自由贸易安排，双方正在进行相关谈判，以保持和改善埃及与欧盟国家之间的贸易流通，增加贸易额并避免出现任何形式的供应链中断。

7. 同海湾国家的关系

埃及同沙特阿拉伯在经济、人员交往和宗教事务方面有密切的合作关系。1979 年，埃以和约签订后，沙特同埃及断交。1987 年，11 月，沙特与埃及恢复外交关系。2013 年 7 月初，埃及政局剧变后，沙特、科威特、阿联酋等海湾国家紧急向埃及提供120亿美元经济援助。塞西就职后，多次访问沙特、阿曼、阿联酋、科威特、巴林等国家。

2022年，埃及遭遇金融危机，沙特于2022年11月宣布将延长在埃及中央银行存入50亿美元的期限，卡塔尔也在11月宣布向埃及央行存入10亿美元，以协助该国稳定国内经济状况。

8. 与非洲关系

埃及积极参与非洲事务，致力于非洲联盟（简称非盟）建设。非洲国家与埃及历史、文化渊源深厚，对埃及国家安全，特别是水资源安全具有战略意义，非洲国家在埃及对外政策中占据突出地位。2014年以来，塞西多次出席非洲联盟峰会，并于2019年2月开始接任非盟轮值主席一年。

2023年5月23日，塞西同到访的非盟委员会主席法基举行会谈。双方讨论了非盟经济一体化、区域融合、地区和平与安全以及非盟机构改革等问题，同意就以上问题继续保持密切合作和协调，以实现非洲利益最大化。

八、民族和宗教

（一）民族

埃及的主要民族是东方哈姆族（埃及阿拉伯人、科普特人、贝都因人、柏柏尔人），占总人口的99%，努比亚人、希腊人、亚美尼亚人、意大利人后裔和法国人后裔占1%。

（二）宗教

伊斯兰教为埃及人的主要信仰，信徒以逊尼派为主，占总人口的

84%。同时存在科普特基督正教、天主教、希腊基督正教、亚美尼亚基督教，以及基督新教等多个基督教教派（约占 16%）。科普特基督正教为埃及传统基督教派，属东方基督正教中的一个独立教派，埃及科普特人多属于此教派。

九、语言和习俗

（一）语言

埃及官方语言为阿拉伯语，大多数国民亦将其视作母语；科普特语（由古埃及语演变而来）仅在埃及科普特人的基督教堂仪式中使用。另外，英语及法语在大城市及旅游区通用。

原始的埃及语（象形文字）在公元 3~4 世纪完全被科普特语（希腊字母变体）取代。公元 7 世纪后期阿拉伯穆斯林征服埃及后，阿拉伯语开始逐渐成为通用语言，而科普特语仍被广泛使用。但科普特语在 15 世纪便已不再用于日常生活了，而后，科普特语使用者全都改用阿拉伯语。

（二）习俗

1. 宗教习俗

每星期五是穆斯林的“主麻日聚礼”，埃及伊斯兰教徒为数众多，信守每日 5 次礼拜教规，即晨礼、晌礼、晡礼、昏礼、宵礼。

2. 待客礼仪

埃及人见面时比较热情，一般情况下，见到不太熟悉的人会先致问候（一般说“As-salam alaykom”，意思是“愿你平安祥和”，类似中国人常见的“你好”），女性之间出于礼貌或表示亲热，更多地采用温柔的贴面礼，一般是先右边贴一次，后左边贴一次。异性之间通常是握手，只有亲戚之间行贴面礼。男女之间也可不握手，男士在握手时必须从座位上起立，女士则不必。埃及人不忌讳外国人家访，但禁止异性相互拜访。

3. 饮食习俗

穆斯林信徒严格遵守伊斯兰教规，不吃猪肉，不饮酒。斋月里白天禁食；吃饭时不与人谈话，喝热汤及饮料时禁止发出声响，食物入口后不可吐出，忌讳用左手触摸食具和食品。斋月吃焖蚕豆和甜点，开斋节吃鱼干和撒糖的点心，闻风节吃咸鱼、大葱和葱头；宰牲节吃烤羊肉和油烙面饼。

4. 禁忌

埃及人认为“右比左好”，右是吉祥，做事要从右手和右脚开始，握手、用餐、递送东西必须用右手，穿衣先穿右袖，穿鞋先穿右脚，进入家门和清真寺先迈右脚。因此，用左手与他人握手或递东西是极不礼貌的。埃及人在正式用餐时，忌讳交谈，否则会被认为是对神的亵渎行为。埃及穆斯林一般都遵守伊斯兰教教规，忌讳喝酒，喜欢喝红茶；有饭后洗手、饮茶聊天的习惯；忌吃猪、狗肉，也忌谈猪、狗；不吃动物内脏（除肝外），鳝鱼、甲鱼等怪状和无鳞的鱼；男士不要主动和妇女攀谈；不要夸人身材苗条；不要称赞埃及人家里的东西，否则会认为在向其索要。

5. 妇女的禁忌

按伊斯兰教教义，妇女的“迷人之处”是不能让丈夫以外的人窥见的，因此，短、薄、透、露的服装是禁止的。埃及人对外国人比较宽容，但严禁穿背心、短裤和超短裙进入清真寺。进入清真寺须脱鞋，女士还须围戴头巾。

点评：

在与当地人打交道时要懂得尊重对方，尊重当地的风俗习惯，不能有大国沙文主义思想。除一般的社交礼仪外，应尊重当地习俗，大方得体地与当地人正常交往，不能拿宗教和信仰取笑当地人或企业当地员工。

（三）节假日

埃及主要节日有开斋节、宰牲节、伊历新年、埃及建军节（10月6日）、国际劳动节（5月1日）、埃及国庆日（7月23日）、科普特教圣诞节（元月7日）、西奈解放日（4月25日），以及闻风节、斋月、尼罗河涨水节和穆罕默德生日（伊历4月12日）等重要的宗教和民间节日。埃及实行每周5天工作制，周五、六为公休日。

开斋节、古尔邦节、圣纪节是埃及穆斯林的三大节日。

1. **开斋节（伊斯兰历10月1日）**

穆斯林在莱麦丹（第9月）全月斋戒，根据伊斯兰教教义，斋月期间，所有穆斯林从每天的日出到日落期间禁止一切饮食、吸烟和房事等活动。此外，穆斯林还会到清真寺作祷告，学习《古兰经》。斋月最后一日寻看新月，见月次日开斋，即为开斋节；如未见新月，则继续封斋，节期顺延，一般不超过3天。此日穆斯林们穿上节日盛装，到清真寺参加会礼和庆祝活动，恭贺“斋功”胜利完成，互道节日快乐，并馈赠礼品。

2. **古尔邦节（伊斯兰历12月10日）**

古尔邦节是伊斯兰教重要节日之一。据《古兰经》记载，即先知伊卜拉欣祈求真主后，晚年得子，精心抚养幼子。十几年后的一天夜里，伊卜拉欣做了一个梦，梦见真主安拉命令他把心爱的儿子伊斯玛仪宰掉献祭以考验他的诚心。虔诚的伊卜拉欣真要举刀宰掉儿子时，真主让伊卜拉欣刀下留人，派天仙吉卜热依勒牵来一只黑头白羊献祭，代替了伊斯玛仪。当伊斯兰教诞生后，穆斯林们承认伊卜拉欣并尊其为圣祖，便形成了每年的这一天宰牲献祭的习俗，沿袭至今，成为所有信仰伊斯兰教的人的传统节日之一。在这一天，人们举行会礼并宰掉准备好的牛、羊、骆驼等，所宰牲灵的肉通常分为三份，一份留作自用，一份馈赠亲友，一份施散穷人。

3. 圣纪节，即穆罕默德诞辰日（伊斯兰历3月12日）

穆罕默德诞辰日亦称圣纪节，是伊斯兰教三大节日之一。现在穆斯林过圣纪节并不斋戒，而是准备许多好吃的食品庆祝，讲述穆罕默德生前的事迹等。

十、货币与物价

（一）货币兑换

埃及法定货币为埃及镑，简称埃磅，采用自由浮动的汇率制度。自2022年3月以来，埃镑贬值超过62%，截至2024年3月22日，美元兑埃镑汇率为1∶49.29，人民币兑埃镑汇率为1∶6.86。

点评：

截至2024年3月22日，埃镑的官方汇率自2022年以来经历了幅度达14%、19%、17%、40%的四次贬值，这创下全球货币贬值速度的纪录，市场认为，其官方汇率在2024年还会再次贬值。随着埃镑币值飞速下跌，政府手中的硬通货短缺，外汇黑市随之出现。在外汇黑市，美元兑埃镑汇率可达1∶100，1元人民币可以兑换 10 埃镑以上，甚至更多。

（二）消费水平

由于通胀一路高企、货币不断贬值，埃及物价高居不下（见表 2-3）。

表 2-3　2023 年 11 月埃及主要消费品价格

产品	单价	产品	单价
牛奶	26.94 埃镑/升	苹果	38.12 埃镑/公斤
白面包	16.85 埃镑/斤	鸡柳	154.23 埃镑/公斤
大米	24.89 埃镑/公斤	西红柿	11.05 埃镑/公斤
本地奶酪	103.10 埃镑/公斤	土豆	10.64 埃镑/公斤
牛肉	278.35 埃镑/公斤	洋葱	14.57 埃镑/公斤

资料来源：Numbeo 网站。

点评：

埃及作为一个人口众多的发展中国家，薪酬水平本来就较低。为了应对持续上涨的物价，最近几年，埃及政府给 500 万名在国有企业和公共部门工作的员工每年加薪 7%～10%，目前公共部门雇员的法定最低工资为 3500 埃镑，折合不足 100 美元。在 2015 年，这一数字为 1200 埃镑，但当时 1 美元兑换约 8 埃镑，反而可以换到 150 美元。私营部门员工的法定最低工资则更低，目前只有 2700 埃镑。

2023 年 5 月，埃及市场上 1 公斤牛肉、鸡肉、大米、食用油的售价分别约为 400、200、35 和 60 埃镑，市场上未经补贴的口袋饼价格也从去年 1 埃镑上涨到 3 埃镑一张。也就是说，许多埃及人一个月的工资已经买不来 10 公斤牛肉。

十一、金融服务

（一）外汇管理

根据埃及《外汇法（38/1994）》规定，投资公司可在银行开设美元账户并保留美元利润，外汇自由兑换。《投资法（72/2017）》（2019 年修订）也保证投资资金和利润可以自由汇出，公司清盘时所有资金可以一次性汇回。其他情况下，可以分 5 次在 5 年内汇完。

2022 年 3 月，埃及央行要求进口必须使用信用证支付，以减轻外汇压力，2023 年年初这一强制规定虽已取消，但埃及本币贬值，外汇流动性短缺，且“黑市”美元价格居高不下，偿付能力弱化。埃及政府对外汇公司实施新的限制措施，要求外汇经纪商出售外汇时必须核实客户身份和交易原因。个人必须提供兑换理由，包括身份证、工作场所信息、具有有效签证的护照和机票；公司还必须提供商业注册信息；居住在埃及的外国人必须出示有效的居留签证，外交官则必须在验证通过工作场所后才能获得外币。

企业开立外汇账户：外资企业可在埃及商业银行申请开立外汇账户，绝大多数银行均可开立美元或欧元账户。埃及银行、商业国际银行、汇丰银行、卡塔尔国民银行等一些商业银行已开设人民币业务，包括开立人民币账户、处理人民币信用证、人民币非现金转账及外汇交易。不同类型企业开立人民币账户的要求和所需文件不同，个人客户需视具体情况而定。

外汇汇进/汇出：埃及允许外汇汇进和汇出，但必须以真实交易为基础，需向开户行提供业务往来证明文件。

利润汇出：外资企业的合法利润经审查后可以汇出，汇出时需缴纳5%或10%的预提所得税。此外，以前还需向银行缴纳2‰~3‰的手续费，但目前部分银行暂免手续费。

携带现金出入境规定：埃及政府允许旅客携带外汇进出埃及海关。自2012年起，埃及禁止携带5000埃镑或1万美元以上现金出入境。

（二）银行与保险

1. 银行

（1）中央银行。埃及中央银行于1960年成立，是直属内阁的银行业管理机构。其主要职能包括发行货币、监督银行体系运作、制定信贷和银行业务政策、管理外汇储备、调节外汇市场、监督支付体系、跟踪管理外债等。

（2）商业银行。1975年，埃及颁布《银行法（120/1975）》，对境内所有银行的业务范围、操作模式进行界定，主要分为商业银行、投资银行和专业银行3种类型。商业银行经营一般性的存储业务，并为各种市场交易提供资金。投资银行可以接收存款，为外贸业务提供融资，但主要是投资中长期业务，如扶持新兴产业、对固定资产投资提供融资等。

专业银行主要服务于国家的特定行业，为房地产、工业、农业发展提供长期的资金支持。埃及拥有从业牌照的银行共40家，包括5家国有银行、28家私有及合资银行、7家国外银行分行。埃及国民银行是埃及最大的商业银行，在上海开设分行。埃及银行为第二大商业银行，在广州设有办事处。商业国际银行是埃及最大的私营银行。

点评：

自2019年起，埃及银行、商业国际银行、卡塔尔国民银行、汇丰银行已获批开通人民币业务，可为企业办理汇兑、结算、开立信用证等业务。

（3）外资银行。当地较大的外资银行包括卡塔尔国民银行、汇丰银行、商业国际银行等。2003 年，埃及颁布实施新《银行法（88/2003）》，欢迎外国银行和金融机构参与埃及银行的私有化进程，通过参股、收购等方式进入埃及金融市场。埃及中央银行早已不再颁发新的银行牌照，外资银行只能通过收购现有银行进入埃及市场，但可在埃及设立代表处。目前，在埃及中央银行注册的外资银行代表处共 20 家，包括纽约梅隆银行、德国商业银行、摩根大通银行、渣打银行等，主要来自美国、日本、欧洲和中东国家。

（4）在埃中资银行。目前，中国国家开发银行在埃及设有代表处，是中国在埃及设立的唯一正式金融机构，联系电话：02-27507406/02-23802799。中国国家开发银行与埃及中央银行、埃及国民银行、埃及银行、非洲进出口银行等当地及区域多边金融机构均有良好的合作关系，主要业务包括贷款、投资、债券承销、融资租赁、证券经纪等全牌照金融服务，主要功能是深化中埃金融合作，服务“一带一路”建设和中埃产能合作。

点评：

外国企业可在当地银行开立账户，已注册成立的企业需提供商业注册证、税卡、投资指南（GAFI 发放的小红本，公司注册时领取）、公司股东或董事长签字；尚未注册的企业需经母公司同意，并提供授权取款银行的 SWIFT 代码（银行国际代码）。

2. **保险**

埃及保险业起步较早。1900 年，埃及第一家保险公司国民保险公司成立。此后，历经国有化和私有化浪潮，保险业发展屡受挫折。据埃及金融监管局统计，截至2019年6月底，埃及共有39家保险公司，总保费达352亿英镑。其中，有15家寿险公司、22家财险公司、1家出口保险公司和1家保险合作社。此外，还另设有1家再保险公司。埃及主要的保险公司有：埃及寿险公司、埃及财险公司、安联寿险公司（埃及）、大都会人寿保险公司、国际商业人寿保险公司等。全行业现在已对外资开放（外国投资者可以持有本地保险公司的多数股权）。自2009年起，埃及金融监管局负责监管保险业。2018—2019年财年，保险业对GDP贡献率为9%，保费同比增长19%。保险资金主要投资于银行存款、政府债券和非政府债券。

（三）信用卡

截至2021年12月，埃及共有信用卡447.01万张，POS机17.74万台，ATM机1.9万台。国际主要信用卡发卡公司与埃及银行均有一定程度的合作，如VISA和Master Card等。埃及信用卡使用率一般，在开罗及其他大城市的高档宾馆、商场、超市及旅游场所普及率较高。

中国银联选择埃及银行卡联合组织Egyptian Banks Co.（品牌标识为123）作为在埃及的合作伙伴。自2010年1月起，包括埃及国民银行、埃及银行等各大银行在内的埃及境内3000余台ATM机受理银联卡，覆盖率几乎为100%，基本做到持银联卡在埃及境内畅通无阻。银联卡在埃及ATM机开通的服务为取现（埃镑）和余额查询。

（四）融资

埃及对外资企业的贷款条件与当地企业相同，在当地贷款需要提供抵押、财报，以及对公司未来业绩和现金流作出预测。由于当地融资条件不佳、成本高，中国公司主要依靠国内金融机构融资，或使用国内金融机构向当地金融机构提供的转贷款。

点评：

“走出去”企业可以通过如下途径开展融资。

1. 在中国境内融资

中国企业在境内融资方式分为债务融资和权益融资两大类，其中，债务融资分为信贷融资和债券融资，权益融资（股权融资）分为普通股融资、优先股融资及股权互换融资。此外，跨境并购项目中，境内直贷和内保外贷也是企业境内融资的主要方式。

2. 在国际市场融资

企业在国际市场融资，可多关注权威国际金融机构提供的融资支持，同时用好在国际资本市场发行债券、上市等融资方式。

亚洲基础设施投资银行、欧洲复兴开发银行、国际金融公司等国际多边金融机构，在其业务涵盖的地区和领域往往具有明显优势和先进经验。对于符合融资条件的项目和企业，这些机构以贷款、股权投资等方式提供融资支持，具有融资期限较长、利率相对较低、性价比较高的特点。

境外发债逐渐成为中资企业重要融资方式之一，其优点在于境外债券在产品结构上有足够的空间利用利率、汇率等方法降低融资成本。中国企业发行较多的是中资美元债。

境外上市具有门槛低、筹备上市时间短、条件明确、易于操作等特点。企业可以根据自身情况，选择在境外上市，充分利用境外资本市场，筹集企业发展所需资金，不断提高企业的国际竞争力。就上市地点而言，企业还需根据自身发展战略和市场定位以及不同证券交易所的上市要求和比较优势进行准确评估，选择适合的上市地点。

3. “一带一路”多双边合作基金

为推进“一带一路”建设、企业“走出去”和国际产能合作，中国发起设立了多支多双边合作基金，如丝路基金、中国–东盟投资合作基金、中国–中东欧投资合作基金、中国–欧亚经济合作基金、中非发展基金、中非产能合作基金、中拉合作基金等。

多双边合作基金主要以股权类投资为主，可在不增加企业债务负担的情况下，为项目建设提供长期、可靠的资金支持，契合大型项目建设周期长、资金需求量大的特点，是对信贷融资、债券融资等融资方式的有益补充。中国企业可根据项目特点及所在地区，多与对应的多双边合作基金进行对接，获得融资支持。

（五）证券市场

埃及资本市场可追溯到19世纪，是中东北非地区历史最悠久的市场之一。亚历山大交易所成立于1888年，开罗交易所（现称埃及交易所）成立于1903年。在20世纪，埃及交易所（EGX）曾被视为全球第五大交易所。埃及政府于1992年颁布《资本市场法（95/1992）》。

埃及有两大证券交易所：主板为埃及交易所，中小企业板为Nilex。基准指数为EGX 30，代表埃及交易所中流动性和活跃程度最高的30家公司，另有EGX 50、EGX 70、EGX 100等权重指数。

2023年6月，EGX有上市公司200余家，资产总市值约15575亿埃镑。EGX董事会主席由总理任命，董事会60%成员由投行、基金公司等市场参与者选举，40%直接由资本市场管理署、中央银行和银行集团任命。埃及监管机构是埃及资本市场管理署，署长由总统直接任命。埃及现行会计准则和交易系统与国际标准接轨。2005年，EGX还加入全球证券市场联盟，是第一个加入该组织的阿拉伯证券市场。

EGX对上市证券交易收取0.01%的交易费用，对于非上市证券交易收取0.1%的交易费用，对于全球存托凭证交易收取0.025%的交易费用。

十二、通信与电力

（一）邮政

埃及的主要邮政服务提供商是埃及邮政，是负责埃及邮政服务的政府机构。它成立于1865年，是该国最古老的政府机构之一。埃及邮政提供广泛的服务，包括普通邮件、挂号信、快件和包裹递送。除了埃及邮政外，埃及还有多家私营快递公司运营，例如敦豪、联邦快递和联合包裹。这些公司提供国内和国际运输服务。

点评：

埃及邮政服务的速度和可靠性因服务类型和地点而异。普通邮件可能需要几天到几周的时间才能到达，而特快专递和快递的送达时间则更快。

就可靠性而言，埃及邮政会出现延误，偶尔也会出现邮件丢失或损坏的问题。在这方面，私营快递公司往往能提供更可靠的服务。

（二）电话

据埃及通信和信息技术部统计，约98.8%的埃及家庭拥有手机，约99.4%的个人使用手机。2023年1月，埃及移动连接数为1.05亿。埃及智能手机普及率达到手机普及率的97%左右。

埃及固定电话用户数量从2023年4月的1221万用户增加到5月的约1253万用户，这意味着固定电话服务新增用户约32万。按年计算，固定电话用户数增长 6.64%，用户数从 2022 年 5 月的 1175 万增加到 2023 年 5 月的 1253 万。

点评 1：

在埃及，电信运营商主要有 3 家：Etisalat、Orange 和 Vodafone。这些移动运营商在埃及的城市和旅游区域提供了广泛的网络覆盖。在具体选择时应考虑到自己所在区域的特点以及个人需求。如果你需要在偏远地区使用手机，可以选择 Etisalat，因为它在这些地区的信号覆盖较好。而如果你通常在城市或旅游区域内使用手机，可以选择 Orange 或 Vodafone，因为它们在这些区域内的信号覆盖广泛。

点评：

中国的 SIM 卡可以在埃及正常使用，但是必须事先开通国际漫游。往国内拨打电话时拨打 0086+区号+电话号码或 0086+手机号码。

（三）网络

全球移动通信系统协会报告显示，截至 2023 年初，埃及有 8075 万互联网用户，互联网普及率为 72.2%。截至 2023 年 1 月，埃及社交媒体用户数量为 4625 万，相当于总人口的 41.4%。2023 年初，埃及的活跃蜂窝移动连接总数为 1.051 亿，这一数字相当于总人口的 93.9%。

（四）媒体

1. 通讯社

中东通讯社是埃及的国家通讯社，也是目前中东地区和阿拉伯世界最大的通讯社，于 1956 年成立，主要通讯内容为宣传政府政策，用阿拉伯语、英语、法语三种文字发稿。

2. **电视媒体**

埃及电视普及率达 98.8%，电视台在埃及传媒中占据突出地位。埃及电视台（国营）创建于 1960 年 7 月，旗下影响力较大的电视台有尼罗河电视台等。目前，埃及电视频道分中央、地方、卫星、专题四类数十个频道，节目覆盖亚、非、欧、北美等地区。2001 年 6 月，私营卫星电视频道获准开播，目前影响较大的有 DMC 电视台、MBC 电视台、EXTRA NEWS 电视台、"祖国回声" 电视台等。

3. **广播媒体**

埃及全国现有 269 家广播台站，平均每天播报节目时长合计 478 小时。埃及广播电台于 1934 年 5 月 31 日创办，1981 年 4 月 1 日开始实行广播网制度。广播网主要包括综合节目台、地方台、青年和体育台、古兰经台、中东台、文化台、阿拉伯之声台和国际台、专业台等。国家广播电台于 1928 年创建，每天用 80 个频率、38 种语言向国内外广播。中东广播电台创建于 1964 年，主要为商业服务；亚历山大广播电台创建于 1960 年，用阿拉伯语播音。2000 年，埃及开始通过 "非洲之星" 广播卫星和尼罗河卫星等发射广播节目，覆盖全世界。

4. **报纸媒体**

埃及报刊种类繁多，主要分为国营、政党和独立报刊三大类。埃及国营报刊主要包括：金字塔出版社、解放出版社、今日消息出版社、新月出版社、鲁兹优素福出版社、知识出版社和合作出版社出版的报刊，总计 500 余种，其中报纸 180 余种，杂志 300 余种。埃及现有日报 17 家，各种期刊 70 多种。主要阿拉伯文报刊为《金字塔报》、《消息报》、《共和国报》、《晚报》、《金字塔经济学家》（周刊）、《最后一点钟》（周刊）、《图画》（周刊）、《鲁兹 · 尤素福》（周刊）；主要英文报刊为《每日新闻》《埃及公报》《金字塔周报》；主要法文报刊为

《埃及前进报》和《埃及日报》。主要私营报刊有《七日报》《今日埃及人报》《日出报》等。

5. **网络媒体**

主要门户网站有 Middle East News Agency（http：//www.mena.org.eg/）、Masrawy（http：//www.masrawy.com/）、Mada Masr（https：//www.madamasr.com/en）、Egyptian Street（http：//egyptianstreets.com/），各大报刊也都开设网络媒体平台，网上可浏览报刊内容。

点评：

无国界记者组织称，埃及是世界上关押记者最多的国家之一。立法允许监禁记者并关闭“分享独立报道信息”的网站。公民可能因社交媒体帖子和在线内容而被捕并受到刑事指控。2018 年的《网络犯罪法（2018）》允许当局屏蔽任何被视为威胁国家安全或经济的网站。

法律规定在推特（Twitter）和脸书（Facebook）等社交媒体上拥有超过 5000 名粉丝的网民，如果发布虚假新闻或煽动违法行为将受到起诉。

（五）电力

尽管埃及发电装机容量连年攀升，但仍无法满足用电需求。埃及电力装机容量自 2015 年起保持较高增长速度，据官方统计数据，截至 2021 年底，埃及电力总装机容量为 59530 兆瓦。然而，埃及人口基数较大，现有发电能力无法满足用电需求，电力长期处于短缺状态。据埃及央行最新发布的数据，2022 年埃及的总用电量为 167.1 太瓦时，同比 2021 年 160.9 太瓦时增加了 4%。塞西政府将埃及电力基础设施建设列为最高优先级，计划到 2027 年发电装机容量增加一倍，投资 1100 亿美元。埃及电力控股公司 2022—2027 年电站项目规划将投资 200 亿美元，以实现新增发电能力 13340 兆瓦的目标。

点评：

埃及当地电压为 220 伏、50 赫兹。国内电器不可直接使用，电源插座为德标（圆形插孔），需从国内携带转换插头或在当地购买。

十三、医疗与安全

（一）医疗

1. 医疗概览

埃及政府十分重视医疗卫生事业，医疗卫生投入不断增加。其医疗政策主要有以下两个特点：第一，基本的免费医疗服务制度，90% 的国民可享受免费医疗；第二，多渠道的资金投入，除国家拨款外，还有来自大企业的捐赠，同时世界卫生组织、欧盟、德国、美国等国际组织和国家也提供一定的援助。

埃及的医院可以分为五类。一是政府医院，这类医院占埃及医院总数的一半左右。二是军队医院，如空军医院、警察总医院等，这类医院原本专门为军人服务，近年对公众开放，医疗水平在各类医院中最高。由埃及军方承建的世界医疗中心是“整个中东地区最大、设备最先进的医疗中心”。三是由一些专业的医疗组织开办的公共医院。四是私立医院，包括正式挂着“医院”牌子和只写着医生名字的诊所两种。前者规模较大，全国有 800 多家，后者经营规模较小，数量众多。

五是慈善医院，面向无力就医的穷人，经费主要来自慈善机构的捐款、大企业和社会人士的赞助。这五类医院构成了埃及庞大的医疗体系，不同类型的医院收费和服务不同。在埃及，就医与买药分离，医院没有垄断药品的权力，其药品库存也限制在一定范围内。医生一般只开处方，患者可到药房取药。埃及药店数量较多，遍布大街小巷，到药店买药非常方便，且药店会免费提供包扎服务。

2. 医疗保险

埃及于 1992 年建立社会保障制度，其社会保障体系主要包括医疗保险、工伤保险和养老保险等。

在埃及，雇工的医疗保险由企业办理，雇主和雇员分别按应支付员工薪金的 4%和工资的 1%缴纳医疗保险金，政府另外给予补贴。无业人员可以向有关部门缴费参加医保，与就业人员享有同样的医疗待遇。同时，政府还为没有参加医保的无业人员提供免费的基本医疗保障，可到政府设立的由卫生部门管理的医院就医，医疗费在政府筹集的 4%的医疗基金中列支。患者免费就诊后，凭医生开具的加盖国家医疗保险公章的处方到药店取药，个人承担药费的 1/3，国家承担 2/3。

（二）安全

1. 治安

埃及的反政府组织包括宣誓效忠“伊斯兰国”的“西奈国”的分支组织，以及与穆斯林兄弟会有关联的“决断”组织等。这些组织也被认定为恐怖组织，其活动范围主要集中在西奈半岛和西部沙漠地区，袭击目标是军事力量、政府部门和宗教场所等，并不定期对城市人口密集区实施恐怖活动。

埃及曾在 2017 年 4 月 9 日宣布进入紧急状态，2021 年 10 月宣布解除紧急状态。在政府强力控制之下，埃及整体安全形势较好，但局部地区仍较为敏感。2022 年上半年，西奈半岛地区恐怖袭击频发，埃及警方仍在加强清剿。

中国公民不要私自前往西奈半岛、北部马特鲁、西部沙漠等偏远地区，避免前往当地大型宗教活动场所、军事禁区等敏感地区，在埃及境内活动时听从官方建议，选取安全路线。

塞西总统执政后，埃及社会治安情况明显好转。埃及市民对外国人普遍比较友好，并未出现针对中国公民和企业的有组织犯罪活动。在开罗马阿迪等华人集中区域，偶有发生入室盗窃、抢劫等案件。

2. **自然灾害**

近年来，埃及无重大自然灾害发生。冬季埃及南部和西奈半岛地区偶有山洪暴发，造成一定人员和财产损失。

埃及冬季和春季沙尘暴较严重。夏季炎热，平均气温在 40℃ 以上，特别是卢克索、阿斯旺等南部地区，酷热难耐，极易造成中暑、休克的等不适反应，应做好防暑降温应对措施。

3. **食品安全**

埃及天气炎热，食品容易变质，需要注意食品卫生。埃及丙肝发病率高，尽量不要在卫生条件差的地方就餐。埃及是伊斯兰国家，不要在无售卖酒精许可的餐馆饮酒。斋月期间，埃及大多数餐厅中午不营业，请提前准备好食品。

Chapter 3
第三章

前往埃及手续办理及相关须知

一、埃及签证

自2007年1月27日起，中埃两国互免持中国外交和公务护照、埃及外交和特别护照人员签证。持中国外交护照、公务护照者可免签入境埃及停留30天。公务普通护照及普通护照持有者需提前在埃及驻各国使领馆办妥签证，也可申办落地签证入境，但需准备往返机票、酒店订单、现金2000美元，落地签证费25美元。

1. 签证种类

埃及签证主要分为工作签证、商务签证、旅游签证、留学签证、落地签证及探亲签证，详见表3-1。

表3-1　埃及主要签证类型介绍

签证类别	基本要求
工作签证	企业在埃及经营一定要遵守当地居留许可法律规定，为员工办理工作签证。外国申请人需要具备相关岗位3年以上工作经验，能提供毕业证书和工作经验证明等材料。 工作签证有效期为1年，期满前1个月续期，超过14天后作废。技术人员、专家人员在埃及续签需提供埃及助手情况报告。
商务签证	商务签证适用于以商务为目的的外国申请人，分为单次入境和多次入境两种类型。单次入境签证有效期一般为2个月，最长停留期是30天；多次入境签证有效期一般为6个月，最长停留期是30天。
旅游签证	旅游签证是签发给以旅游为目的的外国游客。有效期一般为3个月，停留期是14天。旅游签证的申请人不得在埃及从事工作、商务等与旅游无关的活动，更不得从事非法活动。

续　表

签证类别	基本要求
留学签证	留学签证适用于以赴埃留学为目的的申请人。
落地签证	落地签证是指申请人不直接从所在国家取得前往其他国家的签证，而是持护照和该国有关机关发给的入境许可证明等抵达该国口岸后，再签发签证，落地签证通常是单边的。埃及落地签证一般是单次入境，有效期为 1 个月，在埃及最多停留 14 天，适合经常出国的商务人士申请。但落地签证签发存在一定风险，建议谨慎使用。
探亲签证	探亲签证可以分为单次入境和多次入境的签证类型，单次入境有效期为 1 个月，停留期 30 天；多次入境有效期 3 个月，停留期 30 天。探亲签证准备材料较多，需双方提供签证材料。

资料来源：中国国际贸易促进委员会整理。

点评：

埃及对外国人在埃居留管控较严。在埃及的中国公民可在移民局办理投资、工作、学习、居住（仅发给与埃及人通婚者）等类居留许可，一般居留期每次不超过一年，投资类和通婚类居留期最长可至 5 年。申请办理的手续复杂，耗时较长。

2. 签证办理流程

（1）选择签证类型。埃及签证种类众多，申请人首先需要确定入境埃及的目的，根据入境的目的选择办理埃及签证的类型。

（2）确定办理地点。埃及在北京设有中国使馆，在上海设有总领事馆。埃及签证办理不用分领区，在埃及驻中国使领馆均可办理。

（3）递签。若选择签证代办服务中心办理，由签证专员递送签证材料，签证专员会随时关注签证动态，并及时反馈给申请人。

若选择使领馆办理，申请者需送签至埃及驻中国使领馆签证中心，签证申请时间为周一至周五 09:30—11:30。

(4) 出签信息核对。收到出签护照后应认真核对签证页上全部信息（护照号、姓名、出生日期、停留期、有效时间）是否有误，若有问题，应尽快联系埃及驻中国使领馆或埃及签证代办服务中心。

埃及驻华大使馆联系方式：+86-10-6532-1825。

埃及驻上海总领事馆联系方式：+86-21-6433-1020。

二、注意事项

埃及签证申请人在获得签证后，出行前，需要注意以下问题：

(1) 埃及法律规定，禁止未经批准的遥控无人机在境内进行任何飞行活动。驻埃及使领馆提醒中国公民切勿携带包括遥控无人机在内的各类遥控飞行设备入境埃及，以免入境受阻。

(2) 近年来，已发生多起赴埃航班上乘客财物被盗案件。请中国公民在乘机时务必提高警惕，托运行李注意上锁，随身手提行李放置于可视范围内，现金、贵重物品和护照等最好随身携带，稳妥保管。

(3) 开罗机场安检排队人多时通常较为混乱，财物被盗事件时有发生。此外，机场海关对出入境行李检查严格，严禁携带航拍器、对讲机等无线设备入境，严禁携带海参、海马、珊瑚、象牙制品以及超过个人合理用量的药品等出境，违者将面临高额罚款等处罚。

赴埃中国公民依法依规申报随身携带物品和现金，建议除持落地签证入境携带 2000 美元现金外，尽量持银行卡出行。埃及是外汇管制国家，出入境检查严格，目前机场海关允许出入境时携带外币现金 10000 美元或等值货币，当地货币现金 5000 埃镑。上述海关规定可能会随时调整，请行前务必留意并遵守相关规定和申报要求。

（4）埃及全境干燥少雨，大部分地区属热带沙漠气候，请赴埃人员加强自身健康监测。有基础病人群务必做好预防，随身携带应急药品。

（5）埃及严禁在军警禁区、军事设施、政府机关等附近逗留或拍照。如遇军警检查，应主动配合，避免发生误会。

（6）女性在埃期间，应结伴出行，避免单独行动。埃及是伊斯兰国家，女性着装应避免过于暴露，注意言谈举止，与当地人保持适当距离，以免造成误会。如遇骚扰或其他纠纷，应注意保留证据，尽快向埃警方报案。

三、埃及紧急求助联系方式

中资企业及公民在埃及如遇突发状况，或遇有语言不通等特殊情况，应尽快通过各种联系方式与中国使馆领事部门取得联系，告知所遇困难及地理信息，以便尽快解决。

在中资企业间、华人内部发生的纠纷，应尽量内部协商解决，避免矛盾扩大，如需通过法律途径解决纠纷，可通过国内有关单位进行。

如遇恐怖袭击、绑架、抢劫等恶性治安事件，请及时报警，并与中国驻埃及大使馆和工作单位取得联系。

中国驻埃及使领馆依法维护我国公民在埃及的合法权益不受侵害，对于违反当地法律法规的中国公民将提供法律咨询，最大限度提供必要协助。

如遇突发情况，请及时报警并与中国驻埃及使领馆联系寻求协助。

· 埃及报警电话：+202-122

· 埃及旅游警察：+202-126

· 埃及急救电话：+202-123

· 交通事故报警电话：+2-01221110000

· 外交部全球领事保护与服务应急热线（24 小时）：+86-10-12308，+86-10-65612308

· 驻埃及使馆领事保护与协助电话：+202-27363556

· 驻亚历山大总领馆领事保护与协助电话：+2-01274571836

Chapter 4

第四章

埃及有关法律规定

一、埃及法律体系概述

埃及法律制度建立在拿破仑法典、罗马法和伊斯兰教法的基础之上。1874 年，埃及在法律和行政监管方面获得了独立于奥斯曼帝国的权力，次年建立了国家法律体系。在 19 世纪末和 20 世纪初，法学家和学者在商事、刑事、民事和海事问题上采用了欧洲的商业法律思维方式，但家庭法依然在伊斯兰法院的监督下用于判决家事，直到 1956 年这些法院被纳入国家法院系统。

埃及共有四种相互独立的法院，即普通法院、军事法院、行政法院、宪法法院。埃及的普通法院分为四级，即简易法院、初级法院、上诉法院、最高法院。简易法院负责审理轻微的刑事案件，以及少于 5000 埃镑的小额民商事案件，这类案件均由一名法官负责审理。初级法院负责审理刑事案件，以及 5000 埃镑以上的民商事案件和不服简易法院判决的案件。初级法院根据案件情况分为独任审判和合议庭审判。上诉法院审理案件由三名法官组成合议庭进行，负责审理不服初级法院判决的上诉案件和一审的重罪案件。最高法院负责审理不服上诉法院判决的上诉案件和审理违反法律以及严重违反法定程序规定的案件。最高法院有权撤销原审判决，也有权改变原审判决。宪法法院不审理普通法院审判的案件，但普通法院审判的案件所依据的法律如果违宪，宪法法院有权撤销违宪的法律。

二、在埃及投资注册企业需要办理的手续

（一）主管部门及相关法律

在埃及注册公司的受理机构是投资与自由区管理总局（GAFI）下设的投资者服务中心（ISC）。总部设在纳赛尔城的 GAFI，在全国主要省会城市设有分部，可以提供一站式企业注册服务。ISC 内设置了几乎所有与企业注册经营有关的政府部门、商协会、事务所代表，提供全方位的注册服务。

GAFI 下设的商业注册办公室则具体负责企业信息、人员信息录入、数据库、会议文件和合伙合同审核、出具有关资质证明等技术工作。

在埃及注册公司时，可选择依照《公司法（159/1981）》（2018 年修订）或《投资法（72/2017）》（2019 年修订）注册，《投资法（72/2017）》下分为境内投资和自由区投资，公司依照《资本市场法（95/1992）》管理；在经济特区内注册的企业依照《经济特区法（83/2022）》管理。外国公司设立代表处依照《商业代理法（120/1982）》管理。

点评：

由埃及投资与自由区管理总局建立的 Invest in Egypt 门户网站对有关法律作出介绍。

（二）设立企业的形式

根据埃及《公司法》《投资法》等相关规定，在埃及设立企业的形式主要有 7 种：个人独资公司、有限责任公司、股份公司、合伙公司、分支机构、代表处、特许经营。

1. 个人独资公司

2018年修订的《公司法》增加了“个人独资公司”的注册形式，主要目的是对未注册的大量个体经营户进行法律确认，纳入管理范畴，将有利于形成创业热潮，并将一些非正规经济活动公司化。个人独资公司的法律规定与有限责任公司基本一致，是最简单的公司财务与个人财务相独立的公司法人形式。

有关个人独资公司的法律规定包括：允许外国籍自然人注册，但公司必须聘请至少一名埃及管理层人员；最低注册资本为5万埃镑，注册时一次性缴齐；允许以法人形式从事绝大多数商业活动，但不允许公开发行股份募资，不允许拆分公司，不允许经营金融类业务。

点评：

据了解，埃及政府并不鼓励外籍自然人注册个人独资公司，实际操作中，审批时限较长，难度大。

2. 有限责任公司

《公司法》规定，有限责任公司允许外国投资者全资拥有，但必须聘请至少一名埃及管理层人员；没有最低注册资本限制，但必须在注册前全额缴齐。据GAFI介绍，选择有限责任公司的外国投资者占95%，是最主要的公司注册形式。股东人数为2~50名。不允许公开发行股份募资，不允许经营金融类业务。中小型投资项目适合注册有限责任公司。

3. 股份公司

《公司法》对股份公司的基本规定包括：允许外国投资者全资控股；股东人数至少3名；注册资金不得低于25万埃镑；在商业注册办公室注册时需提交存款不少于公司注册资本10%的银行证明，并在3个月内补足至25%，在5年内补足至100%；可以申请在埃及交易所上市；须成立董事会，至少3名董事，总人数为奇数，代表股东行使公司决策权，董事非公司雇员。大中型投资项目适合注册股份公司。

4. 合伙公司

《公司法》规定，合伙公司是由2个以上自然人作为合伙人组成的公司，分为两种：普通合伙企业和有限合伙企业，均不享有独立法人地位。普通合伙企业的合伙人均为普通合伙人，对公司承担无限连带责任；有限合伙企业则要求至少有一名普通合伙人，对公司承担无限连带责任，其他合伙人可以是有限合伙人，以出资额为限，对公司承担有限责任。外国投资者可以参与合伙公司，但无权管理公司，也无权代表合伙公司对外签署合同，其股份比例不得超过49%。

5. 分支机构

《公司法》允许外国公司在埃及开设分支机构，一般可以从事建筑工程、酒店管理、商业流通、金融和工业活动，或其他合同性质的承包工程。其法人代表可以是外国籍；注册资本不得低于5000埃镑或等值外币，并且须存入埃及任意一家商业银行作为押金。

点评：

建筑类分公司须在埃及建筑承包商联合会（EFCBC）注册后，才能合法开展建筑承包项目。目前，从事建筑项目行业的外资公司多注册分公司。

6. 代表处

《公司法》允许外国公司在埃及设立代表处，目的是进行市场研究和投资生产的可行性研究，不从事任何实质商业活动，包括商业代理，研究过程结束即应关闭。2018年11月13日，GAFI颁布关于管理外国公司驻埃及代表处的2018年第742号法令，主要内容包括：代表机构可在注册时获得不超过一年的登记证书，证书可每年续展，最长不超过3年。在此期间，母公司应决定是否在埃及注册成立一家公司或分支机构，否则，外国公司的代表处将从商业登记处注销。有特殊情况的，可向GAFI报告并申请更长的延期。代表处须向GAFI提交雇员名单、职务、国籍、工资、埃及雇员工资的百分比，以及与母公司有关的其他资料。代表处应就已完成和尚未完成的研究工作规定期限，并在获得实质性进展后报告GAFI。代表处未按照《投资法》实施条例规定开展活动的，应当在接到GAFI通知之日起6个月内在埃及设立公司或者开设分公司，使之正规化。此外，经证明代表处提交虚假信息或者违反法律法规的，可以将公司从其登记机关中注销。

点评：

代表处有关注册事宜主管当局为GAFI，设立代表处所需文件如下：

(1) 根据GAFI准备的表格，向投资者服务中心主席提出注册申请。

(2) 对外国公司和管理层人员进行安全审查。

(3) 母公司及埃及代表处的公司章程原件以及阿拉伯语翻译件。公司成立备忘录必须在埃及驻外使领馆认证，并经埃及外交部在埃及的批准办事处核证。

(4) 向投资服务中心出具银行证明，说明代表处至少持有5000埃镑外汇转账余额。银行账户以代表处（组建中）的名义开立，资金应从国外转入该账户。

(5) 经公证日期的房屋租赁合同。

(6) 代表处经理的护照或身份证。

7. 特许经营

埃及法律认可知识产权或财产特许经营方式。2002年6月，通过

《知识产权法（82/2002）》，该法适用《与贸易有关的知识产权协定》（TRIPs），使特许经营协议下的知识产权保护更加安全。埃及是世界知识产权组织成员国，签署了《马德里保护贸易和工业商标的国际公约》等许多重要的国际协议。根据所得税法，特许权使用费、许可费或专有技术使用费等均需缴纳20%的特许权使用税，不得抵扣。但如果特许权使用费的接收者母国与埃及签订了双边税收协定，税率通常会有所降低。

（三）注册企业主要程序

2018年底，GAFI发布《投资者服务指南》，全面介绍了各类公司注册所需条件、程序和费用，以及埃及所有投资者服务中心和各有关政府部门的联系方式。《投资法》中也明确鼓励从事审核投资注册文件完整性业务的审核事务所的发展，协助企业加快注册程序。注册企业的主要程序包括安全审查、商业注册、开立银行账号、税务登记、社保登记等。

在埃及设立资产公司（股份公司、委托股份公司、有限责任公司）所需材料有：

（1）商业注册办公室开具的公司名称无歧义证明。

（2）股份公司和委托股份公司需提交存款不少于公司资本额10%的银行证明，并在3个月内补充至25%，在5年内补充至100%，注册资金不得低于25万埃镑。

（3）委托书复印件（需核对原件）：

①股份公司的所有发起人（发起人数量不少于3人）；

②有限责任公司的所有合伙人（合伙人数量不少于2人，且公司必须有一名埃及籍经理）；

③委托书中需写明授权在投资公证处办理成立公司以及签署成立

合同等事务，若代理人是合伙人之一，委托书需所有合伙人（代理人自己和其他人）共同商议签署。

(4) 公司创始人或合伙人的个人身份证明复印件（清楚有效，且需要核对原件）：埃及人提供身份证号码，外国人提供护照。

(5) 会计师和审计师注册的官方摘录，以证明其具备审批资产公司预算的资格，若已事先向投资局提交了该证明，需提供复印件或委任函。

(6) 负责核准合同的律师在律师协会的注册证明复印件（至少为初级律师且律师证迄今有效）。

(7) 外国籍公司创始人或合伙人的安全质询表。

(8) 公司法律顾问的姓名、地址，且该顾问的注册等级不得低于讼务律师。

(9) 公司代理人的个人身份证明复印件（清楚有效，需要核对原件）：埃及人提供身份证号码，外国人提供护照（须有有效居住证）。

(10) 如果公司的任何项目需要依照现行法律规定进行特别批准（预先批准），需提交相关部门的批准。

(11) 如果公司成立时存在实体股份：

①股份公司、委托股份公司：应提交由投资与自由区管理总局委员会出具的实体股份评估报告原件。

②有限责任公司：仅需依据实体股份的性质，提交相关法律组织的专家出具的报告。

(12) 根据自由区制度、依照《投资法》规定成立的公司，除了上述文件外，还要求提交以下材料：

①公共自由区：注册成立公司之前，应取得总局批准，以及自由区董事会对项目的批准。

②股份公司或有限责任公司的专属自由区：部长会议的批准。

（13）若需要将现有公司拆分为多家公司：

①投资局局长通过的拆分决议；

②实体股份的评估报告；

③分拆公司的商业注册及对此拆分的背书；

④关于投资局批准拆分的公司临时股东大会会议纪要复印件。

三、埃及对外国投资的市场准入

（一）投资主管部门

埃及投资所涉及的主管部门包括埃及投资最高委员会、投资与自由区管理总局、工业发展局、苏伊士运河经济区管理局、财政部。

塞西总统于 2016 年 11 月批准组建“埃及投资最高委员会”，并亲自担任负责人，以增强高层决策力量，提升投资领域工作效率。《投资法》第 68 条专门规定了最高投资委员会的运行机制和职责。

埃及投资事务的主要管理机构是投资与自由区管理总局，该机构职责包括：制定并实施引资政策、全国商业注册活动、内外资项目审批和管理、投资者服务、自由区管理、实施《投资法》、改善投资环境等。其总部设在开罗纳赛尔城，在斋月十日城、伊斯梅利亚、亚历山大、苏哈格和艾斯尤特设有 5 个分局，在各省设有 10 个办公室和 9 个代表处。为便利投资者就近办理手续，该局在全国设立 11 个投资者服务中心，为投资者提供一站式投资服务。

工业发展局（IDA）隶属于贸易与工业部，是埃及工业生产活动的主要管理部门。2017 年新颁布的《工业许可法（15/2017）》赋予工业发展局统筹管理工业生产活动的权力。其职责包括：工业发展战略规划、审批工业许可、实施《工业许可法》、工业区管理、协调工业用地、工业项目服务等。2018 年 4 月，政府颁布法案，授予 IDA 独立的公共经济实体地位。法案规定，IDA 可在央行单独开设账户，直接接受中央审计部门监督，预算独立，而且盈余可以跨年累计，允许其自行与其他经济实体签署合作合同，可从国有资产中划拨土地或其他资产用于行政活动，制定实施土地开发政策等。

苏伊士运河经济区管理局负责管理 461 平方千米的苏伊士运河经济特区。根据《经济特区法（83/2022）》，在经济区内，除外交、司法、国防和内务外，原本分属其他各部委的权力都集中在管理局手中。在项目审批、行政管理等方面效率更高，程序更简便。中埃·泰达苏伊士经贸合作区在该机构管辖之下。

埃及税务和海关部门均隶属于财政部，涉及投资者激励政策、征税、退税、商品和货物清关等重要事项。为保护投资者合法权益，财政部在 2018 年新成立投资者保护部门，专责解决税务、海关方面的行政纠纷。

点评：

GAFI 发布埃及投资地图，并设立全新的投资服务网络平台，提供企业在线注册、投资项目查询、政策发布等功能。

（二）投资相关法律法规

与投资直接相关的法律主要有：《公司法》及其实施细则、修订案，《经济特区法》及其实施细则、2015 年修订案，《投资法》及其实施细则。《公司法》适用于所有内外资投资者，是设立公司的基本法律依据，其作用在于明确公司注册形式、相关程序和经营规范。主要内容包括：公司注册、公司组建形式和要求、公司治理等。

《经济特区法》对经济特区的管理体系和投资政策作出明确规定，

通过通关便利化和投资激励等政策，建立出口导向型的经济特区，兼顾国内市场需求。

《投资法》及其实施细则适用于所有内外资投资者和大多数生产、制造、研发类产业，具有明显的投资保障和激励性质。该法全面统一投资管理体系、简化公司注册审批程序、畅通申诉渠道，清晰梳理各方面投资激励政策等。

与投资密切相关的法律法规还有《关于外国商品复出口时退还海关税和销售税的决定（2005）》《对抵离埃及者实行海关申报措施的决定（2007）》《苏伊士运河特别经济区法律框架（2016）》《工业许可法（2017）》《破产法（2017）》等。

点评：

由埃及投资与自由区管理总局建立的 Invest in Egypt 门户网站对有关法律作出介绍。

（三）投资行业的规定

1. 限制行业

为保护国内产业和促进就业，埃及政府实施了若干产业准入政策，既包括法律明文规定，也有相关政府部门主导的产业政策。法律依据包括《经济特区法》及其实施细则、2015 年修订案，《投资法》及其实施细则等。有关准入限制包括但不限于以下领域：

（1）商业流通。外国投资者一般不得在埃及从事商品流通和批发业务；开办超市和连锁经营需经过特别委员会审批。

（2）中介。只允许埃及人注册从事投标业务的商业代理。根据《劳动法（12/2003）》，非埃及人不得从事职业介绍、为企业招募员工等中介活动。

（3）航空业。未经埃及民航部门许可，任何私营或外国承运人不得经营从开罗出发和抵达开罗的定期航班业务。

（4）金融业。埃及保险业对外资开放，外国投资者可持有保险公司的多数股权。设立外资保险公司，需向埃及金融监管局提出申请，申请材料包括律所出具的可行性研究报告、商业计划书、董事会成员名单、股东名单、标准保单条款，合适的再保险安排等。外资保险公司最低注册资本为6000万埃镑（首次必须缴清50%），股份的50%及以上必须为公司持股，其中的50%应为保险公司。此外，根据公司经营范围的广度，还需另行缴纳部分费用。外资保险公司可参与房地产和证券市场投资。

《银行业和中央银行法（194/2020）》规定，中央银行增至资本金为200亿埃镑，埃及银行的资本金应至少为50亿埃镑，外国分支机构的资本金至少为1.5亿美元。《银行业和中央银行法》将设立银行业支持基金和违约银行救助基金，分别用于增加银行的金融资源和解决银行违约问题，银行每年利润的1%应上缴银行业支持基金。《银行业和中央银行法》有望开放外资银行分行牌照，中资商业银行可持续关注。

（5）铁路运营。2018年3月，埃及议会通过《铁路管理法（152/1980）》修正案，允许私人部门参与铁路运营、管理和开发，但仍未向外资开放。

（6）天然气销售。一般不允许外商投资埃及国内市场的天然气运输分销业务，特殊情况须经能源主管部门审批。

（7）进口业务。埃及政府对具备进口资质的专业贸易公司设有数量限制和最低注册资本要求，而且不允许外国个人或机构投资者控股。按照有关法律设立，自动享有进口权的实体，仅限于自行进口生产所需原材料或设备。

（8）再生原材料进口。根据巴塞尔协议，埃及不被允许从欧盟进口再生原材料，导致部分埃及生产商无法从欧盟获取废塑料或废纸等原材料。此外，钢铁、医药、食品添加剂等部分特殊行业管理严格，虽未明令禁止外商投资，但许可证办理难度很大。

（9）文化投资。埃及对外资企业投资文化产业的规定和限制主要有：不允许外商独资，须有埃及本地的合伙企业，可控股或参股；必须取得运营许可证。一般由埃方合伙企业持许可证。

点评：

埃及卫星电视运营成熟，管理规范，准入门槛也较低；直播平台、游戏平台等网络媒体监管虽相对宽松，但由于埃及《反网络及信息技术犯罪法（175/2018）》的颁布，提高了网络监管的精细化、法治化水平，因此在涉及相关领域投资时，也应注意遵守当地法律法规与公序良俗。

2. **限制地区**

在西奈半岛投资，或收购任何在西奈半岛持有土地的公司，需要获得西奈半岛发展局的特殊许可。

点评：

在投资方面，首先，投资者应当根据自身业务需求，选择合适的公司组织形式，如有限责任公司、股份公司、个人独资公司、分公司、代表处等，具体要求在《公司法》中有相关规定。其次，选择在何种法律下注册公司，以享受投资优惠政策，如《公司法》、《投资法》或《经济特区法》。投资机制还根据税制的不同，分为国内投资和自由区投资。国内投资机制受《公司法》、《投资法》和《经济特区法》等法律管辖，没有税收优惠。自由区投资机制在公司组织形式和治理结构上受《公司法》管辖，经营方面的保障、鼓励、土地分配等政策主要受《投资法》管辖，与《投资法》发生冲突的，以《投资法》为准。自由区企业无须缴纳任何税赋，但需每年按照营业额1%~2%的比例向GAFI缴纳管理费，产品或服务的出口比例应符合GAFI的相关要求，一般至少高于50%。特殊产业在注册前，需根据相关法律提前取得行业主管机构批准。

（四）投资方式的规定

除了以公司组织形式在埃及投资外，投资者还可以通过兼收并购、设备入股以及投资建设园区等多种方式进行投资。

1. 兼收并购

埃及兼并收购的主要监管机构包括：埃及投资与自由区管理总局、埃及金融监管局、埃及交易所和埃及保护竞争和防止垄断行为局。

（1）收购股份公司股份。股份公司的任何股份，无论是否为已上市发行的股份，都必须通过埃及交易所进行转让。交易价值超过2000万埃镑，需经埃及交易所定价委员会批准方可进行。交易价值超过10万埃镑或涉及外国投资者，收购方需将交易对价存入埃及中央银行监管的银行。根据《资本市场法（95/1992）》（2022年修订）规定，个人最多可通过公开交易市场获得上市公司1/3股本或表决权，如果收购股份超过1/3，收购方必须提出收购目标公司100%已发行股本的要约。

（2）收购有限责任公司份额。有限责任公司份额转让无须埃及交易所参与，可依据公司章程进行协议转让，正式的份额转让协议须经公证。收购特殊类型有限责任公司份额需经有关部门事先批准：①收购小额融资股份、抵押公司之间进行兼并、持有经营保险和再保险业务的公司10%以上股份，须经埃及金融监管局事先批准；②持有埃及任意一家银行10%或更多股份，须经埃及中央银行事先批准；③私立医院和制药厂进行法律处置，须经埃及卫生与人口部书面批准；④从事电信活动的公司进行合并或股权结构变更，须经埃及国家电信监管局批准。

此外，任何资产收购交易或合并任何一方经营者营业收入超过1亿埃镑的，均需向埃及保护竞争和防止垄断行为局申报。保护竞争和防止垄断行为局根据投诉受理违反《竞争保护与反垄断法（3/2005）》的行为。在股权交割生效后30天内必须申报，违反者将处以2万~50万埃镑的罚款。

[**案例** 4-1]

美的电器收购 Miraco 公司

2010年，美的电器收购Miraco公司32.5%股权，耗资3.92亿元人民币。Miraco公司是一家在埃及交易所上市的公司，美的进行股权收购时总市值约1.9亿美元，市盈率约10倍，主要生产家用空调、中央空调及冷链产品。通过收购Miraco公司股权，美的获得投资该公司产品、品牌及市场机会，有助于拓展非洲市场，提升在埃及和周边地区的成本竞争力。

点评：

目前，中国企业以并购方式进入埃及市场的案例较少。除了2010年美的电器的并购外，2013年，在油气领域实施了两起并购，总金额近40亿美元。新设合资公司或独资公司是中国公司的主要进入方式。

2. **设备入股**

埃及允许以设备出资开展投资合作，但对设备类型和估价有特殊要求，具体政策由GAFI制定实施。

3. 外资建设园区

埃及允许外国投资者投资建设并主导运营的园区类型主要包括：工业区、投资区、私人自由区。工业区隶属于IDA管辖，投资区隶属于GAFI管辖，两者分别由其主管部门提供完整的规划、土地手续，以及明确的产业指导政策，由投资者作为开发商，负责建设区内的基础设施，并通过招商入驻、地产增值等方式实现盈利。私人自由区必须在《投资法》下注册，受GAFI管辖，属于出口导向型境内关外的特殊监管免税区，不缴纳埃及任何现行税赋，但需向GAFI缴纳年度销售额1%~2%的管理费。

四、埃及对外国投资的优惠

（一）优惠政策框架

埃及《投资法》为外商投资政策提供了基本框架。根据《投资法》，在经济特区和合格工业区内注册的项目可同时享受《投资法》规定的投资保障和激励政策，在自由区注册的项目享有单独的特殊优惠政策。

《投资法》针对不同地区制定了相应的税费减免、投资成本返还、土地划拨、外籍用工等优惠政策。例如，对上埃及等较为落后的A类地区专门制定的支持政策包括：在7年内以最高50%投资额为税基，免除企业所得税；地价优惠甚至免费划拨土地；政府出资进行项目公共基础设施联通工作等。法律颁布前已注册的投资项目所需进口设备的关税、增值税等税赋不变。

目前，外资企业大多选择在《投资法》下注册公司，以享受相关便利化和税收返还政策。实施细则对根据《投资法》向投资者提供一般性或特殊投资优惠条件，项目许可获得程序，以电子方式设立公司所需程序，项目用地控制及分配形式，投资区、自由区以及经济技术区组织工作，向外国投资者提供居所、雇佣外籍员工以及项目撤资等方面作出具体规定。目前，埃及有 2 个经济特区，分别为苏伊士运河经济特区和 2017 年新建的黄金三角经济特区，根据《经济特区法》规定，外商投资均可享受《投资法》关于 A 类地区返还 50%投资成本的优惠政策，但在所得税税率上没有特殊待遇。

《投资法》为企业提供的保障和激励政策分为 4 类，分别为投资保障、一般激励政策、专项激励政策、附加激励政策。2019 年，埃及通过《投资法》修正案，对现有投资项目优惠政策实行进一步优化。

1. **投资保障**

在投资者保障方面，埃及根据对等原则对外国投资者给予国民待遇。在项目实施期间，允许非埃及投资申请者，如公司创始人、股东、合伙人等在埃及居住，居留期限不得超过项目运营期限。在投资项目保障方面，《投资法》要求投资项目不得实行国有化，投资者财产不得被侵占和歧视。当因公共利益需要不得不剥夺投资项目财产所有权时，相关部门应向企业事先支付合理补偿。此外，投资者在资金流动、进出口经营权等方面也受到保障。

2. **一般性激励政策**

除依自由区机制设立的项目外，全部投资项目自商业注册登记起 5 年内，免除公司或机构成立合同、抵押合同、土地登记合同的印花税和公证费。工业投资项目在进口用于商品加工出口生产必需品时免征关税，为设立公司进口的必要机器、设备、仪器，按照货值 2%的统一税率缴纳海关关税。

3. **专项激励政策**

该政策根据投资区域不同，分为 A 类区域和 B 类区域，A 类区域投资成本可核减50%，B类区域投资成本可核减30%。投资激励不得超过项目实缴资本金的80%。投资成本返还期限自开始经营之日起，最长不超过7年。详见表4-1。

表4-1 专项激励政策具体内容

专项激励区域	区域范围	具体激励政策
A类区域	苏伊士运河经济特区、黄金三角经济特区以及内阁决定确定的、需要大力开发的其他区域。	通过所得税返还方式在7年内给予投资者最高50%的投资成本返还、地价优惠甚至免费划拨土地、政府出资进行项目公共基础设施联通工作等。
B类区域	国内其余的、满足一定的发展指数要求、可利用本区域和相邻区域发展的机会吸引投资的区域。	对大量用工项目、小微项目、使用新能源和再生能源的项目、能源生产项目、出口产品的项目、汽车及其配套工业、木材加工工业、家具、印刷、包装、化工工业、抗生素、药品、抗肿瘤药物、粮食、农产品、农业废物利用项目、工程机械、冶金工业等在7年内最高可返还30%投资成本。

资料来源：埃及《投资法》。

享受专项激励政策的条件：（1）设立新公司或机构承建投资项目；（2）公司或机构应最迟于2020年7月20日前设立。根据有关部门的报告，内阁可作出决定，将上述期限延长；（3）公司或机构应设立正规账簿。如果公司或机构在一个以上区域经营，则应分别享受各个区域的核减比例。同时，每个区域应设立独立账簿；（4）任何股东、合伙人或企业主在设立、组建享受激励机制的投资项目时，均不得提供、使用《投资法》条款生效时业已存在的公司或机构的实物资产，或在第二个条件所规定的期限内清算现有公司或机构，以设立新的投资项目，享受上述专项激励。否则，公司或机构应缴纳一切应纳税款，并不得享受上述激励政策。

4. 附加激励政策

政府内阁可作出决定，对投资项目或扩建项目给予附加激励如下：

（1）与财政部部长协商后，允许投资项目设立进出口货物专门海关窗口。

（2）在项目运营以后，投资者修建的连接投资项目的公共设施费用可由国家承担。

（3）国家可承担员工技术培训的部分费用。

（4）工业项目自接收土地后两年内投产，国家将返还一半的土地款。

（5）根据法律规定的条件，一些战略性项目免费划拨土地。当确有必要时，根据有关部门的报告，内阁可作出决定，新增其他的非税激励。

享受附加激励政策需满足以下任一条件：

（1）产品主产地为埃及。

（2）经核准，其融资为根据埃及中央银行规定的原则，通过一家埃及银行从境外汇入的外汇。

（3）其产品出口境外的比例不低于50%。

（4）公司经营活动涉及高新技术领域，向埃及转移先进技术，致力于支持配套工业。

(5) 项目产品的地方配套比例较高。根据工业发展局现行的规定，当地材料及部件的使用比例不低于 50%。

(6) 公司经营采用的是设立在埃及境内研究项目所产生的研究成果。

(二) 特殊经济特区优惠政策

1. 自由区

自由区实行专门的海关、税收规定，具有保税区性质，享受诸多税费激励政策及进出口便利条件，在埃及政策优惠程度最高。详见表 4-2。

表 4-2　自由区优惠政策一览表

序号	自由区优惠政策
1	利润分配不受埃及现行税费的法律约束，即无须缴纳企业所得税或增值税等任何现有税种。
2	自动获得工业生产许可。
3	与国际市场发生的原材料、货物进出口活动不受现行进出口规则、海关程序限制，即与经营范围相符的进出口活动无须事前审批，自动获得进出口经营权。
4	不论公司组建还是日常经营过程中所需的设备、原料进口，均不缴纳海关税、海关附加税以及其他的税费（乘用车除外）。
5	自由区产品原产地为埃及，可享受埃及与其他国家和地区签订的优惠贸易安排。
6	投资者可申请与项目经营期限相匹配的长期居留权。
7	《投资法》规定的其他与自由区工作机制不矛盾的优惠政策。

资料来源：埃及投资与自由区管理总局。

2. **科技园区**

科技园区内的项目开展核准的经营活动所需的机器、设备、工器具、材料，免征海关税，根据财政部规定的海关程序放行。园区项目在建成之前进口的经营活动所需的以上材料，即使分散进关，仍视同完整生产线的组成部分，给予免税待遇。

点评：

从自由区进口到埃及国内市场的货物，相当于从国外进口，须缴纳海关关税。

五、埃及贸易的法律规定

（一）贸易主管部门

埃及贸易与工业部（简称贸工部）为埃及对外贸易的主管部门。该部下设进出口控制总局、工业发展局、展览和会议总局、标准与质量组织、商务服务署、出口发展局、出口促进银行、贸易救济局等机构。其中，进出口控制总局负责进出口商品的检验及管控，商务服务署负责向各国派遣贸易代表，展览和会议总局管理在埃及境内外举办的展览，出口发展局负责出口促进，贸易救济局负责反倾销、反补贴等工作。

埃及参与经贸政策法规的研究咨询和贸易投资促进的民间机构主要有埃及商会联合会、埃及工业联合会和埃及企业家协会等。此外，还包括一些地方性的商业协议，如开罗商会、亚历山大商会等。埃及出口信贷担保公司、出口发展银行等半官方性质的机构也在贸易领域发挥着重要作用。

（二）贸易法规体系

埃及对外贸易管理方面的主要法律有《海关法（207/2020）、》

《进出口法（118/1975）》（2005年修订）及其实施细则、《进口注册法（7/2017修订）》、《出口促进法（155/2002）》。其中2020年更新后的《海关法》是对旧《海关法（66/1963）》和《海关豁免法（186/1986）》规定的合并与更新，该法旨在通过提高海关便利化水平，提高进出口管理能力，提升对外资的吸引力和外贸竞争力。根据新《海关法》要求，2020年埃及启动建设“全国统一窗口”线上平台，2021年投入使用；2020年财政部发布第38号部长令推出货物信息预登记系统并于2021年10月1日正式启用。

点评：

贸易相关法律法规可在埃及进出口控制总局、埃及投资与自由区管理总局网站查询。

（三）贸易管理的相关规定

1. 进口管理

（1）货物信息预登记系统。为提高清关效率、提升海关管理自动化水平，对标国际货物贸易程序标准和货物清关要求，埃及于2021年10月1日正式启动货物信息预登记（ACI）系统。埃进口商需在货物抵达埃及港口48小时前，通过“全国统一窗口”（简称Nafeza）平台提交所有必要运输信息及与外国出口商交易相关的数据，否则货物抵达埃及港口后将被退回。

ACI操作流程为：埃及进口商或其报关代理在发货前通过Nafeza平台的ACI系统录入运输货物相关的全部数据；埃海关于48小时内出具运输识别码即ACI号码，并告知进口商和出口商；出口商以电子形式传输运输相关文件和数据，确保各文件都配备ACI号码并发给进口商；进口商确认出口商所发数据正确。此后货物离港、进口商支付进口税费、货物抵达埃及港口。出口商、供应商、运输商需准确掌握相关要求，确保信息报送准确及时。

（2）进口产品注册制相关规定。根据埃及贸工部于2016年发布的43号部长令，对埃及出口部分消费产品的外国生产厂商需在埃及进出口控制总局注册。未注册的厂商，埃及海关将不予放行其产品。2019年1月15日，贸工部颁布2019年第44号部长令，扩大需注册商品范围。需对出口商/厂商进行注册的商品包括：零售奶制品，零售水果罐头及果干，零售食用油及油脂，零售的巧克力及其他含可可类食品，糖类，面食，零售果汁，纯净水，矿泉水及汽水，化妆品、护肤品、牙齿护理品、除臭剂、洗浴用品、香水，零售肥皂、香皂类清洁用品，地面覆盖产品，餐具和厨具，浴缸、洗手台、马桶，卫生纸、化妆纸、尿不湿，瓷砖，玻璃材质的桌子，军工铁具，炉具、炸锅、空调、风扇、洗衣机、搅拌器、热水器等家电，家具及办公家具，自行车、摩托车及电动车，钟表，家用照明设备，儿童玩具，箱包，包装盒包装袋，剃须及护发器具，手机、电话。

出口商注册须由外国生产厂商的法定代表人、品牌所有者或前两者的法定委托人完成。注册所需资料及要求如下：

①生产商营业执照复印件；

②法人实体及经营范围证件；

③生产商自有品牌及其代理或授权的品牌信息；

④工厂申请并获得的质量监管认证、符合环境标准和国际劳工组织公约的证明，以及国际实验室认可合作组织的认证；

⑤同意接受埃方技术团组对工厂安全生产和环境标准进行核查。

点评：

2022年4月贸工部修订43号部长令，修订内容如下：

(1) 废除原第1条第3款，即“外贸主管部门有权决定是否予以注册或取消注册，有权允许企业免于注册”。

(2) 替换原第2条第3款。原条款：凡与该部长令规定相悖或不一致，均不得注册。现条款：按照前述条款进行注册的，完成提交材料全部要求之日起15个工作日内凭完成注册的依据，即可完成注册程序。如果主管部门对材料真实性存疑，需先证实相关信息属实后再予注册，包括对企业或工厂进行检查。

(3) 原第2条规定了工厂和使用商标的企业在注册前需要具备的条件，此次修订在该条项下新增3款规定，一是注册材料可通过相关国家驻埃使领馆提交，二是更新相关文件需在到期前30天内完成，三是注册成功或注销情况每月在埃及公报和进出口控制总局网站上公布。

(4) 部长令新增两个条款，一是设立投诉委员会，审议与不予注册、取消注册等情况相关的投诉。二是从注册清单中除名需由进出口管理总局主席发布决定，相关企业自决定发布之日起60个工作日内可向投诉委员会申诉。被取消或暂停对埃出口资质的企业名单、符合出口条件的工厂企业名单均可查询进出口控制总局网站。

(3) 进口商品清关规定。根据埃及《进出口法实施细则》，进口商品清关应满足以下条件：

①未经使用的商品、规定目录的二手商品、贸工部长批准的二手商品；

②根据贸工部长指令，商品应配有国际编码；

③清关的进口商品应附有写明生产商名称、商标（如有）、地址、电话、传真号码和电子邮件地址的发票；

④除特殊说明的情况外，对于价值超过5000美元的进口商品，应

通过在埃及境内运营的银行以正规方式对外支付；

⑤商业用途的进口商品清关时，需提供进口商注册卡，进口商品应在该卡注明的商品之列；

⑥进口商品清关须配有经主管部门认证的产地证明。

2. **出口管理**

2005 年颁布的《进出口法实施细则》对出口商及商品出口作了详细规定，包括：从事本地产品或商用进口商品出口的企业必须进行出口商登记。埃及商品出口无须批准。生产企业在获得从事相关业务的批准后，可自营其产品的出口业务。包括煤气、汽油、煤油、燃料油、柴油、航空油、柏油、重油、沥青的石油产品出口须经埃及石油总局批准。出口商或其代表应为每种商品填写统计表，在装运前提交进出口控制总局分理处，填写内容应符合货物实际情况和报关单。如果有变化，出口商应通知该处，海关在确认表格送达该处后，将允许装箱。进出口控制总局负责发放产地证的部门应在发证前确认分理处是否收到表格。出口商应向进出口控制总局提供发放产地证所需的内容和信息，以便在进口国要求核查产地真实性时进行调查。

出口商应具备的条件如下（见《进出口法实施细则》第二部分）：

（1）个体：

①注册登记；

②贸易注册资本：生产企业不少于 1 万埃镑，其他企业不少于 2.5 万埃镑；

③无刑事犯罪记录，没有因犯下有损名誉、诚信的罪行，违反进出口法、中央银行法中有关货币的规定，或有关海关、税务、供应、贸易法规而被判罚剥夺自由，或尚未恢复法人资格；

④没有因破产致使尚未恢复法人资格；

⑤非政府或国有部门员工；

⑥注册申请人或出口负责人应取得贸工部外贸培训中心或其他中心颁发的出口从业证书，或取得能证明从业资历的高等学历；

⑦如果注册申请人或出口负责人从记录中被注销或除名，3 年内不再受理。

（2）公司：

①合伙公司的合伙人以及有管理权的人员应符合（1）中的②③④⑥条款；

②公司在贸易记录中注册；

③公司以出口为目的；

④资金：生产企业不少于 2 万埃镑，其他企业不少于 5 万埃镑；

⑤出口负责人应符合（1）中的⑤⑥条。

（3）外国分公司：

①分公司应在贸易记录中注册；

②公司以出口为目的；

③分公司经理或出口负责人应符合（1）中的⑤⑥条。

（4）国有法人：

①从事出口活动；

②出口负责人应符合（1）中的⑤条。

《进口注册法》规定如下：

（1）放松进口公司持有者国籍限制，允许外国人投资埃及进口公司。无论进口公司属于有限责任公司还是股份制公司，外国籍人士均可持有埃及进口公司股份，但最多不超过 49%，埃及人对公司股份的持有不低于 51%。进口公司的经营者必须拥有埃及国籍，而且必须通过实施细则中规定的相应课程培训。

（2）提高进口公司最低资本要求。有限责任公司最低资本由1.5万埃镑增至200万埃镑；股份制公司最低资本为500万埃镑。此外，进口公司须在埃及市场经营一年以上，而且此前一年的营业额不低于500万埃镑，该修订法实施时，已获得进口许可的公司不受此规定限制。

（3）增加进口公司的保险金：进口公司缴纳的现金保险增至20万埃镑，保险许可过期或取消后返还。

（4）加大对违规进口公司的惩罚力度。对有下述行为的进口商，可判处一年以下监禁，或5万埃镑以上10万埃镑以下的罚款：

①在未获得进口许可的情况下从事进口商品贸易；

②为获得、更新、延长进口许可，向政府管理部门恶意提供具有误导性的信息；

③在进口交易的通信、文件和沟通中使用不准确信息；

④拒不向主管当局提供有关进口商品运输、仓储和分销的信息，以及与销售和分销有关的发票。这与商业信息保护条款并不矛盾，如果进口公司的高级主管人员明知故犯，导致公司发生上述过错行为，将对该主管人员给予同样的惩处。

3. 进出口商品检验检疫

埃及贸工部进出口控制总局对进出口商品进行检验，某些商品需要相关机构的检验。对于食品工业，能源及电力部的防辐射部门、卫生部、农业部（兽医办公室）、供应与内贸部（进出口控制）有权对任何进口船只抽取样品进行检验。每个部门抽取各自样本进行独立测试。埃及农业部植物检疫总局负责植物进出口监管和检验检疫工作。

埃及要求进口食品标签上必须标示下列信息：配料及其所占比例、制备方式、保存方法和条件、添加剂和防腐剂等。

2007年4月18日，埃及植物检疫总局发布了《植物和植物产品进口许可条件》，规定植物、块茎、鳞茎、用来繁殖的种子、水果、蔬菜、鲜切花、树枝、谷物、消费或加工用植物产品原料，以及生长介质的进口必须提供植物检疫证书。2019 年埃及发布《植物检疫条例（562/2019）》，明确植物检疫进出口程序并附害虫清单等文件。

4. 海关管理规章制度

埃及财政部是关税政策制定机构，其下属的海关总署是关税政策执行机构，海关总署设有关税高级理事会，主要任务是根据本国政治和经济发展的需要，其讨论并制定相应海关管理的主要法规是《海关法（207/2020）》和《海关条例（430/2021）》。

《海关法》主要内容有：海关区域及办公场所、关税、关税便利化、海关估价、申报、检验、通关、验货、事后稽核、搜查和拘留、货物查封、没收和拍卖、清关代理、处罚、复议和上诉等。

《海关条例》主要内容有：关税免除优惠、保税仓库、银行担保、特别经济区、申报检查、货物没收及审计程序、海关估价复议、废弃物销毁、清关代理、事后稽核等。

2008 年 4 月，埃及加入《京都公约》，促进埃及通关手续与世界海关组织标准接轨。2009 年 11 月，中埃两国海关签署《海关行政互助协定》。

点评：

《海关法》主要修订内容：实施全国统一窗口系统，提升海关程序便利化程度；通过预查询系统回应企业问题；经由电子商务渠道购买的货物须遵守电子商务法规定；规定可免除所欠关税的情形；在海关程序中引入风险管理系统；将免税规则合并纳入；临时入境和退税业务由海关统一负责；临时入境的货物必须在放行之日起一年半内重新出口，符合条件的可延长时间但不得超过一年；海关负责监督与货物相关的知识产权；用于在境内运行或租赁的机器、设备和装置临时放行的，按每月或部分月份2%的税率征收关税，每年最高不超过20%；加大对违法行为的处罚力度；海关文件需保存五年。

5. 关税管理

2020年埃及发布第59号总统令，降低用于当地制造业的工业投入品适用关税，以降低进口投入成本，推动本地制造业发展。使用的本地组件越多，关税降低幅度越大，本地组件的百分比主要基于两个因素：本地制造的零件与产品所有零件的百分比、本地装配线在产品制造中的贡献程度。2021年12月埃及发布第588号总统令，对进口手机征收10%的关税，旨在支持本地电子制造业发展。

[**案例**4-2]

中国出口商大量物品积压埃及海关。2019年1月15日，埃及贸易与工业部颁布2019年第44号部长令，将4类产品加入2016年43号部长令中规定的出口商注册制商品清单，分别为箱包、包装盒（袋）、剃须及护发器具、手机电话。该部长令自发布之日起开始执行，自2月14日起，埃海关已接到通知，停止上述4种产品清关。由于此次注册制新规未设缓冲期，在埃客户支付货款的情况下，我国出口商直至2月13日仍在持续发货，造成大量货物积压海关。

点评：

中国企业应及时关注有关埃及海关监管的最新政策，根据政策及时调整进出口计划，避免货物无法清关等情况出现。

六、埃及关于劳动就业的法律规定

（一）劳动就业主管部门及相关法律体系

埃及的劳动就业主管部门为人力资源部，该部一直致力于关心劳动者，负责促进形成稳定的劳动关系；为劳动者争取公平适当的工作条件；开展研究并提出相应对策以保护劳动者免受工伤事故和职业病的侵害；研究合理组织人力资源，负责制定并组织实施就业政策；跟踪合格工人的就业情况；规范外国人在境内就业；制定国家培训政策，负责审查培训政策实施的计划和方案等。

埃及现行劳动相关法律法规是《劳动法（12/2003）》，该法对埃及劳动就业制度进行了详细的规定。但是为了赶上就业领域的发展和现代化，以适应埃及在最近一段时期所经历的社会和经济变化，在2022年2月，参议院批准了一项新的《劳动法草案》。预计在不远的将来，《劳动法（12/2003）》会被新法所取代。

（二）劳动法的核心内容

《劳动法（12/2003）》和2022年新劳动法草案的有关规定如下：

1. 工作许可证

除工作期限少于6个月的短期工外，所有埃及工人必须取得工作许可证，在外国公司和代表处工作的埃及人必须获得内政部的批准。在埃及工作的外国人必须从人力资源部获得批准，许可一般为期1年，可以延期。

2. 劳动合同

雇佣合同必须一式三份，用阿拉伯语书写，雇主、雇员和社会保障办公室各持一份。如果是试用，必须注明试用期，试用期不得超过3个月。新劳动法草案杜绝部分企业规避签订无固定期限劳动合同的行为。根据现行《劳动法（12/2003）》，如果员工在固定期限合同（通常为1~2年）到期后继续履行职责的，则转换为无固定期限劳动合同。因此，部分雇主在前一份合同到期之前会与员工签订新的定期合同，而不是续签现有合同。新劳动法草案规定，任何与同一雇主签订四年合同的员工（包括连续4个一年合同或两个连续两年合同）自动签订非固定期限劳动合同。

3. 工作时间

新劳动法草案规定员工工作时限为每天8小时或每周48小时，不包括休息时间（必须至少为1小时）。

4. 年假

新劳动法草案规定雇员获得的带薪年假不包括节假日、公务活动和每周休息日，第一年年假1天，第二年年假21天，为雇主工作满10年的人为30天，50岁以上的人和残疾人为45天。从事有害健康、危险或在偏远地区工作的工人，年假延长7天。对于没有休完的年假需要3年内结算，以现金补偿给员工。但公司要求员工休假，员工不接受的，若不符合规定，员工必须休假。雇员病假期间，可享受75%的正常工资，但不超过半年。

5. 保险和加薪

现行《劳动法（12/2003）》规定最低年度加薪额为员工基本工资的7%，而新劳动法草案设定最低年度加薪要求，以每年社会保险所涵盖的员工工资金额的3%给员工加薪。

6. 解雇工人

新劳动法草案将提前终止固定期限合同的通知时限由 3 个月缩短为两个月。决定终止定期合同并有法律依据的雇主必须至少提前两个月向员工发送书面通知，并打包支付离职补偿金，补偿标准按照员工工作年限乘以 1 个月工资额计算。终止非固定期限劳动合同需提前 3 个月通知。

无正当理由解雇非固定期限合同员工将支付一定补偿（相当于每年两个月的工资）。解雇的不正当理由包括：对用人单位不符合劳动法规的做法提出投诉或诉讼；享受法律允许的休假时间；基于性别、种族、社会经济地位、宗教或政治观点的偏好，或怀孕等。无故终止固定期限合同员工，雇主必须按合同期限全额支付工资。

7. 社保基金

2020 年 1 月，新的《综合社会保险法（148/2019）》正式实施，规定社会保险由雇主和雇员共同负担，种类包括养老、伤残、死亡、工伤、医疗和失业保险。雇主从雇员工资中代扣社会保险，并与雇员的份额一起按月上缴到社会保障局。埃及社会保险缴纳比例见表 4–3。

表 4–3 埃及社会保险缴纳比例

缴纳人	险种	缴纳比例（%）
雇主	养老、伤残、死亡保险	12
	医疗保险	3. 25
	工伤保险	1. 5
	失业保障	1. 0
	服务终了津贴	1. 0
	合计	18. 75

续 表

缴纳人	险种	缴纳比例（%）
雇员	养老、伤残、死亡保险	9
	医疗保险	1
	服务终了津贴	1
	合计	11

资料来源：中国驻埃及大使馆经商处整理。

点评：

截至2023年11月，新劳动法草案仍在提交众议院，等待批准。欲前往埃及投资的中资企业应关注并遵守埃及政府出台的包括《劳动法》在内的最新法律法规。

（三）外国人在当地工作的规定

1. 外籍劳工比例要求

《投资法（72/2017）》及其实施细则对投资项目中雇佣外国劳务相关政策进行了修改，规定外籍员工比例不超过员工总数的10%。当无法获得具有必要技能的当地员工时，名义上允许外籍劳工比例放宽到20%，但实际申请非常困难。GAFI负责组建由技术、法律及有关部门组成的委员会，根据以下原则，就增加外国员工比例的申请作出决定：

（1）外国员工资历和职业经验，适应从事工种需要的时间；

（2）公司或企业主管部门的意见、安全部门基于国家安全需要提出的意见；

（3）与外国员工所持国籍的国家对等的原则；

（4）国家对外国经验的需要和国家经济利益；

（5）公司或企业对专业和顾问人士的需要、生产的条件、批准或拒绝对生产或投资的影响；

（6）公司或企业可能为埃及员工提供工作机会的程度；

（7）公司或企业履行先前承诺和遵守法律规定的认真程度；

（8）当有较多外国员工时，优先选择埃及出生或常住的外国人；

（9）准许使用外国专家或技术人员的公司或企业，应为外国专家或技术人员配备与工作技能相适应的埃及员工作为助手，外国人应对助手进行培训，并定期提交其技术进步程度的报告。

2. 外籍劳工工作准证办理

（1）主管部门。埃及工作许可审批的主管部门包括：GAFI（受理申请并提供公司资质有关证明）、内政部（安全审查）、人力资源部、移民局（审批和发放许可）。

（2）工作许可制度。埃及工作许可制度的重要规定如下：

①根据埃及《劳动法（12/2003）》，外籍雇员占正式用工比例不得超过10%。《投资法》允许扩大至20%，但需向GAFI提出申请，办理比较困难。

②下列外籍人士不计入上述比例的特殊情形：在《投资法》和《公司法》下设立的各类公司的高管（俗称“投资签”，具体要求参见表4-4），代表处、外国公司的分支机构经理、雇主及其家属、小企业（员工不足5人或家族式企业），根据埃及缔结的国际公约和协定在埃及从事国家项目的外国人员。

③外国人办工作签证的基本资质要求：具有相关岗位3年以上工作经验，持毕业证书、经验证明，但公司的投资人、主管不受此限制。

④获得埃及工作许可后，60天内必须办理工作签证，过期作废。

⑤工作签证有效期1年，必须在期满前1个月办理续签，超期14

天后作废。

⑥结束后，一定要将工作签证交还工作签证办公室，附公司正式信函，由埃及劳工部盖章确认，才能消除工作名额。

⑦技术人员、专家要在续签签证时提供埃及助手情况的报告。

⑧签证申请被拒绝，应在 1 个月内到人力资源部外国人工作签证局提出申诉。针对拒签的原因提出理由，必要时提供证明材料。申诉应一次成功。如果第二次拒签，最好准备回国，重新申请前来埃及工作的许可，不要第二次申诉。

表 4-4　“投资签”工作许可相关要求

公司类型	职位要求	最低实缴资本额（美元）	工作许可数量
股份公司	股东、董事长、常务董事、董事会成员	35000	1
		50000	3
		100000	6
有限责任公司	股东、经理	35000	1
		50000	3
		100000	6
一般和有限责任公司	合伙人	35000	1
		50000	3
		100000	6
个人独资公司（自然人独资）	所有人或经理	35000	1
		50000	2
		100000	3
个人独资公司（法人独资）	经理	50000	2

资料来源：埃及人力资源部、中国驻埃及大使馆经商处整理。

（3）申请程序。办理工作签证主要有三个环节：准许外国人来埃及工作的许可、工作签证、续签。

①办理准许外国人来埃及工作的许可，需经过以下程序：

· 企业打算使用非埃及员工时，在人员未来埃及之前，先到埃及有关部门办理同意前来埃及工作的许可，即工作许可。

· 向 GAFI 的 ISC 提出申请。随申请提供：申请者的护照复印件、申请者的资历证明（要到埃及驻中国使馆办理认证手续）、企业的资料（商业注册证、税务登记证、社会保险开户证和保险单据）。

· ISC 审查后，出具原则同意给予准许劳动许可的函，由申请单位送人力资源部劳动力使用和劳动市场信息中心审查。

· 审查合格后，出具初步同意前来埃及工作的函（许可），主送内政部护照、移民和国籍局，并抄送外国人工作签证办公室（简称审查合格签证办），表示同意前来工作。

· 申请公司将人力资源部的许可函送内政部护照、移民和国籍局，内政部收到许可函后，出具黄色收据。并在一周内加注通知驻华使馆的时间的签注。

· 上述内政部护照、移民和国籍局的黄色收据以及人力资源部同意前来工作的函的复印件应送国内，由护照持有人持此件前往驻华使馆办理因工作前来埃及的签证（在埃及停留期限为 2 个月）。上述黄色收据和人力资源部的批件由使馆验看，但不得留馆，还要带回埃及。

· 根据目前实际情况，埃及驻华使馆一般只发放旅游签证入境。申请人进入埃及后，开始正式办理工作签证，再办理旅游签证转工作签证。

· 得到埃及驻华使馆签证后，持照人需提供体检证明、工作签申请函、照片，连同内政部的黄色收据和人力资源部的批件，到埃及劳工部办理工作签证。

②外籍劳务办理赴埃及的工作签证，需经过以下程序：

· 在接到人力资源部的工作许可 2 个月内，申请人一定要启程前往埃及，否则许可将作废。

· 申请人进入埃及国境后，立即前往专门医院做艾滋病的检查。

· 公司前往 GAFI 的 ISC 办理工作签证申请手续。

· ISC 出具同意办理工作签证的函，申请单位持 ISC 的函和上报的全部材料，前往 GAFI 签证办办理手续；凭相关材料获得为期 6 个月的临时居留签证。

· 待提供安全审查意见后，签证办正式签发工作签证，在同一部门办理为期 1 年的居留签证。

③在埃及，工作签证到期后可申请续签。续签要提前 1 个月办理。

· 需递交的文件：续签申请（外国人签证申请表）、颁发给个人的工作签证原件、安全部门同意续签的表格（由签证办负责办理）、埃及助手工作情况报告、工作签证手续费的邮局汇票。

· 审查批准：签证办在审查合格后，发放新的工作签证。申请人持新的工作签证，通过签证办办理新的 1 年居留签证。

④需提供的资料有：

· 外国人工作签证申请表。企业逐项填写，负责人签字，加盖企业公章。

· 人力资源部许可的复印件主送内政部和投资总局劳动办公室。

· 经埃及驻中国使馆认证的申请人工作资历证明，工作经历不得少于 3 年。

· 申请人护照原件和复印件，原件用以核对。

· 收益人为人力资源与移民部总秘书处主任、金额为 3200 埃镑的邮件汇票，此费用为 1 年的工作签证手续费。

· 医院体检证明（证明没有艾滋病）。

· 申请人没有申请过（或申请过）工作的确认书。

· 企业文件（商业注册证、税务登记证等）。

· 社会保险表和公司加盖公章的办理保险员工名册。

· 安全审查表。

点评：

埃及工作许可证发放较为严格，需经过漫长的安全审查。同时，由于个别中国企业违规使用中国员工，埃及警方有时会对此类中小企业突击检查。埃及驻华使馆对于出现超期滞留的中国公民一般不予以再次签发签证。

七、埃及关于税收的法律规定

（一）税收管理机构及税收法律体系

埃及税收制度健全，体系相对简单，采用属地税制。涉及企业经营的主要税种包括企业所得税、个人所得税、增值税、印花税、房地产税、关税和社会保险费等。税收事务主管部门包括财政部下属的税务总局、海关总署和不动产税务局，分别主要负责所得税和增值税、海关关税、房地产税的管理。埃及与 55 个国家签订避免双重征税协定。2019 年 2 月，塞西总统签署法令，批准税务总局获得独立法人地位，以提高税收政策执行力度和效率。

埃及主要税收法规有：《所得税法（30/2023）》、《房地产法（117/2014）》、《增值税法（67/2016）》（2020 年修订）、《海关法（207/

2020）》、《印花税法（76/2017）》、《经济特区法（83/2002）》（2015修订）以及《投资法（72/2017）》（2019年修订）。

点评：

主要税收法律可以通过税务主管部门官方网站查询，包括埃及税务总局网站、埃及不动产税务局网站、埃及海关总署网站。

（二）主要税赋和税率

1. 企业所得税

企业所得税的征税对象是埃及境内的常驻法人单位以及非常驻单位设立在埃及境内的分支机构、车间、工厂或其他单位。

（1）针对居民企业。

①判断标准及扣缴义务人。埃及从事经营的公司和分支机构中，对居民企业的认定实行登记注册地原则和实际管理机构所在地原则双重标准。满足以下条件的企业将被视为埃及居民企业：

· 依照埃及法律法规在埃及境内成立。

· 其主要或实际管理机构在埃及境内。满足以下至少两个条件的企业被视为在埃及有实际管理机构、日常决策地位于埃及、董事会和经理会议举办地位于埃及、至少50%的经理或董事居住地位于埃及、拥有50%股权或投票权的合伙人或股东的居住地位于埃及。

· 国有实体持股比例超过50%。

②征税范围和税率。居民企业应当就其在埃及境内外实现的所有收益缴纳企业所得税。外国公司的分支机构和在埃及境内的经营单位只就其来源于埃及境内的所得纳税。

在埃及，企业所得税一般税率为22.5%，但苏伊士运河经济区管理局、石油总公司、中央银行适用税率为40%，石油和天然气的勘探、开采、加工企业适用税率为40.55%。具体税率情况见表4-5。

表4-5　埃及企业所得税税率

<table>
<tr><th colspan="3">税种</th><th>税率</th></tr>
<tr><td colspan="3">企业所得税</td><td>22.5%</td></tr>
<tr><td rowspan="2">资本利得税</td><td colspan="2">证券交易利得</td><td>一般税率为22.5%，如果交易标的是在埃及证券交易所注册上市企业的股票，则对居民企业和非居民企业（含个人）取得的资本利得按照10%的税率征收资本利得税。</td></tr>
<tr><td colspan="2">其他资产交易利得</td><td>22.5%</td></tr>
<tr><td colspan="3">分支机构税</td><td>22.5%</td></tr>
<tr><td colspan="3">分支机构汇款税</td><td>分支机构利润须在本年度结束后60天内汇回国内，并按照5%的税率缴税。</td></tr>
<tr><td>代扣代缴所得税</td><td colspan="2">股息红利税</td><td>非上市居民企业分配股息适用10%预提所得税；在埃及证券交易所上市的企业向其他居民企业分配股息适用5%预提所得税。</td></tr>
<tr><td rowspan="7">代扣代缴所得税</td><td rowspan="4">居民企业</td><td>采购</td><td>0.5%</td></tr>
<tr><td>一般服务</td><td>2%</td></tr>
<tr><td>专业服务</td><td>5%</td></tr>
<tr><td>佣金</td><td>5%</td></tr>
<tr><td rowspan="3">非居民企业</td><td>利息</td><td rowspan="3">一般税率为20%，根据埃及与各国签订的税收协定，税率可能会有不同。</td></tr>
<tr><td>特许权使用费</td></tr>
<tr><td>管理服务费</td></tr>
<tr><td rowspan="2">损失结转</td><td colspan="2">向前弥补</td><td>一般情况下不可弥补，长期项目（如工程类项目）未完工的可向前弥补且无年限要求。</td></tr>
<tr><td colspan="2">向后结转</td><td>5年</td></tr>
</table>

资料来源：中国驻埃及大使馆经商处整理。

（2）针对非居民企业。

非居民企业指公司注册地不在埃及的企业。非居民企业应当就其在埃及的常设机构实现的收益缴纳企业所得税。

2. 个人所得税

埃及境内个人的所有收入都应记入应税收入。埃及与大多数国家相同，实行累进个人所得税制，2023 年 6 月，埃及颁布了《所得税法（30/2023）》，将个人所得税免税额从 15000 埃镑/年扩大到 21000 埃镑/年并且引入新的所得税等级，以 27.5%的税率征收超过 120 万埃镑的应税收入。具体税率见表 4-6。

表 4-6　个人所得税累进税率

档次	年收入计税额（累进制）（埃镑）	税率（%）
1	年收入低于 21000	0
2	年收入 21001 至 30000	1.5
3	年收入 30001 至 45000	10
4	年收入 45001 至 60000	15
5	年收入 60001 至 200000	20
6	年收入 200001 至 400000	22.5
7	年收入 400001 至 1200000	25
8	年收入超过 1200000 的部分	27.5

资料来源：埃及《所得税法（30/2023）》。

3. 增值税

2016 年 9 月 7 日，埃及颁布《增值税法（67/2016）》，一般增值税税率为 14%。企业运营中所有项目的增值税支出和收入可进行抵扣，抵扣差额再上缴税务部门（原销售税法中不同科目的增值税不能进行收支抵扣）。

用于生产的机械设备的相关货物或服务的增值税税率为5%。无论是直接使用人，还是第三方（贸易公司、代理公司等）进口设备，均应当向税务部门提交充足的支持文件，证明设备用于生产。如果整条生产线以零部件方式进口，也适用5%增值税率。EPC（设计-采购-施工总承包模式）、包工包料等合同税率为5%，咨询类合同为10%。

生产加工类项目增值税优惠税率基本申请步骤是：根据企业要求，埃及投资与自由区管理总局或工业发展局向税务机关发函，说明进口设备情况，并申请降低增值税率；税务机关书面审核后回复适用税率；设备组装后，由税务机关和海关组成联合委员会进行实地查验。

法律明确对57类商品和服务免增值税，主要有：茶、糖和牛奶；天然气、电力和水；银行服务（仅限于银行）；用于制造药物的药物和活性物质，无论是当地制造还是进口；除医疗用途以外的整形手术，以及减肥服务之外的健康服务；公共教育和科学研究服务，包括提供国际课程的学校；公立医院、公共医疗服务机构、公共诊所和非营利机构；免费广播和电视传输服务；出售和出租空地、农地、建筑物、住房和非住房单位；广告服务。另外，出口货物和服务享受零增值税税率；自由区内企业的货物和服务贸易享受零增值税税率。军队、公共安全、国防等项目可免税。

2020年2月，为增加财政收入，埃及公布2020年第13号法令，对增值税法部分条款进行修订，根据新的修正案，所有烟草制品和卷烟的增值税应以不同的税率提高。

2022年1月，埃及公布了2022年第3号法律，对《增值税法》进行若干修正，主要包括：对经济特区内项目的出口货物和服务，以及这些项目从国外或特区外埃及其他地区进口的货物和服务，适用增值税零税率；对在当地购买或进口的工业用途机器设备，暂缓一年征收增值税（有可能延长至两年），如果该机器设备在一年或两年的缓税期内及后续五年内用于工业目的，则将增值税缓税转为免税，否则将补缴增值税；将增值税免税范围扩大到卫生服务、针对个人的非旅游海上运输服务、针对个人的航空运输以及某些进口产品的货运服务，如豆类、谷物和食盐；对非逃税类违法行为实施新的处罚规定，包括相当于应缴增值税1%的罚款，最低罚金1000埃镑，最高10000埃镑，对多次违法，罚金翻倍；对广告服务适用14%的标准增值税税率，取代20%的印花税，但对某些广告予以免税，如政府和公共机构发布的广告。

4. 印花税

公司设立、合同签订、各种银行交易和其他交易、许可证、保险单、租约、奖券、可以转让证券和其他各种票据，都应当缴纳印花税。印花税可以分为两类：一是定额印花税，对凭证征收，而不论其涉及的价值多少。如一般情况下，按照每页0.9埃镑收取。二是比例印花税，实行从价定率征收，如一般情况下，借款8%，信贷1%，商业广告20%，保险费1.08%~10.08%，政府采购、支付服务费和承包工程费2.4%，对银行开展的贷款类业务每季度征收账户余额的0.1%。

2017年6月，塞西总统签署法令，征收股票交易印花税。根据该法，股票买卖双方均须缴纳印花税，税率在该法实施第1年为1.25‰（颁布之日起至2018年5月31日），第2年为1.5‰（2018年6月1日至2019年5月31日），第3年起为1.75‰（2019年6月1日以后）。2020年3月，埃及政府降低证券交易印花税，外国投资者降至0.125%，居民降至0.05%。2020年5月，埃及内阁批准了一项法律草案，对印花税法部分条款进行修订，其中规定，非居民卖方和居民买方应按销售总价的1.25‰缴纳印花税，居民卖方和居民买方应按销售总价的1.25‰缴纳印花税。该法案同时对在埃及证券交易所上市的证券给予一定的税收优惠。

5. 房地产税

根据埃及《房地产税法案（196/2008）》及其修正案（117/2014），一般房地产税率为10%。计算公式为：10%×年租赁价值×（1-法定费用率）。其中，年租赁价值由房产税务局组织所有利益相关方代表成立“调查与评估委员会”共同评估确定。影响估值的因素包括：地理位置、建筑标准、建筑材料和市政设施联通性等。

租赁价值确定后，住宅房产和非住宅房产分别按30%和32%的法定费用率抵减相关使用、维护费用后（即净年租赁价值），再计税。住宅房产和非住宅房产分别享有2.4万埃镑和1200埃镑的免税额度。租赁价值低于该数额的无须缴税，租赁价值高于该数额的，可减去上述免税额度后再计税。

法律规定，每五年进行一次年租赁价值重估。住宅类房产和非住宅类房产的价值每次上调幅度最高不得超过30%和45%。

除法律规定的特殊情况外，房产或土地的交易均需缴纳房产总评估价值2.5%的转让税，而且不可抵减。

（三）税收征收管理

1. 报税时间

（1）时间要求。埃及纳税年度与日历年度相同，起于每年1月1日，止于12月31日。纳税人需在经营活动开始4个月内到税务部门注册。公司所得税应于每年5月1日或公司会计年度后4个月内进行申报缴纳。增值税一般按月计征，在纳税期满后的次月完成申报缴纳，税务局负责对纳税申报表进行审核，并根据报表信息评估征税金额。对于进出口企业或每年仅发生一两次应税行为的企业，经批准可以调整申报缴纳期限。

（2）延期与罚金。企业可以申请延期提交纳税申报单，条件是在提交申请时一并缴纳预估税款。延期申请至少应当比最后期限提前 15 天，最多延期 60 天。增值税和印花税也享受 60 天宽限期，无须提出申请。未按规定日期提交纳税申报单，并缴纳税款的企业，将被处以罚息，罚息率为每月欠缴税款的 1%。任何税款都必须与纳税申报单同时提交。

2. 报税渠道

企业可通过税务部门网上申报系统或到税务部门申报大厅自行报税，也可委托会计师事务所报税。

3. 报税手续和资料

税务局为纳税人颁发纳税卡，内容包括纳税人姓名、地址、身份证号码、公司地址、法律形式、公司名称、纳税人经营活动、应纳税种、注册的地区税务办公室、税号、提交年报的日期等。纳税人凭 GAFI 颁发的证明文件享受税收优惠政策。纳税人根据税务部门要求，提供销售额和销售数量等数据。

自 2019 年起，埃及税务部门开始实行企业所得税电子申报，首批仅强制要求金融企业实施，其余企业分阶段纳入，其他税种如增值税等也将陆续完全实现电子化报税。2020 年 10 月，埃及发布《统一征管程序法（206/2020）》，同时陆续修改所得税法和增值税法，要求各税种申报必须网上提交，并逐步将发票申领等其他涉税业务全部实现电子化。

2022年9月，埃及国家税务局表示，从2023年4月起，在纳税申报及扣除或退还增值税时，将只接受电子发票，不再受理纸质发票。企业要尽快加入该系统，以避免被诉诸法律行动。电子发票系统应用时间表已经公布，要求所有在各省税务部门注册的公司为其销售的商品或提供的服务开具电子发票。根据内阁决定，加入电子系统是与各个政府机构和部门打交道的先决条件。该决定覆盖地方行政机构、公共服务单位、其他法人实体、公共企业、控股公司及其子公司，以及由国家和其他公共法人出资50%以上的公司等。

点评：

税务局电子报税系统外包服务由ExcelTP公司负责，任何关于系统方面的问题可以咨询其项目经理Mr. Fouad Hassan（电邮：fouad. hassan@ exceltp. com，电话：00201000108226/0020233478749）。

八、埃及关于用地的法律规定

（一）土地资源管理部门及相关法律法规

除了具有重要战略意义的地区外，埃及土地所有权和管理权属于各地的省政府机关。埃及农业用地基本归私人所有，其他类型土地大多为国家所有。

外国投资者对埃及土地的购买、租赁法律依据主要有：《土地法（15/1963）》《土地购买法（143/1981）》《房地产法（230/1996）》《投资法（72/2017）》。

（二）外资企业获得土地的规定

《土地法（15/1963）》规定，任何外国人，无论是自然人还是法人，均不得拥有农业用地。

《土地购买法（143/1981）》规定，如果外国人与埃及公民成立合伙或联合股份公司（埃及公民所占股份不得低于51%），所成立的合伙公司可拥有1万费丹[1]的沙漠土地，股份公司可拥有5万费丹的沙漠土地。如果公司清算破产，公司拥有的沙漠土地应转归埃方人员所有。该法第1条规定所谓沙漠土地应为城市边界两千米之外的土地。租赁期超过50年的沙漠土地适用此规定。

《房地产法（230/1996）》规定，外国公民符合下列条件可以在埃及拥有房地产（未建或已建）：（1）除有权拥有从事埃及政府许可的活动所需房地产之外，外国公民在埃及只可拥有两处房产，供其本人及其家庭（含配偶和未成年子女）居住。（2）每处房地产面积不得超过4000平方米。（3）该房地产不得为历史遗迹。对（1）（2）两项规定，如有特殊情况，需经总理批准。在旅游区和新城区拥有房地产，须遵从内阁制定的相关规定。在现有耕地上建设新的住房或其他工商业建筑，分为两种情况：一是灌溉、种植条件良好的耕地，一般禁止因私人利益变更用途；二是不适宜继续耕种的土地，投资者应当向农业部提出申请，依据农业部出具的“技术报告”，向具有土地所有权和管理权的各省政府请求批准变更土地用途。

《投资法（72/2017）》调整向投资者分配土地的相关程序，以便于与土地相关各方的协调和沟通。该法案对偏远地区土地的使用设立了前所未有的激励机制，如允许通过购买、租赁和低价使用等方式分配土地，取消对外国企业拥有土地和地产的限制，规定除西奈地区外（该地区外国企业必须与拥有51%以上土地产权的埃及企业建立合伙

[1] 1费丹约合4200平方米。

关系)，无论其合作者及股东的国籍和居住地以及参股多少，公司均可根据业务拓展需要，有权拥有建筑用地及进行房地产开发。

九、埃及关于环境保护的法律规定

埃及国土大部分为生态环境脆弱的沙漠。作为一个发展中国家，在全面开展经济建设的同时，政府始终高度重视保护环境和可持续发展。

（一）环保管理部门及相关法律法规

埃及的环保管理部门是埃及环境部（也称“环境事务署”，EEAA）。EEAA 的主要职责包括：制定环保领域法律法规，编写国家环保报告及发展规划，制定各类建设和运营项目环保标准和规范，并开展试点项目，执行国际和区域环境公约，管理国家环保基金等。

1994 年，埃及颁布《环境保护法（4/1994）》，该法规定所有投资项目在建立前，必须向环境部取得环境影响评价报告。所有在埃及设立的工业项目都要评估自身可能对环境造成的影响，该评估须由埃及权威部门作出，是企业获得经营许可不可或缺的文件。

2005 年 10 月 26 日，埃及颁布 1741 号总理令，对《环境保护法（4/1994）》中的环境标准进行了大规模修订，重新制定环境考核的指标体系和评价内容，规定了更严格的排放标准和污染物处理方法，以及污染源的管理方式。

2009 年 3 月 1 日，埃及颁布 2009 年第 9 号国家令，对《环境保护法（4/1994）》进行修订，新增沿海区环境保护定义及综合管理措施、臭氧层保护措施、设立总理级尼罗河水域保护委员会等内容。

（二）环保法律法规基本要点

埃及环境保护法律法规主要内容包括：

工业项目必须对在生产过程中产生的污染进行初步治理，达到排放标准后才可向公共排污管道排放。禁止擅自处理固体废弃物、喷雾式杀虫剂或其他化学品。

无论何种情况，禁止对海洋资源进行探测开发的国家或公司船只、离岸平台（如海上钻井平台等）在埃及领海内排放污染物质。排放物不允许排入海洋。不准许向捕鱼区、游泳区或自然保护区排放。

在亚喀巴海湾的塔巴和拉斯穆罕默德之间的地区，禁止使用渔网或炸药捕鸟、捕鱼，包括海贝壳、珊瑚、蚝和其他的海洋生物。

违规者必须在水资源和灌溉部规定的时间内，改正或清除违规行为和事物。如在规定的时间未能做到，水资源和灌溉部有权采取措施（如使用行政手段或吊销执照）消除或改正其违规行为和做法。

（三）环保评估的相关规定

法律规定，所有投资埃及项目在获得 IDA 等机构颁发的最终许可之前，都必须通过 EEAA 的环境影响评价。具体程序是：投资者向 EEAA 提交《项目环境影响评价报告》（英文或阿文版），EEAA 评审后下达环评通知书，一般需时 45 天左右。费用根据项目类型和投资额确定，例如，5000 万美元的食品类项目，环评费用约为 40 万埃镑。

1. 基本程序

（1）完成 IDA 预批准后，办理 IDA 最终批准。

（2）准备投资项目的环评报告，将报告提供给代理。

（3）EEAA 确定投资项目的环保评级（分 A、B、C 三类）。

（4）咨询 EEAA，确定有环保证代理资质的相关院校或专家，选择有环保证代理资质的专家。

（5）与代理签订合同后，给代理出具委托函，准备相关资料，提供编制环保报告。

（6）A、B 两级耗时一般为 1~2 个月；C 级耗时较长，需在投资所在省政府进行两次听证会，后将环保报告和听证会报告提交当地环境事务部门审批。

2. 编制环评报告的资料

（1）项目投资申报时的环评报告（在中国申报项目时完成的项目计划中包含环评内容）。

（2）具体投资地点。在工业区的投资，需有地图标注工厂的地理位置、周围的工程（公司，工厂）、风向、离住宅区距离等信息。

（3）生产工艺流程说明。

（4）用水量、污水处理工艺系统的详细说明。其中用水需要有埃及自来水公司的证明函。

（5）电力、燃气等相关能源的初步合同。合同必须是埃及政府或者相关能源供应公司提供的有效证明函。

（6）如果有废气，说明废气的控制工艺。

（7）如果有化工原料，还需要作防护与操作的说明。

（8）员工劳动保护的说明。

3. 办理环保证的文件

（1）商业注册证；

（2）IDA 预批准；

（3）土地合同；

（4）投资所在地工厂区域图，要有当地政府盖章；

（5）能源与供水的正式确认函；

（6）环评报告；

（7）听证会报告（C 级需要）。

点评：

企业经营特定物品必须得到批准或许可。经营危险物品和废弃物必须向有关部门提出书面申请。从事生产和经营危害性材料的企业应对生产或存储场所周边的居民因经营活动事故或有害物的逸出和渗漏而造成的损害进行赔偿。

十、埃及反垄断、反腐败、反商业贿赂及反洗钱等方面的法律规定

（一）反垄断

埃及保护竞争和防止垄断行为局是埃及打击反垄断行为的主管部门，是向总理报告的机构，其设立的目的是负责实施《竞争保护与反垄断法（3/2005）》并监督市场，以确保市场工作者以不违反法律的方式从事经济活动。

埃及政府于 2005 年颁布并实施《竞争保护与反垄断法（3/2005）》（简称《反垄断法》），禁止市场竞争者间就提高、降低或固定产品的销售或购买价格以及按区域或按客户类别进行市场分割等方面达成协议；经营商不得与客户和供应商就共同限制竞争达成一致；原本就处于市场支配地位的商家不得经营限制市场进退的活动；禁止在商品价格、交易条件等方面歧视具有同等条件的买家或卖家等。任何资产收购交易或合并任何一方经营者年营业收入超过 1 亿埃镑的，均需向埃及保护竞争和防止垄断行为局申报，在股权交割生效后 30 天内必须申报。

2019 年 1 月，埃及保护竞争和防止垄断行为局在修订《反垄断

法》时提出建议，将垄断行为的罚金上限从1000万埃镑提高为5亿埃镑，以强化该法威慑力。

国家管理的公共事业不适用于《反垄断法》。若有关人员提起请求，在确保公共利益，或在保证为消费者带来的利益大于限制竞争带来的影响的前提下，可按程序对司法管辖下企业从事的公共事业给予豁免。内阁可在规定时间内对一个或多个基本产品定价，政府缔结有关固定价格的协定不得视为损害竞争的活动。

点评：

中国企业到埃及投资时应了解埃及《反垄断法》有关规定，避免企业间达成横向垄断协议，卷入反垄断诉讼中，否则将面临高额罚款并遭到限制。

（二）反商业贿赂及反腐败

2005年，埃及成为《联合国反腐败公约》缔约国。埃及国内没有专门的反腐败法，但埃及《刑法典（71/1937）》（2009年修订）中对于行贿和受贿、蓄意腐败、滥用权力、利用公权力谋取私利等行为均具有相关规定。《刑法典》中，行贿和受贿、蓄意腐败、滥用权力、利用公权力谋取私利等均被认定为犯罪。《刑法典》规定，行贿和受贿是严重的犯罪行为，对于受贿情节较轻的，可判监禁2~3年，罚款不超过受贿的金额，但不低于1000埃镑。情节严重的判监禁15年，罚款最高为受贿金额的2倍；对认罪态度好，主动提供信息，协助案件处理的，可免于刑事处罚，没收受贿资金。法律针对行贿的条款比较简单，通常被认为是受贿的附属产物，未明确规定是否对行贿者进行处罚。《刑法典》中并未明确外国人的贿赂行为是否违法，也没有对企业应承担责任的有关规定。

埃及内阁下设的行政管理署（ACA）和内政部公共资金监察署下设的非法获利办公室负责调查政府雇员的腐败行为。个人和私人企业则根据埃及民商法，由地区检察院和民事法庭进行裁定和审判。一旦私人部门涉嫌公共资金或公共利益的违规，ACA 将介入。ACA 官方网站详细介绍了其职权范围、介入条件、行政违法类型界定、介入程序等内容。

点评：

通常情况下，埃及业主发布的招标标书中会包含禁止商业贿赂的条款，如违反相关规定，业主有权中止合同。例如，规定代理费不能超过 0.1%，但实际操作中，费率可达 5%～10%，远超法律规定。因此，埃及商业反贿赂法律对实际操作影响有限，企业在跟踪项目时，仍需参考实际情况。

（三）反洗钱

埃及打击洗钱工作包括国际和国内两方面。国际方面，埃及于 2004 年 2 月成为金融特别行动组成员，同年 6 月 23 日正式成为国际反洗钱联盟——埃格蒙特组织成员，通过加强国际合作打击洗钱犯罪活动。

国内层面，埃及反洗钱主管部门为埃及金融管理局。《反洗钱法（80/2002）》及其一系列修订，规范了对洗钱行为的认定。该法仅涉及公共部门或私人对公共部门的腐败行为。该法还特别规定贿赂是洗钱犯罪的上游犯罪行为。

点评：

洗钱往往涉及多个国家和地区，对多国经济造成影响。因此，埃及积极参与打击洗钱和恐怖融资的国际合作，在国内立法方面也越来越严格，企业投资应避免卷入此类案件，否则将遭受巨大的经济和刑事惩罚。

十一、埃及对保护知识产权的规定

(一) 埃及知识产权保护机构

埃及是世界知识产权组织成员国，是《保护工业产权巴黎公约》和马德里商标国际注册体系成员方，对知识产权给予充分保护。

2023 年 8 月，埃及颁布了 2023 年第 163 号法律，设立埃及知识产权局作为知识产权保护的主管部门。埃及知识产权局将于颁布之日起一年内（2024 年 8 月 7 日前）成立，如有总理特批，有可能再延长 6 个月。

此前，埃及的知识产权由 9 个不同且重叠的政府机构管理，这些机构在不同的部委下相互独立运作。其中，专利局隶属埃及高等教育与科学研究部，负责专利申请与保护。埃及商标与工业品外观设计办公室（简称商标局）隶属于埃及贸易与工业部下设的国内贸易发展局，负责受理商标和外观设计的注册与维护等。

埃及知识产权局设立后，将是埃及唯一的知识产权监管机构。2023 年第 163 号法律发布后，上述部委、各局负责知识产权管理工作的部门及工作人员将调入埃及知识产权局。埃及知识产权局职责具体包括带头和更新国家知识产权战略，以及与相关部委一同制定埃及注册和授予知识产权的实施条例等。

点评：

埃及知识产权局尚未完全成立，暂时没有官网。目前办理专利和商标注册等业务依然通过专利局、商标局等完成。之后相关业务和部门可能会发生变动，投资企业需要密切关注政策动向。

（二）知识产权相关法律法规及主要内容

2002 年出台的《知识产权保护法（82/2002）》，2003 年颁布的《知识产权保护条例（1366/2003）》，对专业、集成电路设计图、未公开信息、商标及工业设计、版权等知识产权保护流程作出详细规定。在专项法律上，埃及专利局、贸易注册局、版权保护局等作为法律具体实施单位，负责各类知识产权的注册及权益保护。2009 年，世界知识产权组织批准埃及专利局成为国际检索单位，为非洲和中东首个、发展中国家第三个获此权利的国家。

《知识产权保护法》规定：发明专利的保护期限为申请之日起 20 年，外观设计专利的保护期限为 10 年，实用新型专利保护期限为 7 年。商标所有权有效期限为 10 年，可多次延期，每次 10 年。注册人即商标的所有者，注册后连续使用 5 年以上，即不得对所有者的所有权提出质疑。著作权保护期限至作者死后 50 年。

（三）知识产权侵权的相关处罚规定

根据《知识产权保护法》：

（1）对违反专利和实用新型规定的责任人，处以 2 万 ~10 万埃镑罚金，再犯的处以 2 年以下监禁，并处以 4 万 ~20 万埃镑罚金。

（2）对违反集成电路布图设计规定的责任人，处以 4 万 ~10 万埃镑罚金，再犯的处以 2 年以下监禁，并处以 20 万埃镑以下罚金。

（3）对违反未披露信息规定的责任人，处以 1 万 ~5 万埃镑罚金，再犯的处以 2 年以下监禁，并处以 5 万 ~10 万埃镑罚金。

（4）对商标、服务标记以及商业名称和标志，根据情节严重和不同情形，处以 5000~2 万埃镑罚金，重犯的个人处以 2 个月以上监禁，并处罚金。初次违法的企业处以 6 个月以内的关停处罚，再犯的责令关闭。

（5）对新型物种，违法的责任方处以 1 万~5 万埃镑罚金，再犯的处以 3 个月以上监禁，并处以 2 万~10 万埃镑罚金。

（四）专利和注册商标申请

1. 申请专利

埃及专利管理机构为专利局。埃及专利申请受理范围为发明、实用新型和外观设计三种专利申请文件。需提交的申请文件包括：

（1）申请发明或者实用新型专利应当提交请求书、说明书及其摘要和权利要求书等文件。

（2）请求书应当写明发明或者实用新型的名称，发明人或者设计人的姓名，申请人姓名或者名称、地址以及其他事项。

（3）说明书应当对发明或者实用新型作出清楚和完整的说明，以所属技术领域的技术人员能够实现为准；必要的时候，应当有附图。摘要应当简要说明发明或者实用新型的技术要点。权利要求书应当以说明书为依据，说明要求专利保护的范围。

（4）申请外观设计专利应当提交请求书，以及外观设计的图片或者照片等文件，并且应当写明使用该外观设计的产品及其所属的类别。

（5）申请发明或实用新型过程中要求申请人提交的其他事项为：①申请人的国籍；②申请人是企业或者其他组织的，其总部所在地国家；③申请人委托专利代理机构的，应当注明的有关事项；④申请人未委托专利代理机构的，应注明其联系人姓名、地址、邮政编码及联系电话；⑤要求优先权的，应当注明有关事项；⑥申请人或者代理机构的签字或者盖章；⑦申请文件清单；⑧附加文件清单；⑨其他需要注明的有关事项。

准备齐全上述文件后，可按专利局有关要求办理专利申请手续。

点评：

如果在埃及专利的申请日之前，发明所有人已就相同发明在埃及国内外提出过专利申请或者已获得专利授权，发明不再具有新颖性。如果在埃及专利的申请日之前，发明已在埃及国内外公开使用，或者发明的描述已被公开并使具有本领域专业知识的人员能够利用该发明，那么发明的新颖性也已丧失。发明在埃及国内或国际展会上被展出，如果其首次公开的日期早于专利申请日不超过6个月，仍具有新颖性。

2. 注册商标

注册商标按照《知识产权法》规定执行，办理部门为埃及商标局。埃及采用尼斯分类[1]。

（1）所需材料。申请人首先应向其代理人签发授权委托书。根据上述授权书，申请人授权代理人代表其行事，并在商标局提交登记申请人的商标。上述授权委托书应经过公证，并由埃及驻所在国领事馆最终认证生效。

所需材料主要包括：经埃及领事馆认证的公司章程或商业登记簿的副本，须译为阿拉伯语；商标样式的复印件；应受有关商标保护的产品或服务的类别和清单，须译为阿拉伯语。

[1] 由《商标注册用商品和服务国际分类尼斯协定》（1957年）建立，是一种商标注册用商品和服务国际分类。

（2）主要程序。

①申请阶段：

· 商标注册申请连同上述有关文件提交埃及商标局。

· 上述申请由专业审查员审查。

· 在审查过程中，商标局可以要求申请人对其商标进行一些修改。如果在通知后 6 个月内未按要求修改，商标局可以拒绝此次申请。

· 审查阶段大约需要 8 个月。

· 在审查期结束时，审查员将作出决定，接受或拒绝有关商标的注册。如果商标局的决定是接受，那么商标将被移至第二阶段“公布和注册阶段”。

②公布和注册阶段：

· 申请人支付公布费，在“商标官方公报”上公布此商标。

· 商标公布后，第三方有 60 天的时间提出异议。

· 如果 60 天内没有异议，商标应最终注册并获得注册证书。

正常情况下，在埃及注册商标所需的期限为 12～14 个月。保护期为自提交商标申请之日起 10 年，上述期限可以在第 10 年结束前续展，商标续展也应在“商标官方公报”上公布。如果商标局的决定是拒绝，则应采取以下方案：在通知申请人拒绝决定后的 30 天内，申请人可以向商标局申诉委员会提出申诉。如果该委员会接受申诉，则该商标将被再次移至上述公布和注册程序。

十二、埃及对外国公司承包当地工程的规定

（一）许可制度

根据埃及法律，外国自然人不得承揽工程，参加投标的外国企业

必须符合以下两个条件之一才能拿到业主标书：拥有在埃及注册的分公司，或拥有埃及代理公司和相关证明文件。

在埃及设立分公司的外国承包商，首先需要在埃及建筑承包商联合会（EFCBC）注册，并取得会员资格，拥有相应资质才能在 GAFI 注册设立分公司，否则 GAFI 不会通过该申请。外国承包商必须将不少于 51%，并且不低于 4000 万埃镑的合同份额分包给在 EFCBC 注册并获得相应资质的埃及承包商。合同额大于 4000 万埃镑的，在以下三种情况下，可以豁免不用分享不低于 51%的份额给埃及分包商执行：

（1）两国之间签署协议；

（2）国家援助项目或国际银行贷款项目；

（3）公益项目或在埃方不具备施工能力的项目，此种情况需要提供合同原件，并对每个合同单独评估。

除以上三种情况外，其他项目的分包规定不能豁免。外国公司在埃及项目施工结束后，若无接到新项目，施工设备必须迅速运出埃及。

（二）禁止领域

埃及没有明文规定禁止外国人参与承包工程的领域或者目录。政府项目和私人项目是否采取国际招标方式，由业主自主确定。但按照埃及法律，军事工程项目的建设，禁止一般商业企业参与，军方主导的民用项目不在此限制范围内。

十三、埃及对中国企业投资合作的保护政策

1. 中国与埃及签署双边投资保护协定

1994 年 4 月，中埃两国政府签署了《投资保护协定》。

2. **中国与埃及签署避免双重征税协定**

1997年8月，中埃两国政府签署了《避免双重征税和防止偷漏税协定》。

3. **其他协定及发布的声明**

1997年10月，两国政府签订了《经济技术互利合作意向书》，鼓励和推动中方企业来埃及举办合资合作项目。

1999年，中国农业部与埃及农业农垦部签订了《农业合作议定书》。

2001年5月，两国政府签署了《中埃植物检疫协议》。

2001年7月19日，中国核工业集团公司与埃及电力能源部签署《和平利用核技术合作会议纪要》。

2002年1月23日，两国政府签署了《关于在石油领域开展合作的框架协议》。

2002年1月23日，两国政府签署了《和平利用核能协议》，以加强放射技术在医疗及其他民用技术方面的双边合作。

2002年4月，两国政府签署了《动物检疫及动物卫生合作协议》。

2004年1月29日，两国政府签署了《关于中埃双方加强在埃及苏伊士湾西北经济区投资合作的谅解备忘录》。

2009年2月，两国签署《工业品装运前检验的谅解备忘录》。

2009年11月，两国政府签订《海关行政互助协定》。

2014年12月，两国签署《中华人民共和国和阿拉伯埃及共和国关于建立全面战略伙伴关系的联合声明》。

2015年9月，两国政府签署《中埃产能合作框架协议》。

2016年1月，两国政府签署《中华人民共和国和阿拉伯埃及共和国关于加强两国全面战略伙伴关系的五年实施纲要》《中华人民共和国政府和阿拉伯埃及共和国政府关于共同推进丝绸之路经济带和21世纪海上丝绸之路建设的谅解备忘录》《关于苏伊士经贸合作区的协定》《中华人民共和国商务部与阿拉伯埃及共和国航空部关于开展区域航空合作的谅解备忘录》。

2018 年 9 月，塞西总统访华期间，两国政府和机构签署《中埃关于提供无偿援助的经济技术合作协定》《中埃关于提供无息贷款的经济技术合作协定》《关于中国向埃及提供优惠贷款框架协议》《埃及中央银行人民币贷款协议》《中埃 2018 年产能合作重点项目清单》。

2021 年 11 月，双方于开罗签订《中埃经济技术合作协定》，涉及医疗卫生、教育、交通、信息通信和航天等领域，体现了中埃全面战略伙伴关系的高水平务实合作。

十四、在埃及解决纠纷的适用法律及主要途径

（一）解决纠纷的适用法律

解决商务纠纷的埃及本地法律主要有：《民事和商务程序法（13/1968）》《埃及仲裁法（27/1994）》《商业法（17/1999）》《经济诉讼法（120/2008）》《投资法（72/2017）》《破产法（11/2018）》。

《投资法》第五章“处理投资纠纷”规定了投资者与政府友好协商解决投资争端的畅通渠道。投资总局负责协调投资者与各政府部门发生的矛盾和纠纷。法律规定建立三个委员会：申诉委员会受理对投资总局行政决定的投诉；处理投资纠纷部际委员会受理所有与政府和国有企业有关的投资事务争议；处理投资合同纠纷部际委员会负责协调所有与政府和国有企业有关的合同争议，并有权出于保护公共利益和投资者权益的需要，重新制定合同条款。如果不服

三个委员会的决定，可选择具有独立法人资格的仲裁机构仲裁，或选择上诉至法院。

（二）解决纠纷的主要途径

埃及经贸纠纷解决渠道主要包括诉讼、仲裁和国际争议解决。因伊斯兰教在埃及的影响力，埃及司法体制呈现出大陆法系与伊斯兰法系融合的特点。埃及是《华盛顿公约》缔约国，投资纠纷也可交由国际投资争端解决中心解决。

1. **诉讼**

（1）诉讼体系。埃及普通法院分为四级，即简易法院、初级法院、上诉法院、最高法院。

①简易法院。埃及全国共有简易法院约 150 个，负责审理轻微刑事案件，以及少于 5000 埃镑的小额民商事案件，通常由 1 名法官负责审理。

②初级法院。初级法院负责审理刑事案件以及 5000 埃镑以上的民商事案件和不服简易法院判决的案件。初级法院根据案件情况分为独任审判和合议庭审判。埃及初级法院一般设在省府城市，全国共有 28 个初级法院。

③上诉法院。埃及共有 6 个上诉法院，分设在各大城市。上诉法院审理案件由 3 名法官组成合议庭进行，负责审理不服初级法院判决的上诉案件和一审的重罪案件。判处死刑的案件不论被告人是否上诉都需提交最高法院审核。

④最高法院。埃及最高法院负责审理不服上诉法院判决的上诉案件和审理违反法律以及严重违反法定程序规定的案件。最高法院有权撤销原审判决，也有权改变原审判决。

（2）诉讼程序。

①启动程序。在合同或商业索赔中，索赔人使用法院程序必须首先向被告发出通知，使被告有机会获知索赔程序，进行清偿或准备诉讼程序。

②通知程序。通知被告和辩护人时限通常为一周。如果被告在通知所规定的时间内未遵守程序进行应诉，索赔人可以通过向法院书记员登记索赔说明来启动诉讼。如果被告不居住在埃及，则可通知埃及检察机关经外交渠道发送通知。

③诉讼阶段。被告收到索赔说明后，法院允许当事人通过书面备忘录和书面文件提交论点。被告在收到索赔说明时并不用立即提交辩护书，但需要在法庭辩论环节中提交。一审法院口头辩论环节比较简便，一般持续几周或几个月时间。一审诉讼阶段通常需要 2~3 年的时间。上诉法院通常将一审案件视为一个新的诉讼程序，可对事实调查结果进行更改。上诉阶段可能需要长达两年的时间。在民商事案件中，可对法律适用存在错误的判决向最高法院提出进一步上诉。

点评：

埃及法院常用民商事案件诉讼时效：终止商业代理关系诉讼，代理人必须在 90 天内采取行动。货物买卖瑕疵担保责任纠纷，须在交货后 1 年内提出。建筑合同质量责任纠纷，须在缺陷明显或发生坍塌后 10 年内提出。商业票据纠纷因支票、汇票、本票不同，有不同时限规定。侵权责任一般为自知道损害事实和责任人之日起计算 3 年时效期。

[**案例** 4-3]

中资企业购买钢材遭违约报案久无进展。2017 年 6 月，某中资企业在埃及市场上采购钢材，但供应商未按合同供货，也不退还预付款。该企业向警方报案，并将供应商起诉至法院，6个多月后仍无进展，司法机构效率堪忧。

[**案例4-4**]

埃及警察执法时滥用职权损害中资企业利益。2017年9月，某中资企业部分经营场所遭开罗警察部门查封，被指控使用仿冒配件组装手机、中方员工无工作许可、经营场所无营业执照等。据企业反馈，案件审理过程中，司法程序规范，法院判决较为公正，企业并无异议，但警察等执法部门随意扩大查封范围、不出示搜查令、查封物品不提供收据、不提供任何举报线索信息等，使企业合法权利受到侵害。

点评：

埃及的司法诉讼效率较低，但法院审理公正性较强。企业可在自身权益受到侵害时选择诉诸法院，应注重留存证据，确保程序正义。

2. 仲裁

《埃及仲裁法（27/1994）》以《联合国国际商事示范法》为基础，与国际商事仲裁标准保持高度一致。根据埃及加入的国际法准则，仲裁法适用于公法和私法管辖的法人或自然人之间的一切仲裁，无论纠纷产生的法律关系如何。仲裁法不仅适用于在埃及进行的仲裁，也适用于在国外进行的国际仲裁，但须经各方当事人同意。

埃及的常设仲裁机构为“开罗国际商事仲裁区域中心”，该中心成立于1979年，是一个独立、非营利的国际组织，由亚非法律咨询委员会（AALCO）根据1978年多哈回合谈判中提出的，在亚洲和非洲建立地区性的国际商事仲裁机构这一决议而赞助成立。1979年，AALCO和埃及政府就设立开罗国际商事仲裁区域中心达成协议，并试运行 3 年。1983 年，AALCO 和埃及政府再次订立协议，确立了开罗国际商事仲裁区域中心的永久性法律地位。目前，AALCO 已在马来西亚的吉隆坡和埃及的开罗设立区域性常设仲裁中心，由亚非国家自我管理。这些仲裁中心的目标，是促进亚非地区的国际商事仲裁，与现有的仲裁机构合作并为其提供帮助，帮助实施临时仲裁，尤其是根据联合国国际贸易法委员会进行的临时仲裁，促进仲裁裁决的执行，以及提供该中心管理下的仲裁。

点评：

在 2012 年至 2021 年期间，开罗国际商事仲裁区域中心共登记了 743 起案件，包括 646 起机构案件（占 87%）和 97 起特别诉讼（占 13%）。

（1）仲裁协议。仲裁协议是指双方在发生法律关系时，为解决纠纷而签订的协议。仲裁协议可独立存在，也可在合同中写明仲裁条款。仲裁协议须以书面形式达成，签有仲裁协议的纠纷提交法院后，如果被告在进行申辩之前提出抗辩，则法院将不受理此案，但不影响将纠纷提交仲裁或继续仲裁程序。当事人一方要求采取临时措施或预防措施时，可以在仲裁开始前或进行时向法院提出申请。

（2）仲裁庭。仲裁庭经由双方当事人一致同意组成，若双方就仲裁员人数不能达成一致，则由 3 名仲裁员组成。仲裁员超过 2 人时人数应为奇数，否则仲裁协议无效。仲裁各方可就仲裁员的选择、选择方法和时间达成一致。如未能达成一致，则应采取以下步骤：①如仲裁庭由一名仲裁员组成，则由法院根据当事人一方的请求，选择仲裁员。②仲裁庭的人数确认后，紧接着便是当事人双方指定仲裁员，如仲裁庭由 3 人组成，双方各指定一人，再由双方所指定的仲裁员共同指定第三位仲裁员。任何一方在接到另一方请求 30 天内未能指定仲裁员，或者经由双方所选出的仲裁员未能在30日的期限内选出第三位仲裁员的，应由法院进行选取，确定第三位仲裁员为首席仲裁员。

(3) 仲裁程序。仲裁程序可使用埃及境内的仲裁程序，也可在双方当事人一致同意的前提下选择埃及境外的仲裁中心或组织的仲裁程序，双方选择不一致时，由仲裁庭选择适当的仲裁程序。

仲裁申请人应在双方同意或仲裁庭决定的日期内，向被申请人和各仲裁员提交案件书面说明。被申请人应在规定日期内向申请人和各仲裁员提交申辩备忘录，答复申请人说明的内容，也可附带提出要求或坚持撤销仲裁。

仲裁庭应将开庭时间提前告知仲裁各方。若仲裁的一方没有正当理由或者没有提交书面理由的，仲裁庭不会暂停仲裁程序。如被申请人未能提交申辩备忘录，仲裁庭不受影响，将继续仲裁程序。仲裁庭仅根据现有提交的证据作出判决，一方当事人没有提交或未及时提交的，不影响仲裁程序的进行。在仲裁庭受理纠纷后，如纠纷一方已向法院起诉，提出起诉的一方应当停止起诉。

(4) 仲裁裁决与仲裁终止。仲裁适用法律由双方协商一致，若未能达成一致意见，可以由仲裁庭决定应适用的法律。仲裁庭的裁决应当以书面形式作出，仲裁员应在仲裁裁决签字，未签字的仲裁员需在仲裁裁决中予以注明。仲裁裁决须在作出的30日内公布并送达。

在以下情形中，仲裁裁决可以撤销：①没有签订书面仲裁协议或仲裁协议无效。②签署仲裁协议的任意一方，签署时意思表示不真实或者无权签署协议。③指定仲裁员的有效通知以及仲裁程序的通知未到达仲裁当事人。④仲裁裁决不符合仲裁各方约定适用的法律。⑤仲裁庭的组成或仲裁员的指定方法与仲裁法或仲裁协议相违背。⑥仲裁裁决事项不属于仲裁协议范围。但如果与仲裁协议范围内事项有关的裁决可同与仲裁协议范围外事项有关的裁决相分割，则仅后者失效。⑦仲裁程序无效。

在申请撤销仲裁裁决的期限内，不得请求执行裁决。在确定下列事项前，法院不得作出执行仲裁裁决的书面命令：①仲裁裁决与法院先前就同类纠纷事项所作裁决不矛盾；②仲裁裁决符合埃及公共秩序；③仲裁的败诉方已经收到仲裁裁决的通知。

（5）仲裁的执行。仲裁裁决一裁终局。除非具有特殊情形，仲裁裁决不得撤销。

3. 国际争端解决机制

国际投资争端解决中心（ICSID）是依据《解决国家与他国国民间投资争端公约》（《华盛顿公约》）建立的，专门解决政府与外国私人投资者之间投资争议的仲裁机构。ICSID 可以受理的争端仅限于一缔约国政府（东道国）与另一缔约国国民（外国投资者）因国际直接投资而引起的法律争议。埃及和中国分别于 1971 年和 1993 年加入该公约。因此，中国投资者与埃及政府因直接投资产生的争议可提交ICSID解决。

点评：

为了便于法院进行民商事和刑事判决的承认和执行，1994 年 4 月中埃双方在北京签订了《中埃民商事、刑事司法协助协定》。根据该协定，对于涉及对方国家当事人的案件，双方可根据该协定的规定进行司法文书送达、调查取证等诉讼程序事项。为了便于法院确定对案件是否具有管辖权，该协定还专门对各自法院受理涉及彼此国家当事人的案件的管辖权作了明确规定。这对于当事人在出现法律争议时决定在哪个国家法院起诉提供了十分明确的依据。

中埃企业发生纠纷可约定以仲裁方式解决，为保障中国企业利益，宜优先约定选择中国境内仲裁机构，如中国国际经济贸易仲裁委员会。中国和埃及都是1959年《承认及执行外国仲裁裁决的公约》（《纽约公约》）的成员国，两国境内仲裁机构作出的裁决均可在对方国家获得承认和执行。在我国境内作出的仲裁裁决申请在埃及承认和执行应附仲裁裁决原件或签字的复印件、有效仲裁协议的复印件。如果裁决不是阿拉伯语，则还需要附有资质的翻译机构翻译的阿拉伯语版本裁决。只要裁决效力无争议，符合埃及的公共政策，符合通知送达等程序条件，该项仲裁裁决就可以得到埃及法院的承认与执行，埃及法院不会再次审查裁决的实体内容。

十五、在埃及投资注意事项

企业在进入埃及投资市场之前，需要进行市场调查，了解当地的市场需求和商机；在投资过程中需要确保所签订的合同和协议符合埃及的法律和监管制度；在招募和管理当地的员工时，需要考虑当地的就业法律和规定。总之，在埃及投资可以获得很多商业机会，但是需要进行充分地研究和准备，以确保投资合法有效，并获得更高的回报。

（一）境外投资

中资企业到当地投资应注意下列问题。

1. 合法合规经营

合法合规经营是企业捍卫自身合法权益的前提条件。例如，有些企业未给中国员工办理工作签证，存在极大的隐患，也无法获得中方的全面领事保护；有些投资者在工业区投资建设厂房后，为节省一时费用，未及时按当地要求验收，导致后期扩建困难，用水用电成本较高等一系列后遗症。

应对措施：杜绝此类风险，重在预防。企业应严格按照埃及法律规定申请相关许可证，切不可抱有侥幸心理。签证方面，企业应严格按照有关规定，向埃及投资与自由区管理总局说明情况，提出申请增加工作签证。只有合法合规经营，企业才能受到当地法律以及中国使领馆的有效保护。

2. 政策透明度

埃及政府部门整体行政管理水平有待提高，政策透明度不高，决策随意性强。有些部门负责人经常更换，每任领导的政策导向存在差异，增加了企业经营的不确定性。

应对措施：积极维系与各政府部门的良好合作关系，及时掌握政策动向。中国企业可与当地企业和代理合作，减少信息不对称。

3. 海外安全保障

埃及安全形势仍然比较严峻，曾发生数起恐袭事件，造成人员伤亡，对中国投资者造成一定心理障碍，对埃及的国际形象也造成一定损害。埃及社会总体比较稳定，治安情况良好，未出现大规模的打砸抢烧等恶性事件。

应对措施：中资企业应强化安全意识，建立安全防范应急机制，制定安全预案，规范出行、财务等管理制度，加强驻地安保设施；企业员工尽量不要私自前往西奈半岛、西部沙漠等偏远地区旅游，避免前往当地大型活动场所、军警禁区等敏感地区。发挥中资企业商会的平台作用，与当地军警部门加强联防工作机制，定期通报安全情况。

4. **社会责任**

一些地方势力有时会要求外来投资者使用当地的设备设施、雇用当地人员、进行社会捐赠等。

应对措施：一方面，大力加强本地化工作。另一方面，高度重视营造和谐的社会关系，积极履行社会责任。例如，在斋月等重大传统节日时开展慈善活动，积极支持当地教育、医疗、环保等事业发展。

5. **排外现象**

埃及当地企业有时会歧视外来投资者，对有关外企采购需求虚报高价，或伙同本地同行串标、围标，给外来投资者带来麻烦。例如，某中资企业在本地采购建筑服务时，曾遭到当地供应商串通，哄抬市场价格，后通过本地合作方招标解决。

（二）对外承包工程

1. **代理商制度**

代理商制度不适用于军事项目。军方的民用基础建设项目允许埃及企业参与咨询，石油公司、私营企业和美援项目的招标对执行代理商制度要求并不严格。

2. **当地风俗**

伊斯兰国家在宗教方面有很多独特的要求和时间安排，例如，每天的祈祷和每年的斋月。承包商要尊重当地的宗教习俗，做好工作安排。

3. **支付货币**

业主通常会要求全部或部分以埃镑支付，承包商需考虑汇兑风险。

4. **项目公司注册**

很多业主会要求承包商在当地成立分公司，以便减少业主对外付款所缴的税款。公司注册和项目报价前要充分咨询当地律师和会计师，避免税务和法律风险。

5. 外汇风险

在外汇短缺的时期，埃及虽然名义上允许投资利润汇出，但实际操作中银行审批时间较长，甚至无法实现。2016 年 11 月实行浮动汇率后，外汇市场运转良好，外汇较为充裕，汇率稳中有升，汇出问题基本解决。但受俄乌冲突和美联储加息，埃目前外汇紧张，埃镑进入贬值通道。中国承包商在签署合同时，应谨慎对待支付货币为埃镑的现汇项目，充分考虑汇兑和通货膨胀风险，争取加入汇率浮动风险相关条款。

6. 军方项目的特殊性

军方项目可直接议标，但需要注意避免各种隐患。例如，如果事先未与军方在合同中明确管理费问题，实施过程中可能会被军方以惯例的名义收取工程管理费。军方的民用项目一般可免税。

7. 权责划分

中国企业在埃及实施工程项目，应与业主划清权责，将与其他部委协调、签证办理、现场工作许可办理等责任交由业主承担，避免中方由于非自身原因影响工期，却承担后果的情况。

[**案例** 4-5]

某中企承担的某铁路项目中，合同规定业主负责车站的给排水、通信接口，中方仅负责车站范围内的相关管道和机电工程。但在实际设计和执行中，业主提出要中方解决车站与市政给排水、通信网络的连接，并与市政公司和通信公司进行协调，违反合同规定，扩大了中方工作范围，造成工程进度的极大被动。

（三）对外劳务合作

埃及是劳务输出大国，国内失业率一直较高，政府严格限制外国劳务进入埃及市场。工程项目中遇到埃及员工无法胜任的工作，外籍员工可获得工作许可，期限为一年，可每年续签，续签年限不得超过三年。企业通过在埃及的法人实体向埃及人力资源与移民部提交工作许可申请，并提供外籍人员计划任职的企业的相关文件。工作签证将发放给已获得工作许可的外籍人员。获工作许可后，外籍人员的签证可转为工作签证，有效期与工作许可期限相同。按照埃及法律，外籍人员占比不得超过10%，特殊情况不超过20%。如果执行项目时，确实需要大量国内人员，建议企业可排出计划表，通过业主申请额外的工作签证。

近年来，中资企业在埃及承包工程业务增长迅速，承揽了一系列大型工程项目，在埃及劳务人员迅速增加。业务蓬勃发展的同时，也面临一些问题。一是由于工程层层分包、合同不规范、薪酬发放不到位等引发的劳务纠纷问题。特别是从近年受理劳资纠纷的情况看，中国个体建筑企业发生的问题较多，其在国内进行的劳务招聘往往是个人行为，不签订合同，致使一些劳务人员的合法权益得不到保障。二是随着中国国内建筑市场工人的收入明显增加，海外用工成本大幅上涨，使得国外劳务招工越来越难。

（四）防范投资合作风险

1. 投资风险管理

在埃及开展投资、贸易、承包工程和劳务合作的过程中，要特别注意事前调查、分析、评估相关风险，事中做好风险规避和管理工作，其中包括调查和评估项目或贸易客户及相关方的资信，分析和规避项目所在地的政治风险和商业风险，分析项目本身实施的可行性等。企业应积极利用保险、担保、银行等保险金融机构和其他专业风险管理机构的相关业务保障自身利益，包括贸易、投资、承包工程和劳务类信用保险、财产保险、人身安全保险等，银行的保理业务和福费廷业务，各类担保业务（政府担保、商业担保、保函）等。

2. 本地化

中国企业应高度重视本地化工作，自觉履行社会责任，积极回馈埃及社会，注重授人以渔，帮助埃及增强自主发展能力，秉承正确义利观，实现中埃互利共赢目标。例如，加快企业员工本地化进程，打造本地化管理团队；加大对埃及技术投入、转让、开发力度；尽量采购当地原材料，提高本地成分占比；开拓埃及以外的国际市场，通过出口创汇减轻埃方外汇压力；与本地企业成立联合体或合资公司，共担利益风险；加强对本地行业标准研究，推进中国标准与本地和国际标准接轨等。

3. 加强沟通

中国企业应加强与埃及投资合作管理部门的沟通，详细了解安全审查制度，充分准备相关审批材料，及时通过本地代理等各种渠道，了解工作进度。目前，安全审查用时基本控制在 3 个月左右。要加强与海关和行业主管部门沟通，提前了解进口自用设备、原材料的相关规定和判断标准，如果清关发生问题，要做好解释工作，并及时向使馆经商处寻求帮助。

4. 市场调研

埃及市场情况复杂多变，信息不透明。要作出合理的投资决策，不仅需要考虑市场本身，还要考虑营商环境、社会关系、运营能力等多方面因素。不同背景的企业投资相同的项目，其经营效益可能大相径庭。如果得到相关市场消息，应当通过多方渠道核实调查，掌握第一手资料，以防止发生误判，避免跟风投资和盲目投资。另外，埃及中小型公司数量多，资信参差不齐，应慎重选择合作伙伴。

Chapter 5
第五章

工程项目投建营全生命周期中的合规要求

作为企业风险管理重要组成部分的项目合规管理，首先要识别合规义务，即合哪些规。企业应以适合其规模、复杂性、结构和运行的方式记录其合规义务。合规义务的来源包括合规要求和合规承诺。

1. 合规要求

合规要求指企业必须遵守的外部各项法律法规、监管规定。

（1）境内经营：境内工程建设相关的法律、法规、部门规章。

（2）境外经营：强调所在国的法律法规、国际条约、规则等。强调对外承包工程相关的投标管理、合同管理、项目履约、劳工权利保护、环境保护、连带风险管理、债务管理、捐赠与赞助、反腐败、反贿赂等方面的要求。

2. 合规承诺

合规承诺指企业自愿遵守的指引、合约、协议、内部章程、规定等。

按内容划分，合规义务又可以分为以下四类：

（1）法律、法规、规章、政策；

（2）行业协会等自律性组织的规范、标准、惯例等；

（3）公司章程及企业内部规章制度；

（4）诚实守信的职业道德。

我们按工程项目投建营全生命周期，梳理了各个阶段的合规要求。

一、第一阶段：项目前期论证

在埃及开展工程项目的投资、建设和运营势必需要严格遵守埃及关于投资、工程建设、环保、法律、税务等方面的要求和规定，是企业在埃及正常经营的前提，也是企业在埃及获得长期稳定发展的必要条件。

（一）中国境内合规要求

中资企业开展境外投资活动前，应当完成中国境内的核准、备案程序，避免出现境外工作完成后因境内合规问题导致投资失败的风险。

1. 中国境内相关政策法规

中资企业境外投资需要遵守的国内相关政策法规主要包括：国家发展改革委、商务部、国家外汇局、国务院国资委等部门制定的相关政策法规等，具体内容见表 5-1。

表 5-1　中资企业境外投资需要遵守的国内相关政策法规

序号	部门规章	发文机构	发布时间
1	《境外投资管理办法》	商务部	2014 年
2	《企业境外投资管理办法》	国家发展改革委	2017 年
3	《境内机构境外直接投资外汇管理规定》	国家外汇局	2009 年
4	《关于境内居民通过特殊目的公司境外投融资及返程投资外汇管理有关问题的通知》	国家外汇局	2014 年

续 表

序号	部门规章	发文机构	发布时间
5	《关于进一步改进和调整资本项目外汇管理政策的通知》	国家外汇局	2014 年
6	《关于进一步简化和改进直接投资外汇管理政策的通知》	国家外汇局	2015 年
7	《关于驻外经商机构为企业办理对外承包工程项目投标（议标）核准意见的暂行规定》	商务部办公厅	2015 年
8	《关于进一步推进外汇管理改革完善真实合规性审核的通知》	国家外汇局	2017 年
9	《中央企业境外投资监督管理办法》	国务院国资委	2017 年
10	《关于进一步引导和规范境外投资方向的指导意见》	国家发展改革委、商务部、人民银行、外交部	2017 年
11	《对外承包工程管理条例（2017 年修订）》	国务院	2017 年
12	《境外投资敏感行业目录（2018 年版）》	国家发展改革委	2018 年
13	《对外投资备案（核准）报告暂行办法》	商务部、人民银行、国务院国资委、银监会、证监会、保监会、国家外汇局	2018 年
14	《关于做好国内企业在境外投资开办企业（金融企业除外）核准初审取消后相关工作的通知》	商务部办公厅	2018 年
15	《对外投资备案（核准）报告实施规程》	商务部办公厅	2019 年

续 表

序号	部门规章	发文机构	发布时间
16	《关于加强疫情期间境外工程项目和在外人员统计的通知》	商务部办公厅	2020 年
17	《关于促进对外设计咨询高质量发展有关工作的通知》	商务部等 19 部门	2021 年
18	《对外投资合作绿色发展工作指引》	商务部、生态环境部	2021 年
19	《数字经济对外投资合作工作指引》	商务部、中央网信办、工业和信息化部	2021 年
20	《对外承包工程业务统计调查制度》与《对外承包工程业务统计调查制度》（修订）	商务部	2022 年
21	《关于推进共建“一带一路”绿色发展的意见》	国家发展改革委、外交部、生态环境部、商务部	2022 年
22	《关于继续做好境外企业和对外投资联络服务平台相关工作的通知》	商务部	2023 年
23	《境外中资企业机构和人员安全管理指南》	商务部	2023 年
24	《对外承包工程项目备案和立项管理办法》	商务部	2024 年

点评：

法律法规动态更新，可查询我国商务部“走出去”公共服务平台（fec. mofcom. gov. cn）查看最新的政策法规。

2. 境内核准/备案流程及主要规定

（1）国家发展改革委相关规定。对敏感类项目实行核准管理，对非敏感类项目实行备案管理。具体如表 5-2 所示。

表 5-2　国家发展和改革委员会相关规定

项目分类	境内企业直接开展投资	境内企业通过其控制的境外企业开展投资	具体内容
敏感类项目	核准（国家发展改革委）	核准（国家发展改革委）	实行核准管理的，投资主体向核准机关提交项目申请报告并附具有关文件，项目申请报告应当包括以下内容：投资主体情况；项目情况，包括项目名称、投资目的地、主要内容和规模、中方投资额等；项目对我国国家利益和国家安全的影响分析；投资主体关于项目真实性的声明。 核准机关应当在收到项目申请报告之日起 5 个工作日内一次性告知投资主体需要补正的内容。核准机关应当在受理项目申请报告后 20 个工作日内作出是否予以核准的决定。项目情况复杂或需要征求有关单位意见的，经核准机关负责人批准，可以延长核准时限，但延长的核准时限不得超过 10 个工作日，并应当将延长时限的理由告知投资主体。符合核准条件的项目，核准机关应当予以核准，并向投资主体出具书面核准文件。

续 表

<table>
<tr><th>项目分类</th><th>境内企业直接开展投资</th><th>境内企业通过其控制的境外企业开展投资</th><th>具体内容</th></tr>
<tr><td rowspan="2">非敏感类项目</td><td>央企、大额：备案（国家发展改革委）

央企、非大额：备案（国家发展改革委）</td><td>央企、大额：报告（国家发展改革委）

央企、非大额：无须履行手续</td><td rowspan="2">实行备案管理的，投资主体通过网络系统向备案机关提交项目申请报告并附具有关文件。项目备案表或附件不齐全、项目备案表或附件不符合法定形式、项目不属于备案管理范围、项目不属于备案机关管理权限的，备案机关应当在收到项目备案表之日起 5 个工作日内一次性告知投资主体。备案机关在受理项目备案表之日起 7 个工作日内向投资主体出具备案通知书。
投资主体通过其控制的境外企业开展大额非敏感类项目的，投资主体应当在项目实施前通过网络系统提交大额非敏感类项目情况报告表，将有关信息告知国家发展改革委。投资主体提交的大额非敏感类项目情况报告表内容不完整的，国家发展改革委应当在收到之日起 5 个工作日内一次性告知投资主体需要补正的内容。</td></tr>
<tr><td>非央企、大额：备案（国家发展改革委）

非央企、非大额：备案（省级发改委）</td><td>非央企、大额：报告（国家发展改革委）

非央企、非大额：无须履行手续</td></tr>
</table>

表 5-2 中的“敏感类项目”指涉及敏感国家和地区的项目和涉及敏感行业的项目。

“敏感国家和地区”指未与我国建交的国家和地区；发生战争、内乱的国家和地区；根据我国缔结或参加的国际条约、协定等，需要限制企业对其投资的国家和地区；其他敏感国家和地区。

“敏感行业”指由国家发展改革委发布的敏感行业目录（2018 年 1 月 31 日发布）中涉及的行业，例如武器装备的研制生产维修、跨境水资源开发利用、新闻传媒、房地产业，根据我国法律法规和有关调控政策需要限制企业境外投资的行业等。

“大额”指中方投资额 3 亿美元及以上。

（2）商务部相关规定。2018 年 1 月 25 日，商务部、人民银行、国务院国资委、银监会、证监会、保监会、国家外汇局共同发布了《对外投资备案（核准）报告暂行办法》（商合发〔2018〕24 号），规定由商务部牵头对外投资备案（核准）报告信息统一汇总，各部门定期将备案（核准）信息和报告信息通报商务部，实行“备案为主、核准为辅”的管理方式。

2018 年 8 月和 2019 年 7 月，商务部分别出台《关于做好国内企业在境外投资开办企业（金融企业除外）核准初审取消后相关工作的通知》《对外投资备案（核准）报告实施规程》，明确了相关工作细则。

企业境外投资涉及敏感国家和地区、敏感行业的，实行核准管理。企业其他情形的境外投资，实行备案管理。实行核准管理的国家主要是未与中华人民共和国建交的国家、受联合国制裁的国家。必要时，商务部可另行公布其他实行核准管理的国家和地区的名单。实行核准管理的行业主要是涉及中华人民共和国限制出口的产品和技术的行业、影响一国（地区）以上利益的行业。

2024 年 5 月，商务部发布《对外承包工程项目备案和立项管理办法》（以下简称《办法》），于 2024 年 7 月 1 日起施行。《办法》旨在通过规范化管理，促进对外承包工程行业的健康发展，同时保障国家利益和企业权益。《办法》的核心内容包括：

①一般项目备案管理。在外交关系良好、安全风险低的国家承包

的非多国利益项目，企业需在商务主管部门备案，并对信息负责。

②特定项目立项批准。在外交关系不良或风险高的国家的项目，以及涉及多国利益的项目，需商务部批准。

③项目信息报告。企业需定期向相关部门报告项目进展，并在突发事件发生时立即报告。

④业务分级管理。商务部负责全国管理，省级商务部门负责地方企业备案和监督。商务主管部门提供服务保障，支持合规经营，并对违规企业进行处罚。

（3）国家外汇管理局相关规定。银行按照国家外汇管理局《直接投资外汇业务操作指引》直接审核办理境外直接投资项下外汇登记，国家外汇管理局及其分支机构通过银行对直接投资外汇登记实施间接监管（见表5-3）。

表5-3 国家外汇管理局相关规定

分类	规定内容
境外直接投资前期费用登记	（1）境内机构（含境内企业、银行及非银行金融机构，下同）汇出境外的前期费用，累计汇出额原则上不超过300万美元且不超过中方投资总额的15%。 （2）境内机构汇出境外的前期费用，应列入其境外直接投资总额。 （3）银行通过资本项目信息系统为境内机构办理前期费用登记手续后，境内机构凭《业务登记凭证》直接到银行办理后续资金购付汇手续。 申请材料： （1）《境外直接投资外汇登记业务申请表》。 （2）营业资质许可（尚未办理“五证合一”的企业，还需提供组织机构代码证）。

续 表

分类	规定内容
境外直接投资前期费用登记	(3) 境外投资资金来源证明、资金使用计划和董事会决议（或合伙人决议）、合同或其他真实性证明材料。 注意： 境内机构为其境外分支、代表机构等非独立核算机构购买境外办公用房的，需提交以下材料： (1)《境外直接投资外汇登记业务申请表》； (2) 境外设立分支、代表机构等非独立核算机构的批准/备案文件或注册证明文件； (3) 境外购买办公用房合同或协议； (4) 其他真实性证明材料。
境内机构境外直接投资资金汇出	银行要求的审核材料主要有： (1)《境外直接投资外汇登记业务申请表》。 (2) 营业资质许可或注册登记证明及组织机构代码证（多个境内机构共同实施一项境外直接投资的，应提交各境内机构的营业资质许可或注册登记证明及组织机构代码证）。 (3) 非金融企业境外投资提供商务主管部门颁发的《企业境外投资证书》，金融机构境外投资提供相关金融主管部门对该项投资的批准文件或无异议函。 (4) 境外投资资金来源证明、资金使用计划和董事会决议（或合伙人决议）、合同或其他真实性证明材料。 (5) 外国投资者以境外股权并购境内公司导致境内公司或其股东持有境外公司股权的，另需提供加注的外商投资企业批准证书和加注的外商投资企业营业资质许可。 (6) 其他真实性证明材料。

点评：

企业开展对外投资之前，应针对具体投资项目向各部门确认具体流程及要求。同时，国家对于境外投资行业的政策可能随时变化，因此，投资者应当关注我国针对具体行业的境外投资政策，特别是敏感行业或国家战略不支持的行业的政策变动，及时向相关部门咨询、核实。

（二）埃及工程建设行业相关法律法规

埃及没有专门适用于国际工程承包的法律规则，其对国际工程承包法律关系的调整，主要是由国内一些相关法律来进行。根据埃及现行法律，对外国承包商在埃及从事工程承包进行调整的法律法规主要有以下这些：

《投资法（72/2017）》（2019 年修订）、《经济特区法（83/2002）》（2015 年修订）、《可再生能源法（203/2014）》、《电力法（87/2015）》、《统一电力法（70/2021）》、《矿产资源法（145/2019）》、《民商事诉讼法（13/1968）》、《劳动法（12/2002）》、《所得税法（30/2023）》、《房地产法（117/2014）》、《增值税法（67/2016）》（2020 年修订）、《海关法（207/2020）》、《印花税法（76/2017）》、《公共采购法（182/2018）》、《建筑法（119/2008）》、《建筑法实施条例（144/2009）》、《埃及建筑商联合会法（104/1992）》等。

以上法律法规和规范都与埃及工程建设行业相关，文件可在各个部委的网站上（见附录 1）查询下载，建议在实际操作中仔细了解和遵守。

在遵守上述法规同时，还需要注意埃及当地的文化礼仪、宗教习俗和商业伦理等方面，以确保企业或项目在当地的合规经营和可持续发展。

（三）前期论证各子阶段

1. 投资机会研究

（1）投资机会研究方法。第一步：制定对外投资战略。必须明确对外投资应实现的战略目标，首先需初步确定投资地与投资行业。

第二步：投资环境分析。必须去研究目标投资地的政治、经济、法律体系和税制、行业发展情况、劳动力市场与重大风险因素等内容。

第三步：制定市场进入战略。需要确定投资的方式，例如参股、合资投资等，并且制定市场进入战略与行动计划。

（2）埃及承包市场分析。

①营商环境概况。埃及是我国开展经贸投资合作的重要对象之一，其地理位置独特，与中国合作历史悠久，中埃之间具有产业互补优势。第一，埃及作为北非国家，地处亚欧非三大洲交界处，是“21 世纪海上丝绸之路”的重要沿线国，具有对接“一带一路”倡议的地理优势。埃及是第一个与中国建交的阿拉伯和非洲国家，两国之间的合作历史悠久。第二，中埃之间具有产业互补优势。油气、纺织、钢铁以及农业等产业作为埃及重点产业，与中国相应产业形成互补，中国对油气、农产品等的需求以及在纺织、钢铁产业上的先进技术契合埃及的进出口和投资需要。

2022 年，埃及在“一带一路”沿线国家中，营商环境测评排名第 8 位，较 2021 年下降 1 位；在世界银行发布的 2020 年营商环境排名中位列第 114 位。具体来看，随着国际市场天然气价格大幅攀升，埃及液化天然气出口大幅增加，经常账户赤字压力有所缓解；通过改善投资环境政策、发展基础设施建设等，加大经济改革力度，以提高竞争力，并恢复投资者对埃及经济的信心；通过简化审批程序、缩短开办企业时间、降低企业注册成本等措施，持续改善营商环境，保证了埃及外商直接投资流入的上升。但是，与其他国家相比，埃及主权偿付能力和行业环境还有较大提升空间，基础设施发展或面临公共债务压力上升和经济结构脆弱性等风险。

2022 年以来埃及国内通货膨胀的压力增大，虽然埃及央行采取加息措施平抑通胀压力，但短期内仍将面临国际大宗商品价格上涨等输入型通胀压力。此外，埃及国际储备的下降推高了本币贬值风险，压力可能传导至原材料成本和经营成本。金融市场稳定性的降低也是融资成本升高的重要原因之一。

②埃及工程承包市场的总体情况。得益于“一带一路”倡议的推进落实，中国对外承包工程行业保持了较快的增长速度，超过 60 家中国企业进入全球最大 250 家国际承包商榜单。据中国商务部统计，2021 年中国企业在埃及新签承包工程合同 40 份，新签承包工程合同额 39. 6 亿美元，完成营业额 19. 5 亿美元。埃及是中东地区最具影响力的国家之一，是中东地区的重点市场。

受经济和人口增长刺激，以及政府力求打造区域供电枢纽的战略考量相关因素带动，未来埃及在提高发电能力方面具有较强动力，其中太阳能发电市场投资机会较多。交通方面，埃及政府积极推动交通多元均衡发展，铁路、公路建设取得突出进展。另外，埃及水资源短缺风险较高，未来海水淡化以及污水、废水处理等领域蕴藏较大市场机遇。

③埃及工程承包市场的 SWOT（优势、劣势、机会、威胁）分析。基于埃及工程承包市场的状况，对中国工程承包企业在埃及开拓工程承包市场进行 SWOT 分析，分析如下：

· S（优势）：

一是涉及业务领域广。相对于埃及当地承包商，中国工程机电产品专业领域齐全，尤其在各类建筑、交通运输、水利电力和通信等方面都有掌握核心技术并具备国际竞争力的大型企业。

二是实施项目的能力强。中国大型工程承包企业的工程施工能力和配套能力强，承揽大型项目的能力强，如今已经成功在埃及执行多个大型 EPC 项目，如阿斯旺水泥厂、埃及北西奈水泥厂、中萨钻井、本哈电站等大型工程项目。

三是中埃两国政治关系紧密。中埃两国建交以来签订了很多贸易协定、支付协定等双边协议，两国在农业、科技、金融、旅游、环境、医疗、能源、和平利用核能、航天技术、信息及通信技术等各个领域开展了广泛而深入的合作，有力地推动着两国战略合作伙伴关系的发展。

· W（劣势）：

一是金融服务体系不完善。埃及的政治、金融和商业风险都较高。而中国出口信贷及出口信用保险机构的风险管理能力不如欧美国家，对埃及工程承包的承保条件要求过高，承保难；同时，保险费率较高，加重了中国对外承包工程企业的成本负担，降低了中国国际承包工程企业在埃及市场的竞争力。

二是技术标准和规范劣势。由于地理环境和英国殖民的原因，埃及的工程技术标准基本沿袭或照搬西欧的工程技术标准和规范。许多埃及高官和专家有欧美留学经历，对西方标准、技术和设备存有天然好感，而对中方综合实力特别是产品质量缺乏全面客观的认识，甚至存有严重偏见。中国特有的工程技术标准和规范不被埃及认可。国内设计院普遍不熟悉欧洲工程技术标准和规范，导致国内设计院的设计经常不符合合同文件的要求，很难获得埃及业主和咨询工程师的批准。为此，许多中国企业不得不将工程设计转包给欧洲工程设计公司或高价聘请国际知名咨询公司协助进行项目管理，从而丧失核心设备采选的主动权。

三是经营分散，企业参差不齐。大多数中国国际工程承包企业的二级企业仍然处于独立经营、分散经营的状态，这就使得大型企业的规模和实力优势无法在国际工程市场上发挥优势。一些国际承包工程企业规模偏小、资质差、自有资金有限、负债率较高、流动资金周转困难，有些企业甚至无法开具项目所需的银行保函，对于带资承包、BOT（建设-经营-移交）项目采取回避态度，对于大型项目更是不敢问津，错过了很多好项目。

·O（机会）：

埃及政府发布《埃及愿景 2030》，在各领域实施大型“国家项目”，对电力、交通以及油气等相关基础设施建设作出明确规划，为基础设施发展提供政策支持。同时，近年来埃及政治局势稳定，经济发展成效显著，为基础设施行业发展营造了有利的外部环境。总体来看，在经济和人口增长的刺激下，以及埃及政府力求打造区域供电枢纽的战略考量，未来埃及在提高发电能力方面具有较强动力，其中尤以太阳能发电市场的投资机会较大。同时，埃及在铁路、公路、港口、内河航运、物流中心以及干散货码头等交通领域，以及海水淡化和污水、废水处理等水务领域发展需求大，蕴藏巨大市场机遇。

·T（威胁）：

中国公司在埃及开拓工程市场首先要面临来自当地大承包商以及西方公司的强有力的竞争威胁。此外，埃及国内安全形势仍然不稳定。尽管近年来，在埃及政府的严厉打击下，恐怖主义事件发生频率明显下降，但盘踞在西奈半岛的“伊斯兰国”组织一直难以根除，且伺机向半岛外扩张势力。同时，在俄乌冲突影响下，埃及的粮食安全受到威胁，通货膨胀压力高居不下，居民生活成本明显上升，加之一直以来民众对政府腐败问题的关注，反政府抗议示威活动可能增加。社会安全风险的上升对相关区域的项目建设造成一定负面影响，包括推高项目建设成本、威胁施工人员人身安全、阻碍项目进度等。

点评：

埃及承包工程市场云集了本国、阿拉伯地区、欧洲、日韩等大型工程企业，企业之间竞争十分激烈。修订后的《投资法》放松了外国企业在埃投资的条件，更加剧了竞争。

以电力市场为例，长期以来美国通用电气（GE）是埃及大型燃气轮机市场的老大。2015 年 6 月，埃政府与西门子签署 80 亿欧元燃气电站及风力发电合同，通用电气大受刺激。据悉，西门子将为该电站项目提供 85%的欧元贷款。西门子每个电站 EPC 报价仅为 20 亿欧元，属盈亏平衡点，甚至可能微亏，如此低的报价中国企业也很难报出。燃气电站维护费用高昂，业内人士认为西门子寄希望于从今后 25~30 年的电站维修和配件中获取丰厚利润。GE 积极跟进，通过美国进出口银行，参照西门子的融资条件为埃及新建一个 450 万千瓦的联合循环燃气电站，并在即将建成的 150 万千瓦电站改造项目上作出巨大让步，通用电气原报价 9 亿美元，在西门子的竞争压力下，接受了埃方 6.5 亿美元的价格。

西门子的“低价”竞争，不仅给通用电气，也给中国企业造成巨大压力。2014 年塞西总统访华期间，埃政府与中国电建企业签订了装机容量为 2 万兆瓦的燃煤电站合作备忘录，希望以“EPC+F”（设计-采购-施工总承包+融资模式）的方式与中企合作，西门子和通用电气也采用此方式在埃承建电站，其在融资方面具有很强的竞争优势。同时，埃及电力领域的外债负债率大幅增加，这对中企燃煤电站的融资造成更大的压力和更多的风险。项目报价、西方的融资条件、贷款的优惠度和利率等，均是埃方对中国企业施压的重要砝码。埃政府正积极利用各方竞争，甚至挑起竞争，坐收渔翁之利。

2. 初步可行性研究

当企业确定投资领域，获得投资项目清单后，需要进行初步可行性研究来进一步确定拟投资的项目。

初步可行性研究是指在项目意向经过投资机构研究认为具有投资的可能性后，进一步对拟建项目建议进行粗略的技术经济分析，以确定投资机会是否具有可行性，项目范围是否值得通过进一步的可行性研究进行详细分析，是否有一些方面对它的可行性是关键性的，并且有必要通过职能研究或辅助研究（如市场研究、实验室试验、中间试验等）进行深入调查，甚至根据初步可行性研究的结论就可作出投资决策。

对埃及投资初步可行性研究，应重点关注项目细分市场需求情况，从政府政策及相关风险方面、市场竞争价格、物资与劳动力获取、施工技术等方面进行分析。

3. 可行性研究

确定拟投资项目后，企业需要开展可行性研究。除财务可行性调研外，境外投资前期调研还应包括投资必要性、技术可行性、组织可行性、经济可行性等调研。

（1）可行性研究框架。

①投资必要性。根据市场调查及预测的结果、有关产业政策等因

素，论证项目投资建设的必要性。在投资必要性的论证上，一是做好投资环境分析，对构成投资环境的各种要素进行全面的分析论证；二是做好市场研究，包括市场供求预测、竞争力分析、价格分析、市场细分、定位及营销策略论证等。

②技术可行性。应从项目实施角度，合理设计技术方案，并进行比选和评价。各行业不同项目技术可行性的研究内容及深度差别较大。工业项目可行性研究的技术论证应达到能明确列出设备清单的深度；非工业项目可行性研究的技术论证应达到工程方案初步设计的标准，以便与国际惯例接轨。

③组织可行性。制订合理的项目实施进度计划，设计合理的组织架构，选择经验丰富的管理人员，构建良好的协作关系，制订合适的培训计划等，以确保项目顺利执行。

④经济可行性。从资源配置的角度，衡量项目的价值，评价项目在实现区域经济发展、有效配置资源、增加供应、创造就业、改善环境等方面的效益。

⑤社会可行性。分析项目对当地社会的影响，包括经济发展、就业增加、法律道德、宗教民族、妇女儿童及社会稳定性等。

⑥风险因素及对策。对项目的市场风险、技术风险、财务风险、组织风险、法律风险、经济及社会风险等进行全面评价，制定能规避风险的对策。在埃及开展投资、贸易、承包工程和劳务合作过程中，需特别注意在事前调查、分析、评估相关风险，事中做好风险防控等工作。境外投资项目可行性评估报告框架见表 5-4。

表 5-4 境外投资项目可行性评估报告框架（参考）

1. 总论	5. 项目经济效益估算
2. 项目实施必要性分析	5.1 投资估算依据
2.1 项目宏观背景	5.2 项目总投资估算
2.1.1 宏观政经概况	5.3 项目收益估算
2.1.2 宏观政经形势判断	5.4 财务评价
2.2 项目必要性	6. 项目组织机构与运作模式
2.3 项目必要性结论	7. 项目实施进度方案
3. 项目实施可行性分析	8. 风险与规避措施
3.1 宏观政治经济条件对项目形成有力支撑	8.1 风险因素识别
3.2 地区产业经济环境有利于项目实施开展	8.2 风险影响程度评价
3.3 项目拟选址已初步具备项目实施条件	8.3 风险规避措施
3.4 结论	9. 结论与建议
4. 项目实施方案	9.1 可行性研究结论
4.1 建设规模与内容	9.2 项目实施关键建议
4.2 产品方案与产值预测	9.3 专家意见
4.3 项目技术方案	—

（2）可行性研究应关注事项。在编制可行性研究报告时，特别需要注意以下方面：

①做好尽职调查。对拟投资的项目展开全方位的尽职调查工作，包括：财务尽职调查、商业运营尽职调查、税务尽职调查和法律尽职调查。

②确定交易价格范围。对投资项目进行全方位的财务测算，对宏观参数、政策变化、关键财务指标等因素进行敏感度分析，确定交易

的价格范围。

③制定融资方案。明确融资需求，拓展融资，确定融资结构并制订资金安排计划。

④税务架构设计。进行供应链筹划，并开始税务架构的设计。

4. 项目评估及决策

根据可行性研究报告内容，如果决策层决定投资后，还需要进一步做好相应的评估，作出最终决策。相关建议如下：

①制定交易执行策略。综合考虑项目尽职调查工作发现、分析结果、融资需求等因素，并制定交易执行的策略，还需明确项目退出机制。

②商业谈判。明确谈判的要点，制定谈判策略和原则、交易保护条款；就项目运营控制权达成一致，明确公司的治理相关事宜。

③相关部门审批。开始境内审批流程（商务部、国家外汇局等）以及境外审批流程。

④新建项目。工程项目策划、管理、协调，以及相关咨询服务。

⑤建立风险管理体系。制定海外风险管理的相关政策和流程，建立公司海外风险监控体系，包括境外投资项目风险跟踪与内部审计等内容。

⑥完善与优化海外运营体系。设计与优化海外控股公司的管理模式与组织架构，明确业务活动的职能与授权体系，挖掘境外业务的协同效应。

⑦财务、税务、审计和法务相关工作：

· 制订财务管理的目标与工作计划，建立与完善海外财务管控体系；

· 税务合规、税务优化、税务争议解决、转让定价、应对海关质疑及合规性管理等；

·准则差异分析和准则转换规划、定期上报财务报表、海外业务专项检查或审计、海外业务升级和资产证券化相关审计；

·项目运营相关法务工作。

⑧人力资源管理相关工作。海外业务人力资源相关的管理工作，包括组织结构调整和岗位设计、能力评估、绩效考核和薪酬福利、个税申报、节税筹划。

二、第二阶段：建设准备

（一）工程合同

1. 工程合同的作用与意义

合同是交易参与方之间权利、义务和责任及风险分配载体，是当事人之间的"法律"，境外商事主体都十分重视交易文件，特别是合同文件的起草和谈判工作，做到交易文件的严谨、规范，保护己方利益。相对来说，我国企业对于交易文件的设计和管理较为粗放，对合理利益的争取力度不够，所面临的合同风险更大。

在签订合同的时候，如招标文件中没有相关约定，中企特别需要慎重考虑所签合同模板的选择。一般在国外签订工程合同，合同示范文本一般来自三个方面：第一，国际上的通用合同示范文本，如国际咨询工程师联合会（FIDIC）公布的合同；第二，中国自己的工程合同示范文本；第三，所在国，包括业主方自己的工程合同示范文本。

点评：

中资企业赴埃及承包工程必须全面了解相关的法律法规，并严格遵守。在实际操作过程中重视合同签订，明确双方的权利和义务，工程建设的工作范围及标准、质量、工期、合同形式、货币、支付方式及付款条件、保函要求、误期罚款、性能指标罚款、税收、保险、设备材料的交货方式、劳务国籍限制、产品标准认证等重要条款，严格按合同条款办事。如对方违反合同条款，应利用相关法律法规维护自身合法利益。

在进行国际合同评审时，须组建专业的合同评审小组，从头到尾仔细审核合同所有的相关条款及所有附件，避免遗漏任何潜在的风险。尤其是大多数国际合同签订所使用的语言为业主所在国家的语言，尽可能地用原合同版本语言进行逐条解析和评审，确认无误后再进行合同的翻译。在聘请专业翻译公司或者专业翻译人员进行翻译时，必须配备懂专业的技术、法律等相关人员进行配合，不仅要避免在翻译过程中由于懂语言不懂技术产生较大的歧义，也要避免由于不同语种语言对于专业词语定义范围的不同产生纠纷。

针对合同金额较大的国际 EPC 项目，各经营单位应合理评估自身管理水平，必要时可外聘具备充足海外经验的国内律所或项目所在国的当地律所，协助参与合同文本的评审，以提高评审效果。

中国对外承包工程商会为规范国际承包工程项目中中国企业间分包合同，合理分配风险，维护当事人的合法权益，于 2019 年制定了《国际工程分包合同示范文本（2019 年第 1 版）》，供中国总承包工程企业与中国分包工程施工企业、设计咨询公司、安装工程企业、设备和材料供货商在国际承包工程项目中使用。具体包括：

- 《施工分包合同条件（适用于单价分包合同）》；
- 《施工分包合同条件（适用于总价分包合同）》；
- 《安装分包合同条件》；
- 《设计分包合同条件》；
- 《采购合同条件》。

2. 埃及工程承包合同

（1）法律渊源。目前，埃及没有规范工程承包合同的具体法规，《民法典（131/1948）》通常被视为管理和规范具体合同（包括工程承包合同）的主要法律来源，其条款规定了签订工程合同缔约方的义务和责任。

（2）埃及工程承包合同范本。埃及法律没有规定合同的标准范式，但在埃及，众多重要的公共工程项目合同都采用国际咨询工程师联合会（FIDIC）的条件。例如，开罗污水处理项目、开罗地铁项目、达米埃塔港项目等。此外，由世界银行和美国国际开发署资助的所有项目都采用了 FIDIC 的条件，这两个机构为埃及相当数量的大型基础设施项目提供资金。FIDIC 实际上被认为是埃及工程建设项目中最常用的国际标准合同。

根据埃及法律，FIDIC 条件既可适用私人合同规则，也可适用公共合同规则。当 FIDIC 合同被视为私法合同时，根据《民法典》，它受两套规则的约束：一是《民法典》中适用于所有类型合同的一般规定（第 89~161 条），二是《民法典》中关于“建筑和建设合同”的特殊规定（第 646~676 条）。

[案例 5-1]

中国某大型水泥工程承包商与国际某知名水泥生产商于 2008 年 8 月在北京签订了埃及某水泥生产线项目 EPC 总承包合同。埃及工程是国际某知名水泥生产商从公司的发展战略需要出发，结合埃及当地经济发展和水泥市场需求的现状投资兴建的，工程为一条日产熟料5000 t的新型干法水泥生产线，配套9MW余热发电系统。总承包合同文本采用FIDIC-EPC合同条件，但部分条款作了有利于业主的修改。合同生效并下达开工令的时间为2008年9月25日。

合同主要条款如下：

(1) 埃及工程工作范围包括石灰石矿山的石灰石破碎、长皮带输送原燃料进厂到水泥发运的整条生产线及配套工程，包括厂前区工程、余热发电工程及配套工程。工作服务内容包括工程设计、设备采购和供货、土建施工、设备安装、试车和竣工验收、生产技术服务、人员培训等。

(2) 合同生效条件和时间：①双方正式签署了合同。②业主收到了承包商的预付款保函和履约保函。③承包商收到了业主的预付款。④完成了合同规定的保险，且保险是满足要求的。⑤合同在满足上述条件后生效，合同履约期限在合同生效后起算。

(3) 合同金额及币种合同金额：163727100欧元，其中85%用欧元支付，15%用埃镑支付。

(4) 合同工期及展约期限：

①合同工期：从合同生效下达开工令开始到临时验收，为29个月，从临时验收到最终验收为12个月。

②履约期限：出熟料时间为合同生效日起25个月，出水泥时间为出熟料后1个月，性能考核期为出水泥后3个月。

(5) 合同款支付方式：合同款均采用信用证支付。

①预付款：合同金额的20%。

②设备款：基本设计被批准，支付设备款的5%；提交主机设备的订货合同，支付设备款的10%；主机设备制造质检完成，支付设备款的10%；设备发货，支付设备款的40%；设备到达现场，支付设备款的5%；设备安装完成，支付设备款的5%；通过临时验收，支付设备款的5%。

③设计费：基本设计被批准，支付设计费的15%；根据设计进度，按月累计支付设计费的65%。

④技术服务费：根据培训进度计划，按月累计支付技术服务费的80%。

⑤土建安装费：施工队伍进场，支付土建安装费的10%；分别根据土建工程、设备安装的进度，按月支付每月完成工作量的65%；通过临时验收，支付土建安装费的5%。

⑥保留金为合同金额的5%。

（6）承包商违约责任：

①误期损害赔偿：承包商延误工期按合同金额1%/10天计算违约金，但误期损害赔偿限额为合同金额的10%。

②性能损害赔偿：熟料产量每降低1.5%，热耗每提高1.5%，电耗每提高1.5%，粉尘排放每增加1.5%，噪声每增加1.5%，水泥粉磨、包装每低于保证指标的1.5%，均需赔偿对应车间相关设备价格的1%，但性能损害赔偿限额为合同金额的5%。

（7）保函：

①预付款保函和履约保函：合计为合同金额的20%。承包商收到预付款之日起生效，随承包商偿还预付款金额而递减，当达到合同金额的10%时，将作为履约保函，于预计竣工期限届满之日失效。

②质保金保函：为合同金额的5%。业主颁发接收证书并支付保留金之日起生效，缺陷通知期届满之日起失效。

(8) 争端解决方式：双方首先应该通过友好磋商来解决争端。如果在辩护方收到争议方发出争端通知后的90日内，该争议未能通过友好协商得到解决，那么该争议由伦敦国际仲裁院依据伦敦国际仲裁院仲裁规则裁决。

（二）对外承包工程资质及工程许可

1. 中国对外承包工程资质

现在我国对外承包工程的相关国家规定是《对外承包工程管理条例》（2017年修订版）。修订版中将原来《对外承包工程管理条例》第二章“对外承包工程资格”全部删除。这意味着民营建筑企业与央企一样，不再受对外承包工程资质的限制。

根据2017年修订的《对外承包工程管理条例》第16条规定，对外承包工程的单位与境外工程项目发包人订立合同后，应当及时向中国驻该工程项目所在国使馆（领馆）报告。

根据对外承包工程项目备案管理规定，在境外工程项目投（议）标前，中企需要向国内商务主管部门（中国驻埃及大使馆经商处）办理项目备案手续；在订立合同后，及时向中国驻埃及大使馆经商处报告。报告须书面提交项目具体信息，包括但不限于项目名称、金额、资金来源、业主、地点、签约日期、开工日期、工期、项目内容、中外员工数量等，并附《对外承包工程项目备案表》，对于未按规定进行报告的，记入负面清单。

2. 埃及工程许可

在埃及开展工程项目有不同的许可要求，具体取决于项目类型。

以可再生能源项目为例：

（1）主管部门。埃及电力行业主管部门主要有电力和可再生能源部、埃及电力公共事业和消费者保护局、可再生能源管理局等。

电力和可再生能源部主要负责制定发电、输电和配电的政策和总体规划，监督规划的执行和电力部门的活动，制定电价等。

埃及电力公共事业和消费者保护局主要负责制定适用于电力市场参与者或利益相关者的一般原则和规则，制定关于可再生能源项目电力生产和使用的规则和程序，颁发可再生能源项目的发电、配电或售电许可证等。

可再生能源管理局是电力和可再生能源部的下属机构，主要负责促进利用太阳能和风能等可再生能源发电的活动等。

（2）项目审批。就开发可再生能源项目而言，需取得以下许可：

①发电许可。在埃及开展发电活动，项目公司首先应取得埃及电力公共事业和消费者保护局出具的临时发电许可。埃及电力公共事业和消费者保护局将在收到所有所需的文件和信息后的60日内，向项目公司出具临时发电许可。

为运营发电厂，项目公司在取得临时发电许可后，还须取得埃及电力公共事业和消费者保护局出具的永久发电许可。永久发电许可的有效期通常为5年，在该有效期内，埃及电力公共事业和消费者保护局将以出具年度证书的形式，证明该永久发电许可仍然有效。为了申请永久发电许可，项目公司应向埃及电力公共事业和消费者保护局提交项目可行性研究报告、建设许可等有关文件。

②土地使用许可。可再生能源管理局在埃及各地区划拨了专门用于可再生能源项目开发的国有土地，根据其与投资者签订的土地用益权协议，向投资者划拨该等土地。一般情况下，光伏项目的土地用益

权协议期限为25年，风电项目的土地用益权协议期限为20年。根据《可再生能源法》，上网电价模式下的项目公司应向可再生能源管理局支付土地用益权费用，该费用的金额为项目公司出售电力总价值的2%。

③建设许可。在电力项目开始建设之前，项目公司须取得相关省/市的地方规划部门出具的建设许可。一般而言，由负责项目建设的工程师向地方规划部门申请建设许可。地方规划部门将在收到所有申请文件后的1~2个月内出具建设许可。

④环境评估。在埃及，企业在开展可能对环境造成污染的项目或活动前，须取得有关部门出具的环境影响评价。就电力项目而言，项目公司应在项目开始施工前取得由埃及环境部出具的环境影响评价。通常而言，埃及环境部将在收到所有申请文件后的30日内针对项目出具环境影响评价。

⑤其他。除前述主要许可之外，配电或输电项目还需取得埃及电力公共事业和消费者保护局出具的配电许可或输电许可。

点评：

工程许可的要求因项目类型不同而各有差异，由相关的政府主管部门进行许可管理。

3. 埃及工程承包资质

埃及建筑商联合会（EFCBC）成立于1992年，致力于协调国内外承包商的合作关系，维护埃及建筑行业良好竞争环境，协助解决有关纠纷。

埃及《建筑商联合会法（104/1992）》规定，5万埃镑以上的土建工程需向建筑承包商联合会注册，否则将处以1万埃镑罚款，并可根据法庭要求解除合同。但在以下两种情况下无须注册：一是议会批准的贷款或援助项目合同明文规定是无须注册的，二是内阁批准的公共服务项目也不用注册。

承包商在每个领域被分为 7 档，如在水电领域，1 档为建设投入 1000 万埃镑以上、工程师 20 名以上、设备价值 500 万埃镑以上、专业年限 20 年以上。第 7 档则为建设投入 10 万埃镑和 1 名工程师以上。EFCBC 将根据这些标准确定 EPC 承包商的专业化等级。

（三）工程规范和设计标准

埃及标准与质量组织（EOS）隶属埃及贸工部，但有一半的管理自主权。EOS 是埃及从事标准化、质量控制与计量的唯一官方主管部门。除 EOS 外，埃及的其他部门和机构也从事部分标准化活动。

科技部下属的国家标准协会，协助 EOS 制定埃及的基本标准，进行科学计量，还为埃及工业和政府实验室提供计量、校准、测试、实验室认可、咨询、培训服务和参考资料的服务。

贸工部下属的进出口控制总局负责边境进出口产品的检验检测。

埃及化学学会进行化学产品的质量控制测试。

工业控制局进行其他工业产品的质量控制测试。

度量衡局从事法定计量活动。

埃及的认可活动和国家实验室的测试、校准由埃及认可委员会负责。

埃及的卫生部、农业部、原子能机构、国家通信管理局等部门的下属机构也负责某些产品的合格评定工作。

在标准和合格评定活动领域，EOS 与下列国家和外国机构签署了谅解备忘录和双边合作项目：中国、法国、英国、澳大利亚、乌克兰、德国、ASTM 国际标准化组织、尼日利亚、马来西亚、捷克、马耳他、印度、希腊、波兰、非洲区域标准化组织、韩国、土耳其、巴西、印尼、欧洲标准化委员会、俄罗斯、乌干达、肯尼亚；阿拉伯地区的国家有约旦、巴林、阿尔及利亚、伊拉克、苏丹、沙特阿拉伯、科威特、也门、摩洛哥、突尼斯、叙利亚、阿曼、卡塔尔、巴勒斯坦、黎巴嫩。

EOS 在标准、质量与国际接轨的活动中发挥了有效的作用。根据埃及 1996 年第 180 号和 2003 年第 180 号部长令的规定，在不存在本国强制性标准的情况下，可以选择以下国际标准和国外标准：ISO 标准、国际电工委员会（IEC）标准、欧洲（EN）标准、英国标准（BS）、德国标准（DIN）、法国标准（NF）、美国国家标准（ANSI）、日本工业标准（JIS）、食品法典委员会标准（CODEX）、ASTM 标准、日本汽车标准化组织（JASO）标准、汽车工程师协会（SAE）标准、美国石油协会标准（API）。

按照标准实施的约束力，埃及标准分为强制性标准和自愿性标准。截至 2023 年 11 月，EOS 公布的现行的工程领域强制性标准共 3342 项、现行的自愿性工程领域标准共 2589 项。

埃及标准又可分为新标准、完全修改标准、部分修改标准、修订标准、废止标准、采纳国际标准、协调性国际标准。埃及的标准代号为 ES，标准编号采用“ES+序号+制定年号”的方式，如石油管道通用钢管标准为 ES 402：2015，从序号上看不出国际采标情况。可在 EOS 网站购买标准后查看。

（四）工程项目设计与项目计划

工程设计成果直接决定着项目约 80%的成本，而且设计又位于项目执行的最前沿，其重要意义不言而喻。伴随着我国企业逐步走向海外，企业自身设计管理存在的问题日益凸显，设计图审批往往会遇到技术标准不统一、设计理念不一致、计算参数选择理解不一样等诸多问题，必然会导致设计进度大大延误。设计管理在整个工程建设环节中起着至关重要的作用。

在埃及承包工程，在开展设计时需要：

第一，事前了解埃及的相关设计规定和标准，明确设计规范，在合同谈判阶段尽可能争取中方熟悉的设计标准。拟采用的设计标准和规范，应在合同文件中明确规定，并且要就标准的版本、技术清单与业主方进行沟通确认。如果合同文件中没有相应的标准、规范清单则应在设计正式启动前，由项目公司/项目部组织编制一份设计采用的标准、规范清单，并送业主确认后发布执行。

[**案例** 5-2]

埃及斋月十日城铁路项目是由中资企业实施的轨道交通 EPC 项目，在海外项目中具典型的代表性。作为非洲最早建设地铁的城市，斋月十日城铁路项目业主具有 30 余年轨道交通建设及运营管理经验，交通建设都采用欧美标准。与中国标准不同，欧标及美标具有较强的灵活性，针对一些特殊参数，欧标及美标体系中很难找到相关条文，往往需要借助当地工程或其他国际通用规范来引用或参考执行。

该项目是埃及首次脱离轨道电路应用无缝线路设计的铁路项目。监理为欧洲知名咨询公司，土建施工单位为埃及本土大企业，在保障无缝线路安全的设计上，中国标准和欧洲标准完全不同。为回应业主、监理及施工方的质疑，由中铁二院工程集团有限责任公司（简称中铁二院）的设计师们首先按照中国标准开展无缝线路检算，确保设计方案满足中国设计标准，然后对 100 余册欧美相关行业标准和十余册埃及规范反复深入研究，理解规范体系和应用方法，找出可适用于该项目的设计条款或工程实例，在正式的提交资料中直接引用埃及本地规范或工程实例，论证无缝线路设计方案的合理性，最终获得了业主、监理及施工方的认可。

第二，业主的要求和现场资料是开展设计的基础。在开展设计前，务必做好设计前的调查，确保相关资料的准确、完整。

第三，调查埃及当地的物资供应条件。在满足规范及使用要求的情况下，尽可能使用当地能便利采购的材料和施工机械。

第四，考虑当地的使用环境。埃及当地的使用环境和我们国内常规项目有很大的区别，在考察时充分掌握当地情况，设计过程中要充分了解工程所在地的各种条件，设计和当地自然条件和风土人情融为一体。

点评：

在埃及，从低层的民宅到多层的办公和商业建筑，板柱体系都很常见，而且板柱结构还经常做大悬挑。据当地工程师说，埃及板柱结构多，主要是因为这种体系方便施工、节省工期且减少模板。平板的另一大好处是结构占用层高少，能提供更高的室内净高。

埃及流行板柱结构，也与他们的规范、设计理念、设计手段来源于欧美国家有关。高层板柱结构在美国是常见的形式，相关的设计分析手段也成熟。在埃及，除了教育体系、设计规范来源于欧美，在具体设计中，也使用 ETABS、SAFE 等欧美软件辅助设计，做板柱结构似乎是自然而然的一件事。埃及还有一些专门做楼板预应力设计和施工的公司，能实现大跨或大悬挑的板柱结构，也为他们做板柱结构提供了技术上的支持。

点评：

根据埃及当地的建造习惯，业主要求所有卫生间不允许排水管穿楼板。在中国国内，无论是公建还是住宅，无论是采用同层排水还是非同层排水，排水管都需要通过穿楼板下到下一层，只是数量多少而已。但是在埃及，他们要求排水管不能穿越楼板，需要走外部空间或者专门的管道井到下一层。于是出现了各种卫生间管道处理方式，例如，直接走外部，也就是所有楼层的卫生间管道全部在同层穿外墙连接到位于外部空间的主管道，这样在立面也能看到管道，对立面效果会有一定的影响。埃及当地公共建筑常常会将卫生间与内庭院结合起来设计，或者外立面设计凹进去一块形成中空的空间，这样就解决了管道外露不好看的问题。这种建造方式与当地建筑普遍层数不多，一般不超过 4 层有关系；同时与当地建筑市场相对落后也有关，施工水平和施工辅助手段达不到，就容易造成漏水。

第五，加强与业主的设计沟通，重视语言学习以更好地与业主沟通和准确理解业主意图，加快设计图报批。

（五）工程造价

埃及建设工程造价方面深受英美影响，主要表现在没有统一定额及强制性计价标准，主要采用工程量清单计价。

1. 计量标准

埃及建设工程主要应用的计量标准参考 CESMM（土工工程标准计量方法）及 MASTERFORMAT（建造行业编码清单）系列，并结合埃及建设工程市场等适当调整。

2. 计价方式

（1）费用组成。由于埃及并无统一的计价标准或约定，不同的建设模式、合同类型都会导致费用组成上存在一定差异。根据埃及常用的两类计量标准，建设工程费用主要包括：分部分项费用、合同要求和总体需求费用、确定性暂定金额、非确定性暂定金额、计日工、不可预见费。

合同要求和总体需求又常称“开办费”，主要包括施工机械设备费、现场临时设施费（包括安全文明施工设施）、现场其他直接费(工程测量、试验检验、安全防护、特殊措施费等)、现场管理费等。

(2) 分部分项单价计算。除去分包工程采用市场询价外，埃及确定清单分部分项单价的基本方法有两种：单价估算法和作业估算法。

单价估算法是通过对各类资源（劳动力、材料和施工机具设备）的选择和对这些资源的生产率和使用率的选择来实现的。因此，对各类资源的计算结果就是含有单价的生产率或使用率。生产率是每小时完成的工程量，使用率是完成一定工程量所需要的时间或资源数量。用这种计算方法算出来的价格是可以直接填入工程量清单中的各项单价。最重要的是各种价格应当取自一项生产率合理稳定和施工风险影响不大的相同类型的样板工程，其实质上与中国定额的概念（正常施工条件下，完成一定计量单位合格对分项工程所消耗的工料机）基本一致，区别是埃及是由企业根据自身造价数据库统计分析。

作业估算法是以计算一项作业的总工程量和完成该作业所需的时间为依据。造价人员把在上述时间内完成工程所需要的各类资源确定下来，并计算出费用。这种同编制施工计划密切相关的估算方法，能够把取决于作业时间和闲置时间的施工设备生产量更加准确地计算出来。由于施工组织计划中往往会按照整个项目或者单位工程配置施工机械，因此采用作业估算法计算出的机械使用费在分摊至各分部分项上时，由于分摊方式难以准确反映分项工程机械实际使用情况，可能会出现部分清单子目单价与市场价格差异较大的情况。

（3）价格信息。埃及政府机构或行业协会尚未发布过工程建设人工、材料、机械等生产要素的价格信息期刊或资料。价格信息主要依靠已完工工程资料数据库积累及市场化询价等。

3. 造价管理方式

埃及土建工程项目主要由公共设施和城市发展部、交通部、国防部等部门负责实施及管理。公共设施和城市发展部下属的新城市社区管理局负责房屋建筑工程，如新首都 CBD 项目。交通部下属的国家隧道局负责地铁及电力牵引铁路项目，如开罗地铁、斋月十日城铁路项目。同为交通部下属的公路桥梁局负责路桥项目。国防部下属的军方工程部负责与军事、国家安全相关的项目，如新建苏伊士运河开启桥项目，同时国防部也派人员参与重大项目的管理。

点评：

埃及与中国造价形成机制的差异如下：

（1）造价控制方式。埃及建设工程主要采用 EPC 模式，招标文件中仅提出功能需求或者可行性研究成果。经招标、议价后，以最低价授标，因此造价控制工作主要由总包商负责。而中国建设工程从项目建议书开始，各设计阶段均有国家投资控制相关规定（如初步设计概算不超可研估算 10%等），并由政府组成专家评审，造价控制主要由业主、设计单位把控。

（2）清单应用阶段。中国有完善的造价体系、标准，不同阶段都有相应的计价办法，清单计价仅在一般施工图阶段开展。埃及并无定额体系，无论是在项目前期可行性研究阶段，还是初步设计、施工图阶段，均采用清单计价。

（3）工程技术规格书。埃及建设工程设计时需要编写技术规格书。规格书包括三个部分：总则、产品、施工。总则部分主要内容是该项工作进行的基础、定义、工作范围，产品部分主要内容是材料设备的种类及质量要求、测试和规范要求，施工部分主要内容是工法要求、计量方式和价格等。

由于埃及工程建设标准体系并不健全，且借用欧美多国规范。尤其工程验收方面，一般要求满足欧美标准和埃及标准中更严格的一方。因此在埃及，工程技术规格书的编写尤为重要，对清单单价有着重要影响。而中国具有较为健全的、强制的施工标准及验收规范，因此中国清单编制时，默认执行现行施工技术标准规范，清单总说明中一般仅仅注明非常规的、特殊的工程质量、材料、施工等要求。

(4) 清单条目编码及划分。埃及建设工程量清单编码一般与工程技术规格书章节编码对应，与中国清单编码方式有着较大差异。埃及分项上主要按照工种类别、材料属性、构件类型逐级编码，如混凝土工作—现浇钢筋混凝土—C35 钢筋混凝土—承台，中国主要按专业工程类别、构件类型、材料属性逐级编码，如桥涵工程—现浇混凝土构件—混凝土承台—C35 砼。

清单条目划分上，埃及与中国存在的主要差异如下：

土石方：CESMM4 中岩石的定义由业主或者监理工程师明确，具有一定的自主性。在埃及，一般将采用爆破、钻孔、液压锤等方式开挖的、单个体积大于 0.5 立方米的石头称之为石方，其他的如砂夹碎石等，均按土方计量。而中国则根据普氏岩土分类表划分土石方。

钻孔灌注桩：埃及建设工程中，同一桩径的钻孔灌注桩需按照不同深度（0~20m，-40~-20m 等）分段按长度计量。而中国清单规范无此要求。

轨道：CESMM4 中轨道分项下轨料主要有设备供应和铺设安装两类条目，埃及当地清单也是如此。中国清单轨道条目未分开考虑设备采购、铺设安装。

（六）项目用地

GAFI 可协助投资者寻找并获得适合投资项目的土地。从事生产活动的外资企业一般在各类园区内投资。根据园区性质不同，外资获得土地方式有所不同。在工业区，投资者可向政府购买土地所有权，并永久拥有土地。在十月六日城等老工业区中，工业区管委会负责土地出售，而在由私人承包开发的新工业区中，开发商负责土地出售。在自由区，投资者只能租赁土地。在经济特区，投资者只能租赁土地，最长租期 50 年，可续期。

购置土地程序如下：

（1）投资者提出购地意向，管委会或开发商介绍土地位置、现状及价格，洽谈购地条件；

（2）投资者向管委会或开发商交付价款的 20%作为首付，签署土地合同；

（3）投资者缴纳土地合同审查费，合同送当地政府部门审批；

（4）合同批准后，投资者缴纳土地移交费用，进行土地初步移交，土地测量部门现场测定，计算实际面积，填入移交纪要，三方共同签字；

（5）初步移交两年内、项目工程建设前，报当地政府审批项目工程。

工程建设项目征地一般由业主负责。

点评：

埃及条件较好的投资用地供应依然较为紧张，寻找取得合适用地的时间较长，土地价格上涨较快。

（七）工程项目招投标

1. 埃及招投标法律法规

2018年10月3日，埃及颁布新的《公共采购法》。该法适用于公共实体签署的所有供应、服务和建筑合同。公共实体的范围包括国家预算内的政府机构、政府部门、具有独立预算的实体、地方行政单位（省和直辖市）、具有服务或经济性质的一般当局，以及接受政府资助的私人项目。

2. 招标信息获取的途径

（1）埃及政府相关部门的公开信息。埃及交通部、电力部、住房部、信息通信部等部门公开招标项目较多，有关企业须密切关注。许多部门都雇用部长顾问、咨询公司等作为专业智囊团，提供专业意见，这些个人或机构通常掌握项目信息，其意见对决策层也有影响。

（2）本地代理。中大型工程企业一般通过本地代理维系与业主或客户的关系，通常也比较了解本地市场，是获取项目信息的重要来源。通常应具备以下条件：与潜在业主或相关政府部门保持良好关系；与潜在业主或相关政府部门曾有良好的合作关系；熟悉埃及法律法规和特殊规定；工程信息收集和分析能力强；了解中国人的思维方式，可站在承包商的角度思考问题；有良好的信誉和口碑。

（3）现有项目业主。抓住现有项目的业主，通过高质量完成现有项目建立口碑和信任，在业主的其他新项目上将占据主动。

（4）通过其他中资企业。一些埃及业主或代理有时会与熟识的中资企业洽谈合作，但有时在业务范围、资质等方面存在错位，中企之间相互交流项目信息的情况十分常见，在埃及的中资公司应积极通过行业协会、商会等场合互通有无，加强交流。

点评：

同等技术条件下，埃及公司报价高于外国公司15%以内，享有优先中标的权利。外国公司承包项目必须有埃及公司作为代理，雇佣埃及工人比例必须高于90%。根据在埃及开展承包工程的中国企业实践，在私营部门和军队项目中，上述两项规定在执行时弹性较大。

除外国政府对埃及赠款，以及世界银行、非洲发展银行、阿拉伯基金会贷款外，埃及土建工程项目大多以埃镑支付。近年来，埃及的承包市场对融资的要求越来越高，大型工程普遍采用带资承包和“EPC+F”或者部分投资的模式。

3. 招标方式

根据法律，除军方项目，工程项目必须通过公开招标进行，一般投标方至少需要三家。对国际金融机构资助、外国政府贷款、外资及政府认为有必要的项目，将实行国际招标。业主通常会对有投标意向的企业进行资格预审。

点评：

埃及市场是一个代理制国家，标书中常会要求有当地代理。但随着埃及当地承包商施工能力增强，面向国际招标的项目规模大且专业门槛高，代理实力已不足够支持拿下项目，需要寻找当地有施工能力和背景的合作伙伴，借助其现有的当地关系优势，和业主保持良好的沟通，凭借其现有能力，减少无必要的前期投入，使成本上更合理，标准上更接轨，也符合埃及标书的要求。

同时，也可以积累相关工程的业绩，也可以学习当地承包商的经验和当地的做法，以便更好地适应当地的需求。在现有的国际合作模式上，主要有三种，联营体、联合体和指定分包商，三者各有优缺点。因国际合作更多建立在条约上，所以向承包商提出了很高的要求，要求承包商熟悉上述三种合作模式的法律、沟通等技能。

(八) 建设设备及材料的采购及运输

国际项目的物资管理包括采购、集港发运（报关）、国际物流及项目所在国清关、内陆运输、现场储管等一系列事务，是工程管理的重要组成部分，与工程项目建设全过程有着密切的联系。根据国内外工程项目合同价款构成分析，设备、材料在总合同价款中所占比例一般都将达到50%~60%，国际项目施工物资种类繁多、质量标准规范复杂，对成本和到场时间要求严格，且由于工程周期长、运输路途远，更见其物资管控的重要性。

1. 设备及材料采购

工程中的采购策划是整个项目的关键环节，构成项目执行的物质基础和关键。规范的项目采购要兼顾经济性和有效性，从而达到有效降低项目成本，促进项目顺利实施和按期完成的目的。

采购工作要与设计紧密结合，确保选购产品的制造标准、材料标准符合设计要求，采购部门根据初步设计出具的图纸和技术资料等，可先咨询各类供应商、厂商，在满足物资技术质量安全可靠的同时，从经济角度对其进行优选，尤其是涉及定制的机械设备、电仪控制成套设备等，在其功能实现、品牌以及材料的选用上，提出合理化的建议，并将性价比高的物资的技术和验收等条件反馈给设计，进行深化融合，达到降本增效的目的。

国际工程中供货商的选择一般有以下几种方式：

（1）框架采购协议：选择与长期供应商在财务年度初期签订框架采购协议，对本年度采购物资或服务进行打包管理。

（2）招标方式：国际采购优先采用网络邀请招标方式，主要选择符合工程项目要求及业主品牌档次要求的供货厂商，综合考虑技术水平和价格因素，选择合适的供应商。

（3）属地化采购：在项目国及其周边市场，通过实地勘察调研，确定符合项目供货要求的合格供应商。

（4）竞争性谈判：直接邀请一家以上供应商就采购事宜进行谈判。

埃及工程承包项目需要采购众多设备及材料，但埃及本地工业基础仍然薄弱，行业发展也不平衡，建材市场规模较小，商店大都由个人经营，材料品种不大齐全，批量采购困难。且埃及业主通常以设定技术门槛的方式规定优先或只用欧、美、日等国家和地区产品，或指定某样设备在当地采购。因此，承包商需要综合考虑工期要求、成本控制、技术标准等因素，选择在埃及当地采购或从国外进口。

［**案例** 5-3］

中国建筑股份有限公司埃及分公司承包埃及新行政首都 CBD 项目、超大型国际 EPC 总承包项目的采购管理模式如下：

（1）搭建全球资源库与集采平台。埃及属于卖方市场，材料资源紧缺，且 CBD 项目材料类多量大，涉及主要材料、物资和设备采购类别共计 330 余种，辅材上千项。采购难度大，管理要求高，极具挑战。项目部综合考虑工期要求、成本控制、质量标准等因素，积极整合全球资源，实施国际化采购，货源地涵盖中国、埃及、阿联酋、德国、美国等 30 多个国家及地区。通过编制供应商长/短名单，与供应商逐步建立长期合作关系，搭建全球资源库，推动供应链一体化，实现合作共赢。

同时，为避免供应商哄抬价格，提高采购的规模化效益，集中管理和维护供应商资源，开创了“海外项目超大规模集中采购模式”。由总包采购部、外装部、内装部和机电部牵头，整合各子项目部专业人员形成合力，统筹协调采购分配，进行过程监督管理。

（2）联合国内专业厂家共同“出海”。项目部积极联合国内的专业厂家，共同探索如何让中国产品走向世界，取得国际资质认证，获得业主认可，打开国际市场销售渠道。作为中国企业，支持中国专业厂家“出海”发展（首都CBD项目合同中规定中国元素占比为35%）；当中国产品受到认可后，可降低承包商材料采购成本，提高采购控制能力。

（3）商务提前介入采购。全球化采购面临着材料种类繁多、供应商参差不齐的问题，如，产品能否满足项目技术规格书要求，采购合同条款中是否出现漏项、错误等。对此，项目商务团队提前介入，与采购团队协同配合，充分准备资料，考察市场，及早启动合同谈判，赢得主动权，最大程度降低了采购风险，有效地控制了采购成本；避免了因前期重视不足、准备不够，后期草率选择供应商，而使合同谈判陷入被动局面、踩雷入坑等问题。

2. 物流管理

境外投资建设项目采购和物流管理尤为重要，尤其是投资体量大的项目，物资需求量巨大，货物运输过程涉及制造、加工、验收、适运包装、长短途交货运输、装卸、集港、订舱、装卸船、海运、理货、检验、出口报关、保险、出口退税、贸易单证、目的地国清关等诸多环节，时间跨度大、跨境距离远、影响因素多，加之台风、海外政商环境、人文环境、国际政治环境、流行疾病等多项不可控因素影响，发生风险的概率非常大，物流成本比国内项目高很多。为此，项目需要成立专业化物流管理团队，制定采购、物流总体方案，统筹规划、统一协调管理项目所有相关方物资采购与物流工作，形成制造、催交、包装、物流、仓储、现场、接卸等环节一体化管控。

埃及地理位置优越，既是亚、非之间的陆地交通要冲，也是大西洋与印度洋之间海上航线的捷径，拥有众多港口，海运便利。政府努力将埃及转变为全球物流中心，进一步改善货物和商品流动，为各国投资者带来更多便利。

2023 年 4 月 21 日，世界银行发布了最新版物流绩效指数报告，即《连接竞争：全球经济中的贸易物流》第七版，该报告对全球 139 个国家的物流水平进行评估，包括基础设施、服务质量、运输可靠性及边境清关效率等，埃及的物流绩效指数得分为 3.1，排名第 57 位，在物流竞争力和质量、海关服务、基础设施、国际货物流量等方面有所进步。

建议物流方案，包括国内外物资集散方案、海陆空运输方案、大件设备运输方案、物流操作流程和应急预案，统一组织项目集港、船舶安排、码头、装卸、清报关等物流环节工作，根据工程建设进度计划组织发运，并在物流管理上采取以下措施：

（1）选择有经验的物流代理商。对超大物流量的项目应选择两家或以上有广泛的全球货运网络、丰富的国际工程物流人力和设备资源、成熟的工程物流管理经验、雄厚的财力支持等软、硬实力的物流供应商，与多家外贸港口建立伙伴关系，为工程高峰期大量物资发运奠定基础，降低物流风险。

（2）在采购合同中明确交货条件。一是，确定多个有效装运港，以便交货时根据物资生产和货量情况、港口和船期等因素来选择最终装运港，避免实际发运时由于港口、船期等衔接问题而产生争议或额外费用，影响物资发运；二是，在采购和物流合同中明确大件吊装、自卸鞍座的匹配、船型选择、大件设备本体绑扎等特殊运输要求；三是，划分因设备出厂延误、船期延误导致的滞港、亏舱或者滞期等问题时的责任；四是，对无外贸出口经验的设备材料供应商提前指导货物出口准备和手续办理。

（3）动态管理物资发运计划。重点关注大件物资发运计划执行，建立物流问题反馈和纠错整改机制，及时调整计划。

（4）统一项目物流管理体系。明确发运申请、集港、订舱、装卸船和交货流程、紧急物资申请和发运流程和责任界面，统一调配物流资源和运力匹配。

（5）采取灵活、便捷的运输方式。对于精密仪器或贵重设备、危险品，可根据重量、危险级别、紧急程度，优先考虑航空运输或集装箱海运，以确保安全；材料、设备采用搭配组合散杂货船发运方式，对不便配载散杂货船的物资采用集装箱或拼箱、中转等多种方式发运，合理安排船舶运力。

（6）超大件设备专门制定发运方案。超大、超重、超长、超高等大型设备应根据大件设备的具体情况专门编制物流发运方案，并确保每个节点按照方案实施，确保发运安全。

（7）明确跨境物资物流包装要求。由于跨境海运需要多次装卸，同时受到同船物资堆码积压、台风等恶劣天气影响，包装是物资安全的重要保证，需要制定统一的物资包装规定。针对特殊物资或大件设备，需要制定专门物流包装方案。

（8）制定物流应急预案。海外项目工程物资跨境物流具有相当大的不可控风险，极易发生突发情况。应基于各种不确定风险，对物流各流程环节进行风险评估，包括供货中断风险、运力不足风险、经济环境风险、政治环境风险、恶劣天气风险、货差货损风险等，针对各类风险问题制定物流应急预案和规避措施，同时完善供应链全程的保险方案、保险索赔方案。

（九）埃及工程成本

1. 电价

埃及政府一直对电价进行补贴，但自 2016 年开始逐步减少补贴，陆续将电价上调。电力重新定价恰逢埃及的新财政年度，从每年 7 月开始实施新价格。因为每年的 7 月 1 日是埃及实施国家总预算计划的开始日期，这与提高工资和养老金的时间相一致。近几年，由于埃镑汇率波动，埃政府取消电力补贴的计划一再推迟。

2023 年 8 月，鉴于当时的经济形势，埃及政府决定在 2024 年 1 月之前冻结售电价格的上涨。

以下是 2023 年实施的阶梯电价，具体如下：

第一档每月用电量为 0~50 千瓦，价格为 0. 48 埃镑/千瓦。

第二档每月用电量为 51~100 千瓦，价格为 0. 58 埃镑/千瓦。

第三档每月用电量为 101~200 千瓦，价格为 0. 77 埃镑/千瓦。

第四档每月用电量为 201~350 千瓦，价格为 1. 06 埃镑/千瓦。

第五档每月用电量为 351~650 千瓦，价格为 1. 00 埃镑/千瓦。

第六档每月用电量为 651~1000 千瓦，价格为 1. 40 埃镑/千瓦。

第七档每月用电量超过 1000 千瓦，其价格将保持在 1. 45 埃镑/千瓦。

电力公司每月初收取上月电费，每月应缴纳的电费包括：用电量×区间价格+该区间的附加税（少量）。居民可以自行前往电力局申请智能电表，通过向电卡充值缴纳电费，较之老式的电表更方便、更安全。

点评：

埃及政府原本计划在2022年7月之前完全取消补贴，但为了缓解新冠疫情带来的经济压力，决定将这一日期推迟到2025年同月。埃及政府取消电力补贴的举措虽一再推迟，但势在必行，取消补贴后电价会进一步提升，赴埃投资企业需考虑电力成本增加风险。

2. 水价

2018年6月埃及政府将水费大幅上调。具体价格如下：

居民用水消费量在0~10立方米，每立方米0.65埃镑；消费量在11~20立方米，每立方米1.60埃镑；消费量在21~30立方米，每立方米2.25埃镑；消费量在31~40立方米，每立方米2.75埃镑；消费量在40立方米以上，每立方米3.15埃镑。

非民用水费3.3埃镑/立方米，政府部门水费3.4埃镑/立方米，商用水费3.6埃镑/立方米，工业用水费用4.55埃镑/立方米，旅游行业水费4.6埃镑/立方米，其他用途水费为6埃镑/立方米。

自来水及污水处理公司每月上门收水费，用水量自当月1日起计算至月末最后一天。在此基础上，收取水费57%的污水处理费，以及2.5埃镑的服务费，水费、污水处理费及服务费三部分相加为每月应缴水费。

3. 油气价格

由于“欧佩克+”减产导致全球供应收紧，加上亚洲需求上升，导致原油价格上涨。继2023年3月，埃及政府将汽油价格提高16%~

25%后，自 2023 年 11 月 3 日起汽油和压缩天然气价格进一步提高，汽油价格上涨 9%～14%，95 号汽油每升 12.50 埃镑，92 号汽油每升 11.50 埃镑，80 号汽油每升 10.00 埃镑。压缩天然气的价格从之前的每立方米 4.5 埃镑跃升至 5.5 埃镑。

4. 劳动力工薪及供需

埃及是中东地区人口大国，截至 2023 年 11 月 2 日，埃及人口约 1.06 亿，劳动力充沛。

由于埃及国内面临高通胀危机，2023 年 1 月，埃及私营部门的最低工资从每月 2400 埃镑增至 2700 埃镑，6 月又增至 3000 埃镑。

2023 年 9 月份，公共部门雇员的最低工资从 3500 埃镑提高到 4000 埃镑，并将特殊生活费用津贴提高到 600 埃镑。

埃及内阁 2023 年 10 月 28 日发表声明称，全国工资委员会已批准将私营部门雇员的最低工资从 3000 埃镑上调至 3500 埃镑（约合人民币 832 元），自 2024 年 1 月 1 日起生效。

据当地人事机构和统计机构统计，2023 年埃及的平均工资为每月 4000～6000 埃镑（含社保和税收），折合 130～200 美元。与此同时，工资中位数估计为 10700 埃镑。也就是说，一半人口的收入低于这个数额，而另一半人的收入则高于这个数额。

与 2022 年相比，埃及的平均工资增长了 2%。未来这一积极趋势仍将持续。月收入（中位数）最高的是开罗（11900 埃镑），其次是亚历山大（10800 埃镑）等城市。

埃及是劳动力大国和劳务输出大国，劳动力资源十分充裕，对外籍劳务需求规模不大，只有部分技术和管理岗位有一定需求。因此，只有在工程或投资项目中存在本地员工无法胜任的情况，方能授予外籍员工工作许可。

5. **土地及房屋价格**

据中国驻埃及大使馆经商处 2022 年数据，埃及工业区土地可以出售，根据地理位置、交通条件和基础设施完备情况，土地每平方米售价一般为 700~1000 埃镑，厂房为每平方米 1000~2000 埃镑，厂房租价为每平方米每月 20~50 埃镑。购买土地 5 年内须动工建设。上埃及东岸部分土地可免费提供，条件是 3 年内必须开工建设。

泰达经贸合作区起步区 1. 34 平方千米已完成建设，所有土地已售出。扩展区 6 平方千米，土地为 45 年使用权。目前土地价格分别为：工业用地 50~55 美元/平方米，物流用地 60 美元/平方米，商业用地 100 美元/平方米，厂房出租的租金为 38~44 埃镑/平方米/月，办公室租金为 135~153 埃镑/平方米/月。泰达保税仓可为企业提供保税与非保税仓储、海关查验、装卸货、组合包装、分拣分装、物流配送服务。保税仓堆场可提供空箱和重箱堆存、清洗、熏蒸、维修服务。

埃及公共自由区的土地只能租用，租金比一般工业地块高，需根据项目情况单独洽谈价格。如果现有的私人项目申请为私人自由区，其土地性质不发生变化。

经济特区的土地只能租用，最长租期 50 年。

6. **建筑成本**

2022 年 4 月，埃及主要建筑材料价格如表 5-5 所示。

表 5-5　埃及主要建筑材料价格

材料名称	单位	价格（埃镑）
螺纹钢	吨	19900
水泥	吨	1330~1480
石膏	吨	580~860

续 表

材料名称	单位	价格（埃镑）
沙子	立方米	190~250
实心混凝土（25×12.5×6cm）	千块	1050
实心混凝土（40×20×12cm）	千块	6500
实心混凝土（40×20×20cm）	千块	4900
孔砖（25×12×6.5cm）	千块	1595
孔砖（25×12×13cm）	千块	2218

资料来源：埃及建材局。

三、第三阶段：建设实施

（一）劳动用工

埃及属于发展中国家，经济相对落后，教育资源匮乏，因此需要大力发展经济。由于是中东地区的人口大国，且人口结构年轻化，本身劳动力资源十分充裕。为了解决国内劳动力就业问题，埃及法律规定，外籍员工占比10%，特殊情况可放宽到20%。

埃及在用工方面应注意以下内容：

（1）外国人赴埃及工作，必须获得相关部门签发的工作许可证，并确保相关证件在有效期内。

（2）严格遵守埃及最新《劳动法》规定，依法用工，依法纳税。派出劳务人员前，应全面、详细、如实地向其介绍埃及相关情况、工作和生活条件以及工资待遇，签订劳务派遣合同，并建立劳务纠纷和突发事件应急预案。

(3) 中国公司要遵守埃及社保条例规定，按时支付雇员的社保基金。

(4) 注意劳工的“本地化”要求。中国公司要尽可能雇用埃及劳工。

(5) 中国赴埃及的劳务人员应尊重当地的文化、宗教、风俗和生活习惯，本着和谐相处、互利共赢的理念，与当地民众和谐相处。同时，要提高安全和防范风险意识，注意规范言行、避免激化矛盾，以免给自身工作和生活带来安全隐患。遇到问题时，务必依法维权，切勿采取过激行为，以免因违法而陷于被动。

[**案例** 5-4]

中国建筑股份有限公司埃及分公司承包的埃及新行政首都CBD项目中，优质的劳务队伍已成为稀缺资源，CBD项目聘用了小部分技术较好的中国工人和大部分属地工人，属地化率约80%，采取阶梯式劳务管理策略，逐级带动与指导，在人工成本相对可控的情况下，保证项目进度和质量。同时，在某个阶段或某个专业抢工需要时，则采用中国的专业分包，短期突击完成。下一步将重点加强属地化培养，高端项目属地化率达到80%以上，中端项目达到90%以上，节约人工成本；逐步吸纳一部分优秀中国工人，有针对性地开展文化、语言、管理技能培训；选拔优秀的、有威望的属地工人，重点培养，达到“以埃管埃”的效果。

点评：

埃及法律允许外商设立代表处的期限为3年，3年后代表处变成公司或者注销。当我国工程企业进入埃及市场时，除了选择合适的代理（埃及有实力的代理很难找到）外，要注册自己的代表处机构，并可招聘3~5名当地人员组成的团队，做好埃及市场的有关政治、经济、安全、发展规划、海关、税务、某个项目的现场情况以及实施环境等有关情况市场调查工作。通过对团队的专业培训，增强在埃项目市场的推广能力；协助处理在埃日常的住房、车辆、税务、工作许可、银行、媒体等当地烦琐的事务；在条件成熟时，可通过代表处公司化，在埃及工程承包协会注册证书，并选择与当地设计院合作或投资参股，建立起一支当地运营团队，可独立投标和拿项目。

（二）工程质量管理体系

1. 政府的质量监督要求

埃及政府根据《公共采购法》，对公共项目的招投标进行规范和监督，要求投标者具有国际认可的专业资格，产品符合国际标准和要求，参与招投标要有埃及代理人或在埃及设立有法人资格的机构等。此外，埃及政府还通过 EOS 制定和实施一系列的国家标准，涵盖了建筑、工业、农业、服务等各个领域，并颁发埃及质量标志，表示产品符合相关的埃及标准和国外标准，并且生产企业应用了综合质量管理体系。

2. 业主对质量的要求

埃及的业主通常对承包商的资质、经验、信誉、技术能力、质量保证和控制体系等方面有较高的要求。业主会在招标文件中明确规定工程的质量标准、验收条件、质量保修期等内容，并要求承包商提供相应的证明文件和保证金。业主还会通过定期的监督、检查、评估等方式，对工程的质量进行严格的监控和评价，以确保工程的质量符合合同要求和预期目标。

3. 承包商的质量管理措施

在埃及开展工程建设的承包商为了满足政府和业主的质量要求，

以及提高自身的市场竞争力，通常会采取以下一些质量管理措施：

（1）建立和完善质量管理体系，按照合同规定标准进行认证，确保工程的质量计划、质量控制、质量保证、质量改进等各个环节的有效实施。

（2）选择成熟可靠的代理、分包商、供应商和咨询公司，建立良好的合作关系，明确各方的质量责任和义务，共同保障工程的质量水平。

（3）引进和培养高素质的工程技术人才，提高员工的质量意识和技能水平，定期进行质量培训和考核，激励员工参与质量改进和创新。

（4）利用先进的技术和设备，提高工程的设计、施工、检测等方面的质量和效率，采用数字化、智能化、绿色化等新型模式，适应市场的变化和需求。

（5）加强与政府、业主、社会等各方的沟通和协调，及时了解和反馈工程的质量情况，处理和解决可能出现的质量问题和纠纷，保持良好的质量信誉和口碑。

点评：

埃及和我国一样，一般有监理单位作为建设单位的监督责任主体，从施工前期准备到竣工验收及交付使用整个项目周期，实施全过程监督管理工作。制定系统的监督管理流程包括质量保证体系、质量检验、监控制度、质量签证制度等具体落实制度，根据施工图纸以及工程质量手册和操作规程进行监管，重点监督隐藏工程部位，有效地控制项目工程的每一个环节，严格执行分批次验收程序，在确保相关工序符合标准后才可进行下道工序施工，为做好施工质量控制工作提供保障。

（三）HSE[1] 管理规范

1. 埃及 HSE 相关要求

虽然埃及《宪法》没有直接提及职业安全和健康要求，但提到了政治、社会、文化和经济领域的性别平等（第 11 条）以及每个人都有工作权利。《宪法》禁止强迫劳动（第 13 条），提到国家有责任保护雇员（第 14 条）以及为其提供文化、社会和卫生服务的义务（第 15 条）。

《劳动法（12/2003）》的目的是组织就业关系，明确就业协议各方的义务和权利，并确保工作场所的安全和健康。该法专门有一节涉及职业安全和健康要求以及确保工作环境的适当性。此外，还有一些部级法令对其进行了补充，这些法令详细规定了更为具体的技术条款，其中最重要的有：

2003 年第 126 号法令规定了工伤事故、死亡和疾病的通报程序和形式。

2003 年第 211 号法令规定了在工作场所采取职业安全和健康措施的必要条件和预防措施。

2003 年第 134 号法令确定了所涵盖的企业类型、职业安全和健康服务和委员会以及相关的职业安全和健康培训机构。

埃及还颁布多部涉及环境保护的法律、行政法规和法令。其中最重要的有《环境保护法（4/1994）》、关于保护尼罗河和水道的第 48/1982 号法律、关于防止吸烟危害的第 52/1981 号法律、关于公共清洁的第 38/1967 号法律、关于液体废物处理的第 93/1962 号法律、关于防止电离辐射的第 59/1960 号法律以及规范高音喇叭使用的第 45/1949

[1] 指健康、安全和环境。

号法律。

点评：

HSE 管理是一项系统的工程，是一种执行标准的管理，同时要认识到国际项目由于地区不同、政治不同、自然环境不同、宗教信仰不同、民族习惯不同等决定了不能用同一种方法去解决和处理相同的问题。

2. 我国商务部和生态环境部对境外投资合作有关环保的指引

目前，规范我国海外投资环境保护的主要政策是《对外投资合作建设项目生态环境保护指南》，是由生态环境部、商务部在 2022 年 1 月联合发布的指导性文件，是对原有《对外投资合作环境保护指南》（商合函〔2013〕74 号）进行的修订。目的是进一步做好对外投资建设项目生态环境保护工作，高质量推动对外投资项目建设。

《对外投资合作建设项目生态环境保护指南》（以下简称《指南》）在以下几方面进一步优化对外投资合作建设项目环境管理：一是进一步明确适用范围。《指南》适用于中国企业在境外开展投资建设的新建（含改建、扩建）类项目、收购并购类项目以及承包工程项目。上述类型的项目在开展生态环境管理工作时，均可参考《指南》。二是进一步丰富内涵。《指南》针对污染防治、应对气候变化、生态系统和生物多样性保护等多个领域提出对外投资合作建设项目工作指引。三是理顺项目全生命周期管理流程。根据项目投资建设前、施工期、运营期、关闭退出等主要环节，《指南》调整并补充完善了相关规定。四是进一步提高境外项目环境管理水平，《指南》鼓励项目采用国际通行标准或中国更严标准开展生态环境保护相关工作，并对企业提出完善内部环境管理体系、鼓励开展清洁生产、加强信息发布等要求，强调企业环境管理主体责任。

3. **我国商务部对境外投资合作有关安全管理的指引**

中国商务部合作司与中国对外承包工程商会共同发布的《境外中资企业机构和人员安全管理指南》（第三版）为境外企业和对外投资的安全保护工作提供了全面的指导。

四、第四阶段：竣工验收

竣工验收是在分项、分部和单位工程验收完成的基础上进行的，是全面考核项目建设工作，检查是否符合设计及合同要求的必要环节。

（一）竣工验收条件

竣工验收条件由与雇主的合同条款约定，一般来讲应完成以下工作：

（1）工程已按批准的设计内容全部完成；

（2）工程自检验收及评价完成；

（3）历次验收所发现的问题已基本处理完毕；

（4）归档资料齐全，符合合同约定；

（5）工程投资全部到位；

（6）竣工结算完成合同约定；

（7）按合同约定，项目的安全、环保、消防、水保档案等各单项已通过验收；

（8）合同约定的其他事项。

（二）竣工验收准备

在竣工验收阶段，承包商在埃及承包的项目需要进行验收准备，以确保项目的顺利验收。验收准备包括以下几个方面：

(1) 准备相关的文件和资料，包括项目的设计文件、施工图纸、验收标准、质量检测报告、安全检查报告、环保检查报告等。

(2) 相关的证明材料，包括建筑质量证明、安全证明、环保证明等。这些证明材料需要由当地的相关部门进行审核和认证。

(3) 进行内部验收，对项目进行全面检查和评估，确保项目的质量、安全和环保符合要求。

(4) 需要邀请当地的相关部门进行外部验收，对项目进行全面检查和评估，确保项目的质量、安全和环保符合当地的标准和规定。

(5) 如果项目存在质量、安全和环保方面的问题，承包商需要进行整改，确保项目符合要求。

验收前，项目公司/项目部应与业主进行充分的沟通，明确项目验收要求，包括需要业主参与的验收项（如隐蔽工程等）及最终的移交标准等，并将相关要求准确反馈至各分包单位。项目公司/项目部须严格依据设计图纸和有关国家规范标准的要求执行分项、分部和单位工程验收。对于工程隐蔽部分和其他需要中间验收的部位，项目公司/项目部应通知监理在施工过程中进行验收，要注意验收前通知时限。提前通知监理，避开周末、节假日等不利因素。

（三）竣工验收的程序

埃及项目有一个特点，每项工作实施的前提是业主文件的审批通过。因此，必须按照对外合同要求，制定详细技术规格书、厂验程序、施工图、发运文件、安装程序、现场验收程序、培训大纲、备件清单、竣工图以及审批计划。竣工后验收组首先进行现场实体验收，通过后逐一核查各类提报资料，监理管理委员会全体人员无异议、签字确认后方可完成验收。

以商务部牵头的援埃项目——埃及中文学校竣工验收程序为例，在援外司和驻埃及大使馆经商处领导下，现场施工监理组、设计代表组、施工技术组三方按照各自的职责工作，完成工程项目后，埃及中文学校项目竣工验收程序如下：

（1）在现场具备验收条件时，由三方共同协商后打报告到经商处，经商处同意后，由其向援外司正式递交申请验收报告。竣工验收由四位专家（其中两位是中期验收组的）和一位政府官员完成，他们不仅是对工程质量进行检查验收，还对工程资料及各方工作程序进行检查。

（2）验收组在到达埃及后，与经商处及时联系，议定验收程序。

（3）接下来由验收组主持召开工程验收首次会议，宣布验收程序及检查内容，并听取各方的工作汇报。

（4）开展现场的工程质量检查验收和工程资料的检查，在检查中现场发现一些细小的质量问题，提出需要整改，并且在资料的检查过程中也有表格内容的填写不完善、一些报验手续或变更资料不详尽的问题。检查完毕后，书面列出检查结果和下发整改通知，要求在规定时间内进行质量和资料的完善、整改。经过认真地质量整改和资料的完善补充，验收组专家一致认同。

（5）召开验收末次会议，也就是正式的验收签字仪式，宣读该工程验收结果，埃及中文学校单位工程为优良。

五、第五阶段：投产运营

（一）项目运营

如果合同中约定项目由中方公司负责运维，则在验收合格进入投产后，中方公司应立即组织人员开始项目运维工作。而在验收前期，中方公司就应做好相应的运营前期准备工作，如提前招募并培训当地运维人员、管理人员提前进场，提前购置办公和生活家具，做好技术交接等工作。

对于运维模式选择，实践中通常有业主自行运营维护和外部运维商运营维护两种模式。考虑到我国承包企业大多不具备专业的运营维护能力，如果我国承包企业运作投融建营一体化项目，建议我国承包企业就项目的运营维护聘用有经验的运维商作为自己的运营维护分包商，或者由项目公司直接聘用外部专业运维商对项目进行运营维护，以确保项目在运营期内得到有效的运营、检修和维护，保持项目的持续可用性，进而保障项目投资成本和收益的回收。

（二）保修

由于项目地处国外，工程施工完成交付生产运营后，多数承包商需要撤回国内，保修和后续服务的方式、责任与期限需要在工程合同中明确细化。

在保修期内，承包商方应根据合同约定，成立工程保修组，指定熟悉该工程的技术、施工管理人员作为保修组负责人，配留足够原项目部工作认真、经验丰富、技术能力强、专业齐全的管理人员和作业人员及施工机具，建立工程保修管理制度，及时快捷处理运行中的问题，并做好保修记录。

根据埃及《民法典（131/1948）》，工程师和承包商对其建造的建筑或其他永久性工程的全部或部分损毁负连带责任，期限为 10 年，即使这种毁坏是由于地面本身的缺陷造成的，即使雇主授权建造有缺陷的建筑，除非双方有意使该建筑的使用寿命少于 10 年。所规定的保修范围包括危及工程牢固性和安全性的建筑和安装缺陷。10 年保修期从工程交付之日起计算。此外，值得注意的是，工程师只负责编制图纸，而不负责监督图纸的执行，因此只对其图纸造成的缺陷负责。合同中任何排除或限制工程师和承包商保证的条款都被视为无效。

（三）项目后评价

工程项目的后评价是工程项目竣工投产、生产运营一段时间后，对项目进行系统评价的一种技术经济活动。项目后评价内容主要包括：

（1）影响评价——对项目投产后各方面的影响进行评价；

（2）经济效益评价——对项目投资、国民经济效益、财务效益、技术进步和规模效益、可行性研究深度等进行评价；

（3）过程评价——对项目的立项决策、设计施工、竣工投产、生产运营等全过程进行评价。

中国国内项目后评价一般按三个层次组织实施，即项目法人的自我评价、项目所在行业评价和各级发展计划部门（或主要投资方）的评价。

企业在埃及投资项目首先应进行项目法人的自我评价，组织项目相关部门编写项目总结，从项目的前期准备到竣工验收，全面系统地总结各个阶段的实施过程，查找问题，分析原因；对项目的工程技术效果、财务效益、经济效益、环境影响、社会影响等进行分析评价，对照项目可研评估结论和主要指标找出变化与区别；对项目目标的实现程度及适应性、项目的持续发展能力及问题进行分析评估得出项目后评估结论，总结经验教训，提出对策。

六、在埃及开展工程的其他注意事项

（一）处理与政府和议会的关系

埃及中央政府统揽经济事务，地方政府权限相对较小，仅在用地、安全保障等方面具有一定决定权。中国企业要在埃及建立和谐关系，就要做到：

首先，要详细了解中央政府部门和地方政府的相关职责，与埃及中央政府有关部门、地方政府建立密切关系，特别要与贸易和工业部、交通部、国际合作部、内政部、投资与自由区管理总局等部门建立工作关系。

其次，密切关注中央政府的最新经济政策走向，尤其是跟踪了解投资、贸易政策。埃及议会是法律制定机关，议员在埃及社会拥有一定的社会影响力。中国企业应积极了解议会各专业委员会的职责和他们关注的焦点、热点问题。关于合作伙伴，与有议员身份的大企业家合作是较好选择。

（二）妥善处理与工会的关系

埃及工会组织力量较弱，主要存在于国有企业，私营及外资企业没有成规模的工人组织。在雇员超过 50 人的公司，工人有权组织工会。少数企业曾发生过罢工，要求提高工资，但很快平息，未造成严重影响。中国企业基本可以较好地进行劳资沟通，劳资纠纷情况并不严重。建议在埃及投资或参股埃及国企的中国企业，与当地工会组织保持密切沟通，吸收工会领袖参与企业管理；独资企业应掌握工人的动向，保持密切沟通，掌握员工的动态。

（三）密切与当地居民的关系

埃及社会对外开放，埃及人热情好客，对外资企业持欢迎态度，遵纪守法的企业会赢得当地居民的好感。中方人员应积极学习当地语言和文化，尊重当地生活习俗和宗教禁忌，在公众场合避免谈论宗教、政府等敏感话题，举止得当、穿着得体，以免引发误会。

中国企业可积极参与当地社区福利事业建设，通过向学校及社区捐赠图书、运动设施、医疗物资等方式加强与社区的关系。在斋月期间及其他伊斯兰节日，根据企业情况筹资进行慈善活动或派发开斋饭及食物。在做好疫情防控工作的前提下，可邀请埃及员工及家人参加中国节日庆祝，增强他们对中国文化的了解。

[案例 5-5]

自 2015 年以来，埃及中国商会与埃及慈善机构（埃及共同发展协会）合作，每年斋月期间举办慈善活动，至 2023 年已连续举办九届。疫情特殊时期，商会坚持组织在埃中资企业支持埃及慈善事业，筹集善款并向埃及贫困民众捐助斋月礼盒、防疫物资，得到埃及政府人士和当地社会的广泛赞誉，对维护中埃友好关系、加强中埃两国“民心相通”具有重要意义。

（四）尊重当地风俗习惯

埃及民风淳朴，对中国友好。中国公民在埃及应注意以下方面事项。

1. 尊重当地宗教信仰

要时刻注意尊重当地穆斯林的宗教习惯，在公众场合不要谈论宗教内容。斋月期间，合理安排埃及员工工作时间及工作量，中国员工不要在埃及员工在场的情况下公开饮食。作为伊斯兰国家，大多数埃及人都不饮酒。酒后与埃及人会见、会谈是很不礼貌的行为。斋月期间要特别注意上述要求。

2. **尊重当地历史文化**

埃及人自尊心强，认为自己国家历史悠久，是中东和非洲地区大国。因此，与埃及人交流，即使埃及人批评社会问题，中方人员也不要随便谈论埃及社会发展中的不足之处，更不要对埃及政府及其领导人进行评论。

3. **注意商务和生活礼仪**

埃及人工作场合普遍穿西服，与埃及人会谈穿休闲装是很不礼貌的做法。埃及人时间观念不强，工作约见应掌握好时间节奏，为埃及人预留充足时间。在宾馆、酒店等公众场所应避免大声喧哗，进入旅游景点要排队。注意吸烟的场合。不要随意打听埃及人的收入、家庭等隐私。

4. **体现关怀**

在斋月期间，部分中企组织中埃员工共进开斋饭或举办庆祝交流活动，体现出对当地文化的认同和对当地员工的关怀。

（五）承担必要的社会责任

中国企业在埃及开展投资合作，要承担必要的社会责任，关注企业发展对当地资源、劳工、环保、安全等方面的影响。埃及居民维权意识较强，遇到问题往往诉诸执法机构。中国企业要增强安全生产意识，所有高危行业必须根据埃及法律规定，配备必要的安全措施，避免发生安全生产事故。各企业应制定危机响应机制或应急预案，一旦发生安全生产事故，及时妥善处理并将负面影响降到最低。

中国企业不得进行商业贿赂。中国企业和人员应遵守当地法律法规和社会公德，每个人在国外都代表国人形象，不做损害国家形象和企业声誉的事情。

点评：

处理好地方关系是中资企业承建项目得以顺利进行的关键。中资企业要通过梳理社会关系，逐渐与当地社会各主要力量建立良好的沟通机制，并引导他们把自身力量转化为推进项目实施的支持力量，逐渐将形势发展方向牢牢掌控到自己手中。积极履行社会责任就是引导形势转化的有效办法之一。

（六）依法保护生态环境

埃及虽是发展中国家，但较为重视环境保护。工业污染相对较小，生活污染比较严重。根据埃及环境保护法律规定，生产型企业在获得生产许可证前，应进行环境影响评估，对企业生产中产生的污染进行治理，只有治理符合标准后才能排放。埃及居民对工业污染非常敏感，投资污染性较大的行业，不仅要了解当地环保及生态标准，做好预防及治理污染措施，还要与当地居民进行沟通。

（七）懂得与媒体打交道

媒体在埃及具有巨大的社会影响力。企业应主动并善于和媒体打交道。首先，要分层级建立企业的媒体圈，直接与相关媒体的记者联系；与媒体高层建立关系，并尽可能进行日常沟通，多进行拜访交流；配合企业的品牌推广，同记者以及编辑建立联系。其次，可选择强有力的公关公司，与媒体取得间接或直接联系。

与媒体打交道时要注意以下几点：一是及时披露信息。企业应建立信息披露机制，可设新闻发言人，定期向媒体发布相关信息。建立媒体危机应急流程，在面对舆论压力或出现谣言时，应主动发声，积极应对。二是主动邀请媒体到企业参观采访，了解企业真实发展状况，并欢迎其对企业生产和经营活动进行宣传和监督。积极推进各种策划、媒体旅行、媒体联谊会等多种多样的活动，展现企业良好面貌。三是对企业所需的媒体进行划分，分出核心媒体和一般媒体，对核心媒体进行重点维护，对于一般性媒体，可选择一家长期合作的公关公司，保证企业媒体信息的准确全面投放。

[案例 5-6]

利用媒体推介会扩大影响。中埃·泰达公司与中国驻埃及使馆经商处联合在苏伊士经贸合作区举办媒体推介会，并邀请参会记者参观园区建设进展，刊发多篇稿件，对园区招商和推广产生积极影响。埃及总理视察中建埃及分公司承建的埃及新行政首都中央商务区项目，并见证标志塔主楼基础底板开盘浇筑，引发埃及媒体和社会的广泛关注。

（八）与执法人员打交道

警察、税务、海关及其他执法人员是维护埃及社会安全稳定的强力行政力量，依法检查是执法人员依据埃及法律进行的合法行为。中国企业及人员应善于和他们打交道，积极配合他们的执法行为。

对埃及实施紧急状态和在公共场所进行的安全检查，中方人员应按照要求配合检查。埃及警察一般不会临时检查身份证件，但是中方人员出门应尽量携带有效证件或复印件，如果没有携带有效证件，不要慌张也不要逃跑，应向警察说明情况，请公司派人联络。

如果中国企业员工被带到警察局，应及时通知公司并通报中国驻埃及使馆。中方员工应及时申办埃及有效的居留许可。

中国企业应聘请专业律师处理公司有关法律事务，并向中方员工普及有关法律法规。遇埃及执法人员对公司及人员进行检查，应要求其出示相关文件，并与聘请的律师联系解决。有关情况要及时报告中国驻埃及使馆。如果中方人员证件被埃及执法人员没收，应要求其出示收据作为证据；如果证件被撕毁，应牢记相关人员姓名及长相，以便投诉。

（九）传播中国传统文化

中国传统文化博大精深，埃及民众和企业对中国文化抱有浓厚兴趣，对中国了解不断加深。中企宜将中国文化同“入乡随俗”有机结合，主动介绍中埃文化，以便埃方更好地了解中国企业的投资理念和目标，减少误解。还可结合中国传统佳节，以适当方式与当地员工甚至社区共同庆祝，增进彼此了解和感情，营造有利于企业发展的环境。

（十）其他

埃及是多民族国家，社会结构较为复杂，一些偏远部族聚居区的实际管理者是当地部族首领。因此，中资企业在这些地区开展业务时，不可避免地会与这些部族打交道。这些部族所在地区大多比较贫困，有些部族组织了私人武装。建议中资企业一方面充分尊重这些部族的习俗和信仰，另一方面，尽量为这些部族提供就业机会，增强彼此之间的信任，建立稳固的友好关系。

Chapter 6

第六章

埃及投资风险和机会分析

一、埃及整体营商环境

2014 年 6 月塞西当选总统以来，结束了埃及的政治动荡，政局趋于稳定。在经济上，塞西推出雄心勃勃的发展蓝图，力推新首都、铁路和能源建设等国家级大项目，着力吸引外资和促进私人投资，经济状况逐步好转。2018 年 3 月，塞西连任成功，各项经济政策得以持续推进，特别是成功修宪后，塞西理论上可连任至 2030 年，有利于政治经济形势保持长期稳定。

近年来，埃及政府积极加大吸引外资力度。在法律层面，规定外国投资者和埃及国民享有同等法律待遇，修订了《投资法》《公司法》《破产法》等法律。其中，《投资法》包含一般激励、特殊激励和附加激励措施。依照《投资法》注册的外资企业可享受相关便利化和税收返还政策。为进一步鼓励投资，埃及政府计划继续修改《投资法》，降低外资进入门槛，并将原本于 2023 年到期的投资者税收激励政策再延长 5 年，主要鼓励投资者向电动汽车、海水淡化、绿色氢能等绿色产业发展。

在外汇管理方面，根据国际货币基金组织与埃及达成的贷款协议，埃及近年逐步取消多项外汇管制措施，采用弹性和更开放的汇率机制。《投资法》的规定保证投资资金和利润可以自由汇出；在市场准入方面，向私人资本开放天然气销售、电力、铁路建设等垄断领域，并不断简化外国企业投资创业的审查流程和相关手续；在政策优惠方面，持续推进税务改革，包括简化增值税机制等。为提高投资承载能力，新设了“黄金三角”经济特区等投资园区，为投资者返还一定比例的投资成本。

埃及政府积极优化投资服务。埃及投资与自由区管理总局主要负责制定并实施引资政策、审批和管理外资项目等。该局在全国设立11个投资者服务中心，为投资者提供一站式服务，还发布了埃及投资地图和全新的投资服务网络平台，提供企业在线注册、投资项目查询、政策发布等功能。

埃及持续改善投资环境，取得一定成效。南非兰德商业银行此前发布的一份报告显示，埃及已连续3年蝉联非洲最佳投资目的地国。

（一）外商投资情况

1. 贸易情况

埃及于1970年加入关税及贸易总协定（GATT），1995年加入WTO，是WTO创始国之一。埃及参与的多双边自贸安排包括：1997年与17个阿拉伯国家共同建立大阿拉伯自由贸易区，1998年加入由20个非洲国家组成的东南非共同市场，2004年与约旦、摩洛哥、突尼斯共同签署阿加迪尔协定，2004年与美国、以色列签署合格工业区协议，2005年与土耳其签署自由贸易协定，2007年与欧洲自由贸易联盟签署自由贸易协定，2010年与拉美区域经济合作组织南方共同市场签署自贸协定，2018年签署非洲大陆自由贸易区协定。其中，非洲大陆自由贸易区第三阶段的谈判将以电子商务为主题，旨在缔结“非洲大陆自贸区电子商务议定书”，在国家、次区域等各级层面建立电子商务平台。

埃及是联合国政府间气候变化专门委员会成员国，1994年签署《联合国气候变化框架公约》，2005年签署《京都议定书》，2017年签署《巴黎协定》。埃政府于2020年启动《2035年综合可持续能源战略》，2021 年启动《2050 年国家气候变化战略》。

（1）贸易规模和贸易伙伴：埃及同 120 多个国家和地区建有贸易关系。2022—2023 财年埃及对外贸易总额为 1104.07 亿美元，其中进口 707.83 亿美元，出口 396.24 亿美元。埃及与 14 个国家的贸易额达到 674.69 亿美元，占比 61.1%；埃及从这些国家进口 422.39 亿美元，出口 252.29 亿美元。阿联酋是埃及最大贸易伙伴国，双边贸易额达 85.4 亿美元；埃及进口 49.92 亿美元，出口 35.48 亿美元。美国位居第二位，美埃贸易额为 76.06 亿美元；埃及进口 42.05 亿美元，出口 34 亿美元。中国是埃第三大贸易伙伴国，双边贸易额 75.04 亿美元；埃及进口 65.99 亿美元，出口 9.048 亿美元。沙特、土耳其、德国、意大利、英国、印度、西班牙、瑞士、科威特、荷兰、法国等分列 4～14 位。

（2）贸易商品结构：埃及主要进口商品是机械设备、谷物、电器设备、矿物燃料、塑料及其制品、钢铁及其制品、木头及木制品、车辆、动物饲料等。主要出口产品是矿物燃料（原油及其制品）、棉花、陶瓷、纺织服装、铝及其制品、钢铁、谷物和蔬菜。埃及出口商品主要销往阿拉伯国家。

2. 吸收外资情况

埃及“2030 愿景”提出到 2030 年吸引外资数额提升至 300 亿美元的目标。目前，埃及正积极吸引外国投资者，计划将私营部门在公共投资中的占比从目前的 30%提高至 65%。

埃及投资与自由区管理总局发布的报告显示，2021—2022 财年，埃及 FDI（外国直接投资）净增约 89 亿美元，同比增长 71.4%，为 10 年来最高。埃及 FDI 增长主要源于对非石油部门的投资增加，约为 116 亿美元，同比增长 81.3%。

根据埃及央行数据，2022—2023 财年上半年（2022 年下半年），埃及外国直接外资净流入 57 亿美元，同比增长 73%。非石油领域外资净流入 66 亿美元，增长 50%；其中流入 67.7 亿美元，流出 1.7 亿美元，绿地投资、资产出售收益和净留存收益均实现大幅增长。石油领域外资净流出 9 亿美元，下降 24.5%；其中流入 26 亿美元，流出 35 亿美元。同期，证券投资净流出 30 亿美元，增长 20%；侨汇收入 120 亿美元，减少 23%；旅游收入 73 亿美元，增长 26%；苏伊士运河收入 40 亿美元，增长 17.8%；贸易逆差 155 亿美元，减少 28.5%。

（二）埃及营商环境分析

埃及政府正通过改善投资环境政策、发展基础设施建设等，加大经济改革力度，以提高竞争力，并恢复投资者对埃及经济的信心，希望吸引更多外国投资。

1. 营商环境优势

（1）独一无二的区位优势。埃及地跨亚非两大洲，北面隔地中海与欧洲相望，西南部直通非洲大陆腹地。苏伊士运河是联通欧亚的航运生命线，战略地位极其重要。埃及还拥有与欧、亚、非各国相连的海运、空运航线，以及同周边非洲国家相连的陆路交通网，交通便利，地理位置优越。

（2）优越的国际贸易条件。埃及于 1995 年加入世界贸易组织，并积极参与各种多边和双边贸易协定。目前已加入的区域贸易协定主要包括：埃及-欧盟伙伴关系协议、大阿拉伯自由贸易区协定、非洲自由贸易区协定、（美、埃、以）合格工业区协定、东南非共同市场、埃及-土耳其自由贸易区协定等。根据这些协定，埃及绝大部分产品向协定地区国家出口享受零关税的自由贸易政策。

（3）充足的人力资源。埃及是中东地区人口最多的国家，是非洲第三人口大国，劳动力资源十分充裕，25 岁以下人口占比超过 50%。此外，埃及低端劳动力和高端劳动力并存，整体工资水平在中东和地中海沿岸地区很有竞争力。年轻人的英语普及率相对较高，法语人才也较多。拥有相当数量受过高等教育的技术和管理人才，每年新增大学毕业生超过 30 万人。

（4）较丰富的自然资源。埃及石油天然气资源不断有新发现，地中海最大的祖哈尔气田投产后，埃及再次实现天然气出口。此外，还拥有较为丰富的磷酸盐、铁矿、石英矿、大理石、石灰石、金矿等矿产资源。

（5）充满潜力的国内市场。埃及是非洲第三大经济体、第三人口大国，国民消费意识较强，国内市场规模大。同时，消费结构两极分化，不仅存在大量处于基本生活消费阶段的低收入人群，还拥有可观的已进入享受消费阶段的高收入人群。高收入群体的市场购买力相当强劲，国内市场充满潜力。

（6）相对完善的基础设施。截至 2022 年，埃及公路基本连接全国大部分城镇乡村，已建成超过 74 万千米的初级和二级公路。全国共有机场 30 余个，其中 11 座为国际机场。此外，截至 2021 年底，埃及电力总装机容量为 59530 兆瓦，发电能力在非洲及中东地区居首位，并实现可观的电力盈余和出口。整体上，埃及基础设施虽面临老旧的问题，但就整个非洲而言，仍属较为完善。

2. **营商环境劣势**

（1）营商环境有待优化。埃及的税费制度不稳定，随时可能调价，企业或临时被通知须缴纳某项税费，或面临某项标准检查。另外，政府各部门之间的协调不够通畅也是一个长期存在的问题。

（2）国内经济陷入困境。随着主权债务和货币危机愈演愈烈，埃及社会经济动荡加剧。自 2016 年以来，埃及一再削减社会支出，并依靠代价高昂的短期外债为重要项目提供资金。随着部分债权人削减埃及债务风险敞口，埃及陷入财政和国际收支危机。再加上主要进口商品的美元计价成本大幅上升，埃及本国货币所面临的压力急剧增加。埃及需要大量美元资金来缓解当前的货币和流动性危机，否则当地贫困或将加剧并引发内乱。

（3）社会治安形势有待改善。由于人口激增、失业率增加、就业困难、通货膨胀严重、财富分配不均，埃及国内贫富差距拉大，人民不满情绪较高，犯罪率大幅上升。在这种形势下，中国投资者的人身财产安全不能得到百分百的保障。

（4）埃及人的就业观念与职业精神有待改善。埃及虽然拥有人口红利，但是当地员工的思想观念比较落后，加之长期以来形成的就业观念，不少埃及工人不适应企业的正规管理，纪律意识淡薄，时常无故旷工，一些在中国行之有效的管理方式在埃及难以奏效。埃及《投资法》虽然提高了外籍工人比例的上限，但是不少中国企业仍然面临用工困境。因为埃及产业工人较少，专业人才难觅，尤其是合格工程师及熟练工人招聘困难，埃及员工生产效率低，培训成本高。这也是中国企业赴埃时面对的问题之一。

3. 近期改善投资环境的措施

近年来，埃及在优化营商环境方面作出了诸多努力，主要包含以下四个方面：

一是降低开办企业门槛。通过简化营业许可要求、提升“一站式”服务等措施，使企业创业更加便利。

二是提供更稳定的电力供应。通过自动化系统监视和停电报告方式，提高电力供应的可靠性。

三是注重保护中小投资者权益。要求上市公司发行新股时应加强对中小投资者的保护，避免对其权益的侵害。

四是纳税方式便利化。埃及使用在线税收申报和缴纳系统，使纳税人缴纳税款更便捷。

（三）外国援助

1. 接受国际援助概况

埃及接受的外国援助主要有无偿援助、低（无）息贷款，以及无息外币存款等几种形式。其中，无偿援助多由美欧提供，贷款由国际和地区性发展金融机构提供，无息外币存款多由海湾国家注入。2011年革命后，一些国家和机构对埃援助相对减少或暂停。塞西总统执政以来，国际社会对埃援助逐渐恢复。因地缘关系及利益关切度方面存在差异，有关国家和机构对埃及援助的资金规模和目的有所区别。

（1）欧美发达国家及多边金融机构。出于地缘和安全考虑，埃及一直是阿拉伯国家中接受美欧国家援助最多的国家之一，这种援助以提升区域战略合作和强化安全保障为主要出发点。

美国每年为埃及提供 15 亿美元的援助（包括 13 亿美元军事援助和 2 亿美元经济援助），2013 年一度中断，后于 2015 年恢复。2021年，美国国际开发署向埃及提供 1.25 亿美元援助。2021 年，埃及国际合作部与美国国际开发署签署 7 项双边合作协议，以支持卫生健康、基础教育、高等教育、科学和技术、农业、治理和贸易以及投资等领域发展。

2014—2020 年，欧盟在欧洲邻国文书框架下向埃及提供的双边援助达 7.56 亿欧元，着重支持埃及实现经济现代化、能源可持续化，提高社会发展与社会保障水平，建设稳定和现代的民主国家。2022 年 2 月，欧盟宣布将为北非阿尔及利亚、埃及和利比亚三国提供 1800 万欧元人道主义资金，用于支持受疫情和地区冲突影响的弱势群体，确保其能够获得医疗保健、教育和其他服务；4 月，欧盟宣布将向埃及提供 1 亿欧元，以帮助其应对由于俄乌冲突导致的食品价格上涨问题。预计到 2027 年，埃及可从欧盟获得 10 亿欧元用于支持经济社会发展。截至 2021 年底，欧洲复兴开发银行累计向埃及提供资金 85.5 亿欧元，涉及 144 个项目。德国政府与埃及有超过 30 个发展合作项目，总金额达 17 亿欧元，涉及技术教育、职业培训、污水、灌溉、供水、固体废物管理等多个领域。2021 年，德国政府分别向埃及提供 1.51 亿欧元和 1.97 亿欧元发展融资，用于支持可再生能源、城市发展和固体废物管理等领域的合作项目。在 2016—2020 年，英国为埃及提供超过 5000 万英镑，以支持埃及的持续稳定和繁荣。2020 年，英国援助埃及 200 万英镑用于应对新冠疫情。2021 年，法国与埃及签署 38 亿欧元的发展融资协议，以支持公共交通、可再生能源以及社会保障和发展，涉及埃及法国大学、开罗地铁 1 号线等项目。国际金融机构方面，2022 年 3 月 23 日，埃及政府正式请求国际货币基金组织提供融资支持，以帮助减轻与俄乌冲突有关的经济影响。自 2016 年以来，国际货币基金组织已批准向埃及提供 3 笔总额为 200 亿美元的贷款。世界银行在埃及的合作项目总金额达 80 亿美元。2021 年，世界银行宣布批准向埃及提供 3.6 亿美元的发展政策融资贷款，旨在支持埃及的第二波经济改革并增强其实现可持续和包容性增长的能力；非洲开发银行在埃及项目为 30 个，总金额达 28 亿美元。2021 年，非洲开发银行批准向埃及提供 1.45 亿欧元贷款，用于铁路基础设施改造升级，还提供 8300 万欧元贷款，用于支持埃及电力行业实现绿色增长。

（2）海湾主要产油国及地区性融资机构。2011 年埃及革命后，各方势力在埃及角力，海湾富国一度取代美欧成为援埃主力。据埃及中央银行统计，自 2011 年以来，埃及从海湾国家获得的资金支持约为 920 亿美元。2022 年初，阿联酋、卡塔尔、沙特宣布向埃及提供 220 亿美元资金支持，用于帮助其应对俄乌冲突带来的经济危机。海湾国家对埃及的资金支持包括不可退还的援助、赠款、贷款和在埃及中央银行的存款以及应付利息。除此之外，埃及还获得海湾国家提供的石油和实物援助。沙特阿拉伯和阿联酋捐助额度位居海湾国家之首，接下来是科威特、阿曼、巴林和卡塔尔。沙特阿拉伯为埃及银行体系提供约 55 亿美元存款，沙特阿拉伯石油公司（阿美公司）每月向埃及提供 70 万吨石油衍生物，并向埃及提供为期 5 年总额达 235 亿美元的贷款。阿联酋向埃及各大银行提供 56.79 亿美元的存款，分期付款至 2023 年年底。另外，阿联酋还提供 86 亿美元贷款，帮助埃及购买石油产品。科威特在埃及中央银行存入 40 亿美元，以加强埃及的货币储备。

（3）以日韩为代表的亚洲国家。日韩对埃及援助主要是以在多双边框架下推动和深化双边国际事务合作为出发点，促进双边经济交流合作的民生导向型援助。日本对埃及援助主要通过国际协力机构进行，主要形式分为无偿援助、优惠贷款和技术合作。截至 2021 年 4 月，日本与埃及发展合作项目总额约 27 亿美元，其中 2.87 亿美元用于支持埃及-日本教育发展伙伴关系、11.2 亿美元用于支持电力部门、5.5 亿美元用于支持交通运输部门、4.5 亿美元用于支持旅游和文物部门、2.4 亿美元用于支持发展政策改革，5700 万美元用于支持灌溉部门。

2. 中国对埃及援助概况

利用中国政府援助实施的项目包括：开罗国际会展中心、苏伊士经济区投资服务大楼、十月六日城埃中友谊示范学校、苏伊士运河大学水产培训中心、农村学校等 16 个成套项目。中国向埃及政府提供 1000 辆机动车，援埃及海关两套集装箱检测设备，援埃及电厂太阳能路灯、医疗用品等物资项目；派遣农业专家开展技术合作项目；向埃及提供 3 批医疗物资援助和 4 批共 300 万剂新冠疫苗抗疫援助项目等。中埃双方正在实施或探讨实施的援助项目包括：卫星总装集成测试中心、远程教育改扩建、埃及 2 号遥感卫星、苏伊士经济区职业培训中心、苏伊士运河大学水产教学培训中心、苏伊士运河大学埃中应用技术学院技术援助和设备项目等。对于部分大型基础设施建设项目，双方也开展了利用中方优惠贷款和无息贷款、提高贷款优惠度的有益尝试。

（四）中埃经贸关系

1. 总体情况

自 2017 年至今，中埃两国之间的经济合作和投资关系进一步加强。

（1）双边合作框架得到进一步加强。中国和埃及政府继续加强合作，签署了一系列重要的合作协议和文件，为投资提供了更加稳定和可预测的环境。例如，2018 年，中国和埃及签署了《中埃产能合作五年规划框架协议》，旨在加强在产能合作领域的合作，推动双方产能合作水平的提升。

（2）投资领域呈现多元化发展趋势。中国对埃及的直接投资逐渐向更多领域扩展。传统领域如基础设施建设、能源等仍然受到关注，但新兴领域如信息技术、电子商务、金融服务等也成为投资的热点。中国企业在埃及开展的投资项目涵盖了多个行业，促进了埃及经济的多元化和产业升级。

(3) 投资规模进一步扩大。中国对埃及的直接投资规模持续增长。根据数据统计，自2017年以来，中国对埃及的累计直接投资额超过了数十亿美元。这些投资涉及多个领域，包括能源、制造业、交通基础设施等。中国企业通过投资并参与埃及的经济发展，为埃及创造了就业机会，推动了经济增长。

(4) 投资合作更加紧密。中国企业在埃及的投资项目中与当地企业和机构开展合作，实现了共赢发展。合资合作和技术转让成为常见的模式，通过技术、资金和市场优势的结合，双方能够实现互利共赢。这种合作模式不仅促进了埃及本地产业的发展，也提升了中国企业在埃及市场的竞争力。

2. 双边贸易情况

2006年11月，埃及宣布承认中国完全市场经济地位。近年来，两国政府积极鼓励和推动双方企业扩大经贸合作，双边贸易持续发展。2013年，中埃贸易额首次突破百亿美元，达102.13亿美元。

据中国海关统计，2022年中埃贸易总额为181.9亿美元，同比下降8.8%。其中，中国自埃及进口10.2亿美元，下降40.1%；中国对埃及出口171.7亿美元，下降5.9%。

2023年1—4月，中埃双边贸易额54.3亿美元，其中中国进口3.7亿美元，出口50.6亿美元。中国向埃及主要出口机电产品、高新技术产品和纺织服装等，自埃及主要进口原油、液化石油气和农产品等。

3. 双向投资

从2011年开始，中国是对埃投资最活跃、增长最快的国家之一，且绝大部分投向埃及优先发展的制造业领域。2022年，中国对埃及净投资额达到6.4亿美元，是埃及的第一大亚洲外资来源国。中埃·泰达苏伊士经贸合作区是中埃合作共建“一带一路”的示范性项目，已吸引近150家中外企业入驻，初步形成新型建材、石油装备、高低压设备、机械制造等四大主导产业，直接解决就业近5000人，产业带动就业约5万人。中国金融机构不断创新对埃融资模式，拓展融资渠道，有力支持了埃及新行政首都中央商务区、斋月十日城轻轨以及可再生能源发电站等标志性项目的顺利实施。2023年10月16日，埃及成功在华发行35亿元人民币的“熊猫债券”，成为第一个发行这一债券的非洲国家。

4. 承包工程

据中国商务部统计，2021年中国企业在埃及新签承包工程合同40份，新签承包工程合同额39.6亿美元，完成营业额19.5亿美元；累计派出劳务人员4109人，年末在埃及劳务人员5020人。

新签大型承包工程项目包括：中国建筑阿拉曼新城超高综合体项目、成都院GOEKES房建项目、中国能建埃及-沙特500kV超高压直流输电线路EPC项目、中化十六建城市之星沙姆沙耶赫酒店项目，以及西电等公司中标的多个变电站项目等。在建和已完工的重点项目简况如下：

（1）新首都中央商务区（CBD）项目。项目位于新行政首都一期核心区，包括1栋385米高的非洲第一高楼、12栋高层商业办公楼、5栋高层公寓楼和2栋高档酒店，共计20个高层建筑单体及配套市政工程，总建筑面积约190万平方米。项目采取“EPC+F”模式，包括中国金融机构在内的国际银团将为该项目提供商业贷款。2018年3月举行开工仪式。

2018年9月，中建集团与埃及住房部新城开发局签署二期项目总承包合同，金额35亿美元。2022年5月，一期项目20栋单体建筑全部封顶。

（2）国家电网500千伏输电线路项目。该项目由国家电网中电装备埃及分公司以“EPC+F”方式承建。工程建设内容包括15条500千伏同塔双回路交流线路，共计约1210千米。2016年1月项目正式开工，总工期为18个月。该项目是中埃产能合作首个签约、执行并完成融资关闭的项目，同时也是埃及多年以来规模最大的输电线路项目。项目于2020年完工交付。

（3）成都建筑材料工业设计研究院承建埃及6条日产6000吨水泥生产线项目。该项目内容为贝尼苏伊夫6条日产6000吨熟料水泥生产线总承包，是世界水泥行业迄今为止在同一地点、同一时间、同步建设的最大规模的水泥生产线项目。建设范围涵盖从原料破碎到水泥成品包装发运的完整水泥生产线，生产线以工程总承包方式建设，包括设计、设备制造、土建施工、供货和安装、调试和培训，以及3年运营和维护。项目于2018年5月全部完工交付。

（4）斋月十日城轻轨一期项目。该项目为双线电气化轻轨，设计车速120千米/小时，将连接开罗市区、斋月十日城和新行政首都，共设11个车站，总里程约66千米。项目于2022年6月8日举行通车仪式。

（5）阿斯旺本班光伏工业园太阳能电站项目。特变电工新能源与西班牙电力开发商阿驰奥纳、迪拜Swicorp公司在埃及联合投资3个50MW光伏项目，其中特变电工占股24%，同时承担上述项目EPC执行，这是中资企业首次参与埃及光伏领域投资，也是首次投资埃及的发电端。该项目融资由世界银行、工商银行、亚投行等国际银团联合提供，埃及也成为第一个得到亚投行融资支持的阿拉伯和非洲国家。

该项目已完工通过验收。

（6）中国港湾（埃及）工程有限责任公司承建艾因苏赫纳港口二期集装箱码头工程，主要为建设 4 个集装箱码头泊位，码头岸线总长度 1350 米，包括码头结构、疏浚与开挖、地基处理、护岸、码头办公室、变电所、道堆和其他水电等配套设施。2019 年 5 月通过验收。

二、埃及投资风险分析

近年来，埃及在优化营商环境方面作出了诸多努力，但仍有较大提升空间。根据国际知名出口信用保险机构科法斯的 2022 年国家风险评级结果，埃及的商业环境风险评级为 C，属于高风险，国家风险评级为 B，属于较高风险。中国社科院世界经济与政治研究所、国家全球战略智库国际投资研究室发布的《中国海外投资国家风险评级报告（2022）》显示，埃及在 114 个经济体中排名第 61 位，评级“BBB”，属于中等风险国家。

以下从政治风险、经济风险、法律风险、社会风险等方面对埃及投资风险进行分析。

（一）政治风险

政治风险是指由于东道国国内政治、社会、法律等因素在国内或国际环境的影响下发生了难以预料的重大变动，从而导致投资国企业的利润或经营目标无法持续的可能性。对于该类风险，一般的防范措施为：特许权协议必须得到东道国政府的正式批准，并对项目付款义务提供担保；向国家出口信用保险公司投保政治保险。

1. 政局风险

总体上看，埃及政局相对稳定。作为国家首脑的塞西以及执政党仍占有主宰地位，牢固地掌控着埃及的军政大权。在塞西赢得大选后，这种权力格局和优势地位在短期内不会发生明显改变。但仍要关注反对派人士可能激化国内矛盾，引发罢工、游行示威等活动，企业可能面临扰工、阻工情况，正常生产经营活动受到干扰。企业需要密切关注埃及政局动态和前景，避免卷入政治斗争。

2. 政策风险

埃及政府部门政策变化较大，政策执行力较低，政策出台往往比较突然，部分政策调整会影响在埃及中国企业的经营。与此同时，埃及相关政府部门间的协调能力较差，办事效率较低，这也对中国企业在埃及的工作效率有较大影响。

[案例 6-1]

2020 年初，某中资企业在苏伊士运河经济特区（具有保税区性质的独立关税区）投资建成摩托车厂，在向埃及本地市场出口时遇到政策冲突。埃及贸工部与苏伊士经济区管理局就区内产品内销政策协调时间过长，导致企业生产的摩托车一年多无法清关内销，企业被迫停产停工，损失严重。

3. 地缘政治风险

埃及因其独特的地缘位置，历来都是域外势力角逐之地。当前，美国、欧盟和其他国家在埃及谋求自身地缘战略利益，对中埃“一带一路”框架下的合作多有防范。此外，在地区层面，巴以新一轮冲突爆发，加剧了地区局势紧张，导致地区国家关系分化重组，极易引发地缘政治冲突，从而给中国参与埃及工程建设带来难以确定的政治风险。不仅如此，埃及周边国家包括叙利亚、伊拉克、利比亚、也门、伊朗、极端组织“伊斯兰国”等形势发展易对埃及国家安全造成冲击，从而对中埃双边贸易、投资、工程承包等合作构成安全挑战。

4. 征收风险

埃及的《投资法》提供了法律范围内外国投资项目不被国有化或征收的保障，还提供了防止扣押、征用、冻结资产的保障，以及提供防止全部或部分征用房地产和投资项目财产的担保。《中埃双边投资协定》也提供了防止征用的保护。赴埃投资企业可以将涉嫌征用的案件告上法庭，但司法系统可能需要几年时间才能解决案件。

5. 腐败风险

透明国际发布的全球清廉指数显示，埃及 2022 年在全球 180 个国家中排名第 130 位，相较 2021 年（117 位）下降 13 位。目前，埃及仲裁实践中对于涉腐败的投资者“合法性要求”在处理上并未形成统一“范式”，在“索贿-行贿”行为中，在东道国存在过错的情况下，投资者仍可能会承担所有的责任，即完全丧失条约保护。因此，对在埃及投资的中国企业来说，腐败问题是其进行投资以及寻求保护过程中需要考虑的重要因素。中国企业投资者应当充分了解埃及国内的大环境，如遇索贿等非法行为，应保存相关证据，以备将来在投资仲裁等争端解决程序中用于相应抗辩。

（二）经济风险

经济风险主要指所在国的经济发展形势、利率、汇率、外汇可兑换性等。该类风险一般的防范措施为：就目前国际金融状况而言，项目融资全部以美元或人民币进行贷款，通过远期外汇买卖、外汇买卖掉期、货币期权等金融工具进行汇率风险的规避。

1. 国家债务风险

当前埃及国内经济已是千疮百孔，埃及面临严重的债务危机。埃及已经采取一项中期债务管理战略，目标是在 2026—2027 财年将债务与 GDP 之比从目前的 87.2%降至 71.9%。根据财政部数据，埃及总债务的 87%是国内债务，其余主要是在安全区内的对国际机构债务。截至 2022 年 6 月底，埃及外债增至 1557 亿美元（占 2021—2022 财年 GDP 的 37.2%），而 2021 年同期为 1379 亿美元（占 GDP 的 32.3%）。截至 2022 年 12 月 31 日，埃及银行体系的外国资产净赤字为 8410 亿埃镑（272 亿美元）。

与此同时，由于所有主要央行都提高了利率，美元和其他主要货币相对于埃镑的价值上升。随着埃及债务的增加，政府的支出被用于偿还债务，而不是用于医疗、教育和福利。根据评级机构穆迪的评估，埃及目前是外债违约风险最高的五个国家之一，这在宏观层面上对工程承包及实施有极大的影响。

2. 通货膨胀风险

自 2022 年 3 月以来，埃及外汇危机引发了三次货币贬值，通货膨胀严重，2023 年，埃及年度总体通货膨胀率为 35.2%，远高于 2022 年的 21.9%，导致该国物价迅速攀升，许多埃及人的生活水平下降。

政府将通胀率的飙升主要归因于食品和饮料价格、烟酒产品价格以及餐馆和酒店服务价格的上涨。如此高位的通货膨胀，导致材料、设备价格上涨及当地货币贬值，将会给承包商造成严重的经济损失。该项风险极高，预计超高位通胀水平将在未来的一段时间内持续存在。

3. 外汇风险

埃及存在较高的利润汇出风险。尽管埃及《外汇法》以及《投资法》明确规定，外国公司在埃投资可以在银行设立美元账户并保留美元利润，并且利润的汇出不受限制。然而，在实践中，换汇环节存在诸多不便，给外国企业带来实质性的利润汇出风险。

受俄乌冲突和美联储加息影响，埃及目前外汇紧张。在外汇短缺的时期，埃及外汇管理十分严格，埃及各商业银行对外汇存款、取款、兑换等业务仍有各自的额度限制，额度大小取决于该银行外汇充裕情况，并受埃及央行“窗口指导”，对于非优先清单上的用汇需排队等待换汇额度，完成换汇需耗费较长时间。对于外国投资企业而言，产品销往埃及国内赚取的是埃镑利润，埃镑兑换成其他货币的不便实际上造成了企业利润汇出的困难，而埃镑利润长期无法汇兑，企业利润还要承受埃镑利率波动风险。

4. 汇率风险

埃及的汇率风险是极高风险。埃及在 2016 年实施了一项货币改革政策，放弃了固定汇率制度，转而采取自由浮动的汇率制度。这项政策导致埃镑大幅贬值，从而引发了埃及货币汇率的持续下跌。但是埃及在每次埃镑走弱时，就会重新严格管理汇率波动。

为了挽救危在旦夕的经济，换取 IMF 提供的贷款，当地时间 2024 年 3 月 6 日，埃及央行终于决定放弃外汇管制，按 IMF 的条件推行完全市场化的汇率机制，同时加息 600 个基点，把利率上调到 27.75%，以应对日益加剧的通胀压力。同日，埃镑突然崩盘，迅速跳水近 40%，一度跌至 1 美元兑 50.55 埃镑，创历史新低，已经与黑市汇率相当。在过去一年中，埃镑官方汇率一直被控制在 1 美元兑 31 埃镑附近。预计未来埃及汇率将持续走弱。

点评：

中国承包商在签署合同时，应谨慎对待支付货币为埃镑的现汇项目，充分考虑汇兑和通货膨胀风险，争取加入汇率浮动风险相关条款。

（三）法律风险

法律风险主要指涉及土地法、税法、劳动法、环保法、合同法、招标投标法等法律法规的更改和变化所引起的项目成本增加或收入减少等风险。对于该类风险，一般的防范措施如：明确因违约、歧义、争端的仲裁在双方都认可的第三国进行。

1. **法律合规风险**

在埃及承包工程主要受当地的公司注册与合同、劳动用工、税务、环境保护、反贿赂等法律法规的制约。

点评：

合规是对中资企业开展境外经营最基本，也是最根本的要求。我国企业应合法合规合理地开展业务，切勿“走捷径”“打擦边球”。不然不仅会被所在国纳入“黑名单”，遭受经济和法律的制裁，同时也给整体国家形象带来不良的影响。

2. **法律差异风险**

埃及法律制度建立在拿破仑法典、罗马法和伊斯兰教法的基础之上，因此和中国的工程承包相关法律必然存在较大的差异，中国承包商不能轻易按照中国国内的法律办事，否则容易招惹麻烦。

点评：

中国企业在进入埃及之前，需要对其法律环境进行全面的了解，最好聘请在大型中资或者华人律所工作的律师作为公司法律顾问。另外，应加强项目法律部门人员对其法律制度的学习，建立相应的法律知识信息系统，制定法律差异预防措施。

3. **法律完备性风险**

埃及为改善营商环境并增强国家竞争力，进行了一系列投资立法改革，但其法律环境仍存在明显的缺乏可预见性问题，主要包括以下两个方面。

一方面，现有规定尚存模糊，增加了投资者的遵从难度。例如，在土地问题上，新《投资法》虽然将土地申请集中由 GAFI 进行管理，但由于复杂的法律和制度框架，土地所有权获取和登记仍然非常困难。埃及国家土地的所有权非常分散，由 11 个部委、至少 13 个不同的政府机构以及 27 个省按照部门和地理界线混合持有。不同土地所有者依据不同甚至存在冲突的法律政策规定进行管理，给投资者获取以及保有土地权益造成较大障碍。另外，就具体法律条文而言，模糊性术语同样导致法律的不可预见性。根据新《投资法》，埃及除可通过出售、租赁、融资租赁以及使用权转让方式划拨土地之外，还可无偿划拨土地。在无偿划拨方式下，投资者需要“向不动产划拨部门提交不超过项目投资成本额 5%的保证金或其他保障”，其中以“其他保障”作为保证金的替代方式并未予以明确，即使是在《投资法实施条例》中也未有规定；规定“在生产型项目实际投产或其他类型项目实际经营三年后，该保证金可退回”，但并未提及“其他保障”的处置办法。

另一方面，个别领域存在立法“空白”，阻碍投资者意愿和投资进程。例如，在可再生能源领域，目前中国与埃及的合作集中在光伏发电领域，且投资主体大多为民营企业，投资规模较小，因此加强小型项目的规范保障对中国企业而言尤为重要。埃及《可再生能源法》《电力法》《投资法》以及其他配套措施虽然对大型项目的开发、支持、激励等形成了较为完善的监管机制，但对于小型项目仍欠缺规范保障。埃及 2013 年为促进分布式太阳能发电而推出净计量计划（允许住宅、工业和商业部门的小型可再生能源项目向低压电网供电），但缺乏与此类项目有关的许可程序和土地许可等方面法律法规的支持。此外，埃及政府推出的废物再生能源项目同样面临监管规范不足的问题。2015 年成立的废物管理监管局虽然负有吸引对废物收运、处理和安全处置投资的职责，但其官方网站并不能提供相关监管框架的有效信息，商业上可行的废物再生能源监管框架仍在酝酿当中。

点评：

法律规定模糊、法律修订以及政府政策的变化都会造成守法的不确定性。因此，投资者需要进行更为详尽的尽职调查，以避免潜在的不合规问题。基于法律风险的复杂性，建议中国企业投资者在开展尽职调查工作中，同时聘用熟知埃及情况的中外专业人士，在法律、政策等各方面做全面尽职调查，事先了解存在的相关法律问题，做好预案。

4. **法律实施透明度风险**

埃及部分法律实施透明度低，无法有效保障投资者合法权益。以占据投资较大比重、对投资者具有重要影响的不动产获取为例进行说明。

埃及以出租、出售或者转让使用权的方式划拨不动产时，由政府服务总局、农业部国有土地估价最高委员会、新城区总局、旅游总局以及工业发展总局任一主管部门进行价格评估。相关评估标准、规则、程序以及期限等由《投资法实施条例》进一步详细规定。但《投资法实施条例》仅对投资者在申请获取不动产时提交的涉及不动产评估的相关内容进行了规定，如相邻房产价格、所需基础设施的费用、基于不动产将来可能实施的投资活动以及其他必要要素。

上述规定存在两个问题。一是权利义务规定上的错位。不动产评估定价的权力归属国家部门，本身应为保障其权利的正当履行而明确相对应的义务，但《投资法实施条例》中的义务规定对象却是投资者。二是降低法律实施的透明度。前述法律规定上存在的问题，直接导致法律实施过程中欠缺透明度。新《投资法》及《投资法实施条例》并没有规定价格评估部门具体的权力履行程序，造成相关部门面临“无法可依”的局面。这在一定程度上给价格评估部门很大的自由裁量权。不动产价格与投资者的利益息息相关，因此，模糊性的法律规定、不透明的价格评估体系都使投资产生不确定性，无法有效保障投资者的合法权益。

5. 司法保护的有效性风险

埃及对涉及国家利益的国际仲裁态度发生“负面”转向。虽然埃及是《纽约公约》《华盛顿公约》的缔约国，且其签订的诸多双边投资协定中也包含“投资仲裁同意”，但从近年来所颁布的法令来看，埃及逐渐扩大国内对国际投资仲裁的“掌控”，以维护其国家利益。2020 年 12 月，埃及总理颁布了第 2592 号法令，将原本仅有“研究和表达意见权”的“国际仲裁案件研究和意见高级委员会”重命名为“仲裁和国际争端高级委员会”，将其作用扩展至实质性的“审查”和“批准”，有权审查外国投资者与任何政府实体（包括各部委、当局、附属机构、国有公司以及接受任何国家捐助的公司）签订的合同和批准任何政府实体将要签订的仲裁协议。因为本国投资者与政府实体签订有关合同无须此种审查和批准，外国投资者可能面临不公正对待，而且会面临比以往更为烦琐的投资程序。

2021 年 8 月 15 日，埃及批准了第 137 号法律，该法不仅授权最高宪法法院审查外国法院和国际组织发布的可能针对埃及国家的决定和裁决的合宪性，还授权总理要求最高宪法法院撤销国际组织的决定和裁决以及由此产生的义务。可见，埃及国内对国际仲裁的态度正呈现“掌控”趋势，即通过立法形式明确控制国际层面涉及埃及的决定和裁决的“有效性”和“可执行性”。这对于在埃投资者来说，存在投资争端发生后获得有效救济的不确定性风险。

点评：

中国企业投资者注重与埃及相关负责部门进行及时有效沟通是投资顺利开展的重要保障。无论是法律实施透明度低的问题，还是埃及司法保护的有效性问题，中国企业投资者都应意识到，埃及公共部门对投资进程可能产生较多的影响。因此，投资全程中应及时跟进与埃及国家相关部门的沟通，保障投资顺利开展。投资者除依靠自身力量加强与埃及相关部门沟通之外，还可充分利用国家外交渠道或者通过各类协会商会等民间组织进行沟通，用好中埃相关官方联络的基础服务、商会提供的贸易投资机会服务等。

6. **税收法律风险**

埃及政府税务部门政策随意性较强，效率有待提高。税务结算周期长、乱收税、退税滞后等时有发生。曾出现过有关部门内部沟通不足、一些税收政策不够清晰、不同部门和人员的政策解释不一以及不通知企业即启动法律诉讼的现象。

7. **环境法律风险**

埃及是最早意识到实施环境立法以保护环境并减少对环境的风险和负面损害的重要性的国家之一。2022 年 6 月，耶鲁大学发布全球环境绩效指数排名，埃及居第 127 位；在 16 个阿拉伯国家中，埃及排名第八。

埃及法律规定，所有投资项目在获得 IDA 等机构颁发的最终许可之前，都必须通过 EEAA 的环境影响评价。计划在埃及投资或承包工程的中国企业应事先了解相关程序，合规经营，及早制定符合当地法律法规并能够有效实施的投资与建设方案。

（四）社会风险

社会风险主要指所在国的社会文化环境、基础设施建设、治安安全、医疗卫生等可能给企业和个人带来财产及人身方面损害的影响因素。这类风险一般的防范措施为：尊重当地风俗习惯，密切与当地居民的关系，做好安保防范措施以及相关风险识别和规划。

1. 基础设施风险

虽然埃及建成了包括开罗至艾斯尤特、开罗至苏伊士等高速公路，公路交通运输体系较为完善，道路质量也大幅提升，但埃及各大城市还是频频出现交通拥堵的情况。埃及的公路还承担了大约 94%的货物运输，增加了公路交通的负担。同时，埃及的铁路设施陈旧，绝大部分的铁路信号系统尚未实现自动化，火车交通事故频发，铁路货运能力不断下滑，货运总量仅占铁路运输的 4%，每年约 300 万吨。而埃及铁路的客运密度为全球最高，总运输量已超过 320 亿人次。根据埃及交通运输建设 2012—2027 年的总体规划，埃及将建设大开罗国际化物流中心，该物流中心将承担仓储、分装、配送、外贸等业务，但拥堵的公路交通和老旧的铁路设施恐将难以跟上国际物流中心的发展步伐。

埃及本身工业基础比较薄弱，国内供给能力处于较低水平，基础建设材料、设备大多依赖进口。目前，埃及大力实施工业发展战略，通过提高该行业增长率及其在国内生产总值中所占份额、提高工业出口量和质量，由农业生产国向工业强国方向发展。尤其是 2014 年中埃正式开启“一带一路”产能合作以来，埃及逐步具备部分部件的本地化生产能力，在十月六日城等成熟的工业区中，基础设施和产业配套较为齐全，为中资企业在当地投资建厂创造良好条件。

2. 外资歧视风险

埃及政府历来重视对本地企业的保护。例如，公共采购中优先采购本地供应商商品，设定最低本地占比要求等。埃及法律规定，在公共采购中，若埃及本地投标主体的报价不高于外方报价 15%，可被视为最低价，享有优先中标权，即本地企业享有报价上浮 15%以内的优惠待遇。由于中国企业进入埃及市场较晚，在政府和私人招标项目中仍不时有针对中国产品的歧视现象，例如，规定优先或只用欧、美、日等国家和地区产品，或以设定技术标准门槛的方式排除中国产品等。经过中国使馆的交涉，部分政府招标取消了对中国产品的歧视条款。

建议有条件的中国企业加强对埃及本地行业标准研究，积极与国际标准接轨，加大中国品牌和标准宣传力度等。如企业了解到政府项目招标中存在歧视现象，应及时告知中国驻埃大使馆经商处，通过政府渠道进行沟通申诉。

3. 自然灾害风险

近年来，埃及无重大自然灾害发生。冬季埃南部及西奈半岛地区偶有山洪爆发，造成一定人员和财产损失。夏季，埃及会进入高温酷热状态，阿斯旺、卢克索等南部城市气温或达 40 摄氏度以上，企业需合理安排户外作业工作，避免长时间在烈日下施工，谨防施工人员中暑。

4. 卫生安全风险

2021 年全球卫生安全保障指数结果显示，埃及在全球 195 个国家和地区中排名 153，指数得分 28，较 2019 年得分下降 2. 3。

埃及人口众多，公共卫生服务基础薄弱，容易面临来自非洲本土以及其他地区的疾病传播风险。

[**案例** 6-2]

2006 年禽流感疫情在埃及暴发，导致了重大的经济损失，对禽类和人类都产生了严重影响。埃及为遏制禽流感蔓延付出了极大的努力，对家禽开展大规模疫苗接种，扑杀了4000多万只家禽。然而，在2006—2017年期间，仍有超过350人确诊禽流感，其中约120人死亡。

2023年7月，埃及报告本国暴发了一种由蚊虫叮咬引发的“神秘疾病”，上埃及地区的基纳省登记了约250例病例。虽然很多卫生专家认为这批病例是登革热，但埃及卫生部门尚未确定真正病因，相关调查还在进行中。登革热在埃及并不常见，但以前有过先例，2017年红海省古塞尔市就记录了数百例需要住院治疗的登革热病例。

点评：

在埃中国公民要高度重视食品饮水卫生，采取必要消毒措施，加强身体锻炼，接种常见传染病疫苗，配备各种常用药物。一旦身体出现不良症状，应立即前往正规医院全面检查、治疗，避免病情延误。

5. 交通安全风险

埃及部分路政设施较差，红绿灯较少，当地司机开车速度较快，人车混行普遍，交通事故高发。斋月期间，埃及当地司机白天禁食，易疲劳和精力不济。请谨慎选择乘车长途旅行，以免发生交通意外。如确需长途出行，要求车上有两名司机轮班，保持合理车速，同时增加中途休息次数。日落前后是交通拥堵和事故高发时段，建议避免该时段的不必要出行。

6. 社会治安风险

塞西执政以来，埃及社会矛盾有所缓和，但结构性矛盾并未消解，不时爆发各类集体抗议、罢工和骚乱。在埃中资机构及中国公民等应加强安全防范。

7. 民俗、宗教风险

埃及为伊斯兰国家，需要充分考虑到当地的运作习惯和宗教习俗，处理好宗教敏感问题。在穆斯林斋戒时段内，避免在公共场所或穆斯林面前饮水、进食或吸烟，不劝穆斯林朋友吸烟饮食，不出于好奇心态质疑穆斯林是否真心斋戒或发表其他挑衅性言论。斋月期间，埃及当地工作时间将大幅缩短，工作节奏放缓，建议根据需要留意政府、企业、餐厅等开放时间，合理安排行程。在埃中资企业应结合员工合理需求作出妥善安排。

8. 恐怖主义风险

“伊斯兰国 ISIS”“哈斯姆运动/决断组织”“革命旅”等恐怖组织在埃及活跃，主要目标是埃及政府和安全部队人员。这些恐怖组织短期内难以被彻底消灭，仍对埃及安全和中国在埃企业和人员的安全构成重大威胁。

[**案例** 6-3]

2022 年 11 月 6 日，埃及伊斯梅利亚省盖尔巴纳发生炸弹爆炸，造成 1 名军官和 3 名平民死亡。当局怀疑“伊斯兰国”是幕后黑手。“伊斯兰国”激进组织主要盘踞在北西奈省，2011 年以来政府一直在开展局部打击行动，但该组织的埃及分支“西奈省”仍是其北非最活跃的分支机构之一，虽然行动能力较高峰期有所下降，但仍不时对埃及安全部队、宗教团体和平民发动袭击。

9. 强势合作方风险

部分中国企业与埃及国有企业或军方合作成立合资公司。经营过程中，埃及合作方往往较为强势。埃方首要考虑的是政绩和就业，其次是公司的经济利益，与中方诉求产生一定错位。

[**案例 6-4**]

中方与埃方国有企业共同设立合资公司，埃方相关政府部门经常干预合资公司的内部管理和重要岗位人员任命，以加强对合资企业的控制力。埃方员工的整体效率有待提高，当企业遇到经营困难时，无法对埃方国有企业员工进行裁员。

10. 融资风险

目前埃及业主越来越多要求承包商带融资，甚至带技术、管理。中资企业除了目前主权框架下的中国政府支持的优惠贷款、商业贷款外，还要不断探索保险机制下的PPP（公共私营合作制）和BOT等模式融资，融资资源可考虑国内进出口银行、国开行、工商银行以及各类基金等，海外金融资源包括外资银行、外资保险、海外基金等，以及基于埃及政府对投资的鼓励，可在长周期性、技术门槛高的设备上，探索合资建厂、融资租赁、特许经营、建维保中心等模式。

11. 合同风险

埃及地处欧亚非三大洲的交通要冲，历史上饱经沧桑，迭经战乱，对外来文明存在一种潜在的排斥，尤其是对于同样是有着悠久历史但近年来高速发展的东方文明。近代以来，无论是人口数量、文化底蕴、军事实力的优势，让埃及一直以阿拉伯世界领袖自居。强烈的民族优越感和文化自豪感使得业主通常以自身想法和固有经验为依据，制定合同条款中往往会有仅对业主单方有利的条目，且通常不接受总包商对合同条款、内容的任何更改及合理化建议。

埃及项目的工期一般为12~15个月，这就要求在合同签订前就将大部分的合同内容明确直接执行，但是多数中资企业都是在主合同生效后才开展设计和设备、材料询比价工作，这就会造成主观上的延误。

埃及业主不会在项目结束前批准任何索赔内容或延期申请。若发生延期，超期部分进度款按照不批准延期申请直接先行扣款，要求总包商保留证据于项目结束后统一递交业主，由业主是否批准申请决定是否退还扣款。但是根据部分中资企业实际经验，即使合理的索赔内容，业主一般也不会同意，使得企业完全丧失主动权，甚至可能蒙受不必要的损失。

12. 市场竞争风险

中埃合作面临着日趋激烈的市场竞争。埃及的一些本土承包商如ARAB CONSTRACTOR、ORASCOM、PETROJET 等的施工能力较强，若能解决融资问题，许多项目就可自行实施，削弱了中企的价格优势。这些企业普遍建立了强大的政商人脉。在埃及承揽较大的基建项目时，业主通常会要求土建部分由当地建筑商承担，上述本土企业是绕不开的重要一环。中小承包商能力较弱，在签订土建分包合同时，应严格规定、细化工期和惩罚条款。

2017 年，埃及颁布的新《投资法》放宽了外国企业在埃投资条件，更多的外资企业也加入了市场竞争。很多欧美知名公司早期就已跟踪埃及各大项目，在埃认可度高，虽然中企近年来也逐渐打入埃及市场，且在某些项目上取得了成就，但埃方完全接受中企仍需时日。

13. 招投标风险

根据法律，埃及政府项目均进行公开招标，但特殊情况除外，如项目紧急性高、军方参与项目实施等。一般情况下，直接议标的项目应聘请第三方对项目进行评估。

埃方业主有时会以议标启动项目，后又转为公开招标。在议标阶段会与工程承包企业商谈项目细节，要求企业垫资，进行可研、环评等流程，有时还会找其他企业同时议标，进行压价，最终又转为公开招标，使早先进行议标的企业的投入付诸东流。中国企业跟踪的燃煤电站、智能电表等项目均遭遇过此类情况。

点评：

中国公司应注意谨慎应对埃方业主议标要求，尤其是在埃方同时与多家企业探讨议标的情况，审慎分析项目的必要性和紧迫性，认真考察项目政府预算或资金是否到位。如果需要外部融资，须分析项目是否具有良好的经济效益，提前与相关金融机构沟通融资的可行性。把握投入节奏，避免不必要的投入损失。

军方项目可直接议标，但需要注意避免各种隐患。例如，如果事先未与军方在合同中明确管理费问题，实施过程中可能会被军方以惯例的名义收取工程管理费。

14. 贸易管制风险

埃及政府对进口贸易管制严格，但《海关法（207/2020）》和《投资法（72/2017）》均规定，企业进口以“自用”为目的的商品、设备等原材料，自动获得“进口许可”。在实际操作中，企业虽获“进口许可”，但仍需按相关规定完成流程，耗时较长。海关和其他相关部门有时仅凭主观判断，质疑企业进口设备的用途，随意进行海关估价，造成清关难、清关慢等问题。

15. 分包风险

（1）采购分包风险。对于供货商和主要分包商，埃及业主通常会有窗口名单。对于易耗品，如灯具，业主会要求在本地找到相同或者相似的价格适宜的备件厂家；对于一些关键设备或材料，业主会直接指名欧美品牌。执行期间，业主对于未指名设备材料也会根据经验和习惯隐性指名。但是总包商一旦接受并签订合同，任何厂家变更都会受到极大的阻力甚至会被否决，会被认为是一种不成熟甚至不负责任的表现，对企业造成负面的影响。然而采购欧美品牌产品则会因为其成本高、流程长等原因严重压缩利润空间，降低中资企业价格优势形成的竞争力。

(2) 招标分包风险。埃及工程项目通常根据项目不同阶段分别打包招标，部分工程可能还会按技术等级再次分割招标，对于不同模块，有基于一定的技术要求和业主的主观使用习惯的市场准入条件，为中资企业进入该市场和进一步扎根该市场提出了更高的要求。这种分割招标对项目质量和成本控制有利，但是由于业主管理团队限制，各模块的协调管理较差，模块之间的接口问题往往会给低压段或中间段总包商带来极大的进度风险和成本风险，需要总包商重点关注，做好索赔和工程延期准备。

16. **安全审查风险**

2019 年以来，发生若干起中国企业安全审查被拒的案例，在中国驻埃及大使馆经商处的大力协调下，问题基本得到解决，但仍对某些公司的正常运营产生不良影响。原则上，公司可在安全审查这一环节签署免责声明，继续进行后面的公司注册流程，但公司核心人员在未取得工作签证的情况下，无法对外开展实际业务。如果最终未通过安全审查，外国投资者将被立即勒令停止一切经营活动，此前公司注册程序作废。因此，在未通过安全审查前，投资者往往不会大规模投入，也不会开展实质性业务，以规避安全审查风险，客观上拖延了项目实施进度。

[**案例** 6-6]

某中企在埃及执行某变电站项目合同，于 2016 年 1 月向 GAFI 提交申请，希望设立埃及分公司，此后安全审查迟迟无法通过，而且无从查询审查进度。为确保项目按时交付，该公司决定采取变通方式，与当地合作伙伴设立联签共管账户，以解决项目执行资金平台的问题，并承担相关风险。2017 年 2 月安全审查才获通过。

17. 劳动用工风险

（1）用工制度严格。埃及法律对于外国公司雇佣当地员工有强制性比例要求。埃及《公司法》规定公司雇员中的当地员工比例不得低于 90%，埃及当地雇员工资不得少于工资总额的 80%；埃及专业和管理人员不得少于该类雇员总数的 75%，工资不得少于该类员工工资总额的 70%。根据埃及劳动法，企业，包括外资企业用工应遵守外籍员工与本地员工 1∶10 的比例，特殊豁免需要获得埃及劳动管理部门特别审批。因此，除个别高新技术企业外，一般企业均较难获得劳工长期签证，增加了中国企业进入埃及市场的难度。

（2）劳工素质低，管理难度大。虽然埃及劳动力资源十分充裕，平均工资水平较低，但埃及劳工生产效率低，接受新技术慢，不遵守工作时间，罢工频繁，管理难度大。而且埃及劳工法严格限制加班，实际劳工成本并不低于中国内地。

18. 管理风险

管理风险是指因中企自身管理上的疏忽而导致的风险。在国外开展工程，容易在管理过程中出现水土不服、难以适应的问题。在境外常见的管理风险有：

（1）文化差异风险：埃及是阿拉伯国家，与其他非伊斯兰国家的风俗习惯和文化有着较大差异，国民主要信仰伊斯兰教，每天都要多次按时祈祷，祈祷时间也包含在 8 小时工作之中，无论员工正在进行多么重要的工作，到了时间均会停止手头工作进行祈祷，对于生产效率和生产安全有着较大的影响。部分地区不接受计算机和互联网，无纸化办公尚未普及，工作效率低，文件丢失率高，办理时效性差。受多年动荡影响，埃及各种机构缺少与外资企业沟通的客观需求，英语普及率和使用率不高，配置当地员工做联络专员，负责“跟催”文件审批和作为助理或翻译尤为重要。

文化差异影响还体现在以下几个方面：一是办理工程相关事务时一般要求进行授权许可，对外国人授权流程烦琐、周期长，因此相关机构一般要求有当地代理人。二是当地分包习惯以现金支票或当地保人代替保函，风险管控难度较大。三是同样的事情，业主更愿意接受总包方当地代理或合作伙伴的解释。

（2）语言沟通风险：由于语言差异，跨国企业在沟通上可能会遇到障碍，特别是在解释工作要求、协调工作、处理投诉等方面，如果沟通不畅可能会引发误解和纷争。

（3）人员管理风险：由于国外员工和管理人员的背景、经验、文化等方面的差异，跨国企业在管理人员时可能会遇到人事管理上的问题，如员工离职率高、员工表现不佳等。

（4）信息安全风险：由于网络技术的发展，企业的信息系统面临着越来越多的威胁，包括黑客攻击、病毒感染、信息泄露等，这些威胁可能会对企业的运营和管理造成不利影响。

19. 技术风险

技术风险指工程项目所在地的自然条件勘察不力和工程实施的技术难度等给承包商带来的风险。技术风险主要包括以下几种情况：

（1）前期工程资料不准确。前期施工资料，如水文地理等资料是由业主提供的，而业主给的资料可能存在不详尽、不准确情况。中企在境外施工，对埃及的经验不丰富，缺乏相应的了解，前期核实和准备不足导致返工风险。

（2）对技术规范不熟悉。埃及有着较为成熟的设计市场，设计咨询公司较多。但是欧美大型企业仍多依靠自己的强大设计力量，而多数中资企业为降低成本和适应当地市场要求，一般选择当地设计公司作为设计分包。实际执行时会发现，当地设计公司容易出现过度设计、主观设计等问题导致总包方成本增长，得不偿失。另外当地设计公司思路固化，工作效率较低，无法按照总包方设计计划出图或者配合总包方的赶工计划。业主图纸、资料批复流程复杂周期较长，如果不是对当地市场技术要求非常熟悉，设计工作往往会成为整个工程的瓶颈，难以适应当地的短工期要求。

同时埃及本国有着相对完善的国家工业体系标准，主体内容是由早期进入市场的欧美企业建立或引进的，因此合同一般都以 IEC、ASTM、DIN 等国际标准或欧美标准为依据。但是埃及多数工程师对于标准的应用是口口相传、经验参考，很少有工程师真正熟悉标准具体内容，受主观影响较大。因此，图纸审批过程中会出现若干个工程师对同一项内容给出几种截然不同的要求。经常会发生货物到港或者开始安装后，业主又给出新的变更意见，部分修改工作需要从国内调度大量原材料或在本体进行较大改动，增加施工成本，延长施工周期，给如期完工造成较大阻碍。同时，我国的大多数企业都是以 GB、DL 等中国标准为依据，业主目前是基本不认可的，因此最好在合同正式签订前就主要标准与业主进行详细的对标工作。

三、埃及未来发展预测与投资机会分析

（一）政治前景

自 2014 年塞西总统执政以来，逐步清除 2011 年革命引发的动荡

因素，稳定国内政治局势，打击恐怖活动，实行浮动汇率、削减补贴、开放市场、吸引外资等全方位的经济改革，政治、经济、社会等各方面均取得显著成效。

塞西成功连任总统后，需要继续面对当前国内各方面的挑战。2023年总统大选是在埃及陷入经济危机之际举行的。选举过后，新一届政府的当务之急将是控制近乎创纪录的通货膨胀，解决长期存在的外汇短缺，以及防止巴以冲突风险外溢。

当前，埃及的经济状况不佳，被债务问题和通货膨胀两座大山压顶。埃及政府债务占GDP比重高达97%，预算一半用于还债，外债七年增长三倍。未来三年需偿还外债本息超700亿美元。通货膨胀率创历史新高，汇率大跌导致家庭财富缩水，食品和燃料价格暴涨，外汇储备消耗殆尽，民众生活成本增加，失业问题严重。

埃及人口1.06亿，贫困率达30%，民生问题突出。塞西可能启动新一轮货币贬值政策，并在削减补贴、推动经济改革和稳定民生之间寻找平衡。

此外，作为中东地区大国，巴以冲突已成为埃及民众关注的焦点。巴以冲突的复杂局面为塞西未来的斡旋带来了机遇和挑战。

外交机遇。埃及长期在巴以问题中扮演斡旋者角色，2023年10月21日，埃及牵头在开罗召开了加沙问题国际和平会议，搭建了重要的国际平台。埃及还掌握加沙地带唯一不受以色列控制的拉法口岸，它是国际救援物资进入加沙的生命线，将决定埃及在加沙战后援助和安排中的关键作用，并得到各方认可。

安全挑战。以色列驱赶加沙巴勒斯坦人至埃及边境，对埃及来说，难民入境将带来经济和社会负担、治理问题，并威胁埃及安全。因此，埃及在支持巴勒斯坦事业的同时，强力维护自身的国家利益。

外溢效应。巴以冲突导致红海局势升级，苏伊士运河面临关闭风险，运河收入减少。部分外资从埃及和中东地区撤离，使埃及经济状况雪上加霜。

目前，鉴于中国在埃及的工程及人员数量较多，埃及国内危机可能损害我方利益，中国在埃企业需要高度关注埃及的形势发展，加强安全防范意识和内部安保措施，避免受到冲击。

（二）经济预测

埃及经济近年持续恶化，国家经济几近整体崩盘，主要表现在恶性通货膨胀、埃镑持续下跌、债务高企、外汇极度紧缺。埃及统计局公布的数据显示，埃及 2024 年 2 月年度通胀率上升至 36%，较 1 月份的 31. 2%上升明显。另外，埃及的债务危机也迫在眉睫，埃及应在 2024 年、2025 年、2026 年分别偿还高达 292. 3 亿美元、194. 3 亿美元和 229. 4 亿美元的外债，合计偿还 716 亿美元。

2023 年 10 月，新一轮巴以冲突爆发，再次冲击埃及汇率市场。国际知名评级机构惠誉解决方案公司认为，埃及是受巴以冲突影响较大的国家，冲突增加了该国的地缘政治风险。与此同时，红海危机爆发令埃及经济“雪上加霜”，直接导致苏伊士运河的贸易大幅下降，2024 年 1 月，埃及的相关收入同比猛降 44%。

因为外汇极度短缺，埃及的进口下降，导致贸易逆差被动大幅缩小。据埃及中央银行的数据，2022—2023 财年，埃及非石油进口由上一财年的 738 亿美元降为 574 亿美元，降幅 22. 2%。

另外，美联储紧缩货币政策加剧了埃及外汇短缺程度。2023 年美联储继续加息，并一直保持高利率，使得其他国家，尤其是发展中国家资本外流。据了解，由于投资者在其他地方寻求更高的利率，大约

200 亿美元的热钱逃离了埃及市场。高盛认为，这些资金 2023 年没有重返埃及，而且还有另外 16 亿美元的资金出逃。

当地时间 2024 年 3 月 6 日，埃及央行宣布采用市场浮动汇率，并将关键利率上调 600 个基点至 27.25%，希望缓解该国严重的外汇短缺问题，并从国际货币基金组织获得数十亿美元的新贷款。此前，IMF 鼓励埃及收紧货币政策，以应对超过 30%的通货膨胀，并采用更灵活的官方汇率。

尽管埃及央行不断暴力加息，埃镑仍然在不断贬值。在 2024 年 3 月 6 日汇率暴跌 40%后，不少国际分析机构认为该国货币还有贬值空间，未来情况不容乐观。IMF 表示埃及应对通货膨胀的斗争仍然是未来的首要任务。

为了应对外汇极度短缺的问题，埃及政府宣布了一项计划，通过逐步扩大出售国有企业股份的规模以及实施吸引外国直接投资的激励措施（例如免税和黄金许可证），并依靠苏伊士运河收入、侨汇、大宗商品出口和其他资源，到 2026 年创汇 1910 亿美元。

可以预见的是，高额外债、外汇短缺、通胀飙升是总统塞西新任期面临的最直接、最紧迫的问题，未来埃及的经济不容乐观。

（三）投资机会

近年来，随着埃及国内政治环境逐渐稳定，外资政策友好，越来越多的中资企业到埃及投资合作，涉及领域日益广泛，大型投资项目不断涌现。埃及在以下具体领域有着较大投资潜力。

1. 油气工业

埃及是非洲地区重要的石油和天然气生产国，油气工业是埃及经济的主要支柱之一。埃及是非洲大陆仅次于阿尔及利亚的第二大天然气生产国，也是第四大天然气储量国。截至 2021 年，埃及的天然气储量为 63 万亿立方英尺（1 立方英尺≈0.0283 立方米），原油储量约为 33 亿桶。埃及的碳氢化合物生产主要来自地中海地区、红海地区和西部沙漠地区。

埃及油气管理体系是在埃及石油和矿产部统一领导下，由埃及国家石油公司、埃及国家天然气公司、埃及南部石油公司、埃及炼化公司等单位组成。

2016—2019 年，外国公司在埃及石油和天然气领域的投资达 350 亿美元，其中燃料和能源领域占埃及国内生产总值的 27%。目前，已有 21 家中资企业参与埃及石化行业开发，涵盖石油石化全产业链，涉及勘探开发、石油工程服务、装备制造、物资贸易和炼化工程等环节。

2. 纺织工业

埃及纺织业具有原料优势且产业链较完整，欧洲国家和美国是埃及纺织品的主要出口地。纺织业是埃及政府认定的工业和外贸发展战略产业之一，“纺织业发展愿景 2025”计划以优惠政策吸引外资，创造 100 万个就业机会，增加出口到 100 亿美元。埃及纺织业具有多方面优势：埃及长绒棉品质优异世界闻名；埃及人口众多，劳动力资源丰富；产业链较为完整，包含棉花种植到纺纱、织布、成衣等环节。

目前，盖璞、皮尔卡丹、马莎百货等知名品牌均已在埃及设厂，中国纺织企业对埃及市场的关注和兴趣不断提升，中纺机（埃及）无纺布公司、天津埃及雅士玛纺织公司等龙头企业已通过合资设厂的方式进行试水，并计划扩大投资规模。

3. 可再生能源行业

埃及政府将电力建设列为最高优先级，电力基础设施尤其是可再生能源领域或将进入发展快车道。作为北非地区发展可再生能源最为积极的国家之一，埃及可再生能源领域发展潜力巨大。

据美国商务部报告，截至 2022 年底，埃及的可再生能源装机容量为 8778 兆瓦，占电力总装机容量约 14.7%，占地面积超过 7637 平方千米。据埃及综合可持续发展能源战略，埃及政府计划到 2035 年将可再生能源发电份额提高到 42%。作为北非地区发展可再生能源最积极的国家之一，埃及可再生能源市场前景广阔，以太阳能和风能发电为主的政府推动项目值得关注。

埃及太阳能光伏项目成本低廉，发电成本可负担。埃及每年的太阳直接辐射量为 2000~3000 千瓦时/平方米，太阳从北到南每天照射 9~11 个小时，很少有阴天，被认为是全球最适合发展太阳能的地区。埃及 95%的土地为沙漠或半沙漠地，项目用地供应状况良好，成本相对低廉。

目前，埃及光伏发电上网电价从 7~8 美分/千瓦时下降为 2~3 美分/千瓦时。埃及正在推动实施更多的风能项目。2022 年，埃及的风力发电能力约 7000 兆瓦，成为可再生能源的重要组成部分。截至 2020—2021 财年第三季度，埃及约有 1375 兆瓦的风力发电厂投入运营，主要由隶属于埃及电力和可再生能源部的可再生能源管理局负责。根据风能图谱，埃及的东尼罗河和西尼罗河地区有潜力生产约 31150 兆瓦的风能，风能开发及项目建设仍存在较大缺口。目前，埃及政府在苏伊士湾地区和尼罗河岸为可再生能源管理局划拨了约 7845 平方千米的土地，用于实施更多的风能项目。

埃及计划在 2035 年之前实现可再生能源在电力结构中占比 42%的目标。这一目标的实现仍面临巨大的资金缺口，来自中国的资金可以发挥关键作用。参与埃及项目的中国企业和金融机构正在积极与中东及北非的企业和多边金融机构合作，以联合融资、股权收购、EPC 等不同方式融入埃及市场。

4. 汽车行业

埃及本地无自主汽车生产线，车辆供给基本依赖进口和本地组装。法国（标致、雷诺）、意大利（菲亚特）、德国（奔驰、宝马）、日本（丰田、本田、三菱）、韩国（大宇、现代、起亚）等国产品的市场占有率高。近年来，汽车组装业发展迅速，现有轿车组装厂 12 家（14 条生产线）、客车组装厂 8 家（8 条生产线）、货车组装厂 5 家（9 条生产线）。本地组装生产商中，现代、尼桑、雪佛兰等品牌市场占有率较高。

2021 年，埃及汽车销量同比增长 25.8%。乘用车市场中，欧洲品牌汽车销量为 50212 辆，同比减少 10.4%；日、韩品牌销量分别为 60229 和 41328 辆，同比分别增长 55.9%和 37.6%；美国品牌汽车销售量为 11838 辆，同比下降 8.3%；中国品牌汽车销量达到 50679 辆，增幅达 67.9%。客车市场中，进口客车销量 10921 辆，同比增长 3.9%；本地组装汽车销量 14896 辆，同比下降 6.4%。货车市场中，总销量增长 35%，其中进口货车销量 6477 辆，同比增长 93.8%；本地组装货车销量 43480 辆，同比增长 29.1%。

2022 年 3 月，埃及内阁发表声明称，国家汽车工业发展战略最终版本已通过审查，具体发布时间有待进一步确认。该战略旨在推动埃及汽车工业发展计划（AIDP），激励汽车行业本地化发展，提高现有装配和制造能力，并鼓励加大对汽车行业投资。AIDP 将支持设备制造商在埃及投资，鼓励转向 CKD（全散件）组装。AIDP 将为购买本地组装电动汽车的消费者提供高达 5 万埃镑的现金补贴。

十余家中资汽车品牌在埃及市场有销售业务，奇瑞、吉利、比亚迪、金龙、福田品牌设有 CKD 组装工厂，其他品牌均为整车进口。

5. 数字经济

2020年埃及政府启动“数字埃及”计划，2020—2021财年专项拨款127亿埃镑用于发展数字产业。2021年，埃及通信及信息技术部配合其他政府部门，陆续筹备、引导并计划推进一系列电子政务服务措施。

电子商务产业增势迅猛。2020年全球电子商务指数显示，在联合国贸易与发展会议最新发布的152个国家中，埃及在阿拉伯世界排名第13位，在全球排名第109位。

金融数字化和信息化有待提升。埃及拥有中东北非最大的在线消费市场，货到付款是在线购物的主要方式。埃及是世界上第二大依赖纸币的国家，无银行账户的公民比例居世界前三位，电子支付仅占该国所有交易中非常小的一部分。在线交易中，60%的交易采用现金，25%使用信用卡，8%使用银行转账，7%使用电子钱包或其他方式。埃及人口以每年2%（约200万人）的速度增长，对政府服务等各类服务的需求也随之增长，这为数字解决方案的发展带来了更多机会。金融行业数字化、推动政府信息化建设的电子政务行业是未来埃及ICT（信息和通信技术）市场的重点工作方向之一。

6. 通信和信息技术行业

埃及是全球领先的通信和信息技术外包目的地，在大中东地区处于领先地位。近年来，埃及通信和信息技术行业发展较快，根据埃及通信与信息技术部数据，2020—2021财年，ICT行业直接创造产值1251.5亿埃镑，同比增长16.1%，占GDP总比重4.7%左右。固定宽带网络速度45.67Mbps（2021年11月），网速排名非洲第4位。联合国国际电信联盟发布的《2020年全球网络安全指数》显示，在193个参与排名的国家中，埃及位列第23位；在22个阿拉伯国家中，埃及位列第 4 位。截至 2021 年末，埃及固定宽带用户 1007 万人，移动宽带用户 6551 万人，手机用户 1.03 亿人；主要移动通信运营商及用户规模为：Vodafone（4002 万人）、Orange（3060 万人）、Etisalat（2300 万人）、TE 埃及电信（512 万人）。在终端领域，中国对埃及手机、平板电脑等产品出口额保持高速增长，2021 年中国对埃及手机出口总额超过 2.5 亿美元。

Chapter 7

第七章

工程建设企业合规管理体系建立指南

一、合规管理的内部环境

合规管理是一种风险管理活动，是境外施工企业对业务活动是否遵守所在国（地区）法律、法规、规定、规则、行业自律等的一种鉴证行为。

合规管理的内部环境是其他所有风险管理要素的基础，为其他要素提供规则和结构。内部环境的要素包括：合规管理的目标和基本原则，企业文化和公司战略，管理层的理念和经营风格，公司组织架构及其岗位职责，员工的诚信、道德价值观和胜任能力。

（一）合规管理的目标

建立健全合规风险管理体系，实现合规风险的有效识别和管理，促使境外施工企业全面风险管理体系的建设，确保企业依法合规经营。

（二）合规管理的基本原则

一是客观性原则。合规人员应当依照相关法律、法规对违规事实进行客观评价。

二是独立性原则。合规部门在企业中应当有独立地位，合规管理应当独立于其他各项业务经营活动。

三是专业性原则。合规人员应当熟悉公司业务制度，了解公司内各业务环节的专业知识和业务流程，并准确理解和把握法律法规的规定和变动趋势。

四是公正性原则。合规人员在对业务部门进行检查时，应当坚持统一标准对违规行为及相关风险进行评估和报告。

五是协调性原则。合规人员应当正确处理与公司其他部门及监管部门的关系，努力形成公司的合规合力，避免内部损耗。

六是全面性原则。企业合规管理应覆盖所有境外业务领域、部门和员工，贯穿决策、执行、监督、反馈等各个环节，体现于决策机制、内部控制、业务流程等各个方面。

二、合规管理机构的设置及职责

（一）合规管理机构的设置

企业可根据业务性质、地域范围、监管要求等设置相应的合规管理机构。合规管理机构一般由合规委员会、合规负责人和合规管理部门组成。尚不具备条件设立专门合规管理机构的企业，可由相关部门（如法律事务部门、风险防控部门等）履行合规管理职责，同时明确合规负责人。

1. 合规委员会

企业可结合实际设立合规委员会，作为企业合规管理体系的最高负责机构。合规委员会一般应履行以下合规职责：

第一，确认合规管理战略，明确合规管理目标。

第二，建立和完善企业合规管理体系，审批合规管理制度、程序和重大合规风险管理方案。

第三，听取合规管理工作汇报，指导、监督、评价合规管理工作。

2. 合规负责人

企业可结合实际任命专职的首席合规官，也可由法律事务负责人或风险防控负责人等担任合规负责人。首席合规官或合规负责人是企业合规管理工作具体实施的负责人和日常监督者，不应分管与合规管理相冲突的部门。首席合规官或合规负责人一般应履行以下合规职责：

一是贯彻执行企业决策层对合规管理工作的各项要求，全面负责企业的合规管理工作。

二是协调合规管理与企业各项业务之间的关系，监督合规管理执行情况，及时解决合规管理中出现的重大问题。

三是领导合规管理部门，加强合规管理队伍建设，做好人员选聘培养，监督合规管理部门认真有效地开展工作。

3. 合规管理部门

企业可结合实际设置专职的合规管理部门，或者由具有合规管理职能的相关部门承担合规管理职责。合规管理部门一般应履行以下合规职责：

第一，持续关注我国及业务所涉国家（地区）法律法规、监管要求和国际规则的最新发展，及时提供合规建议。

第二，制定企业的合规管理制度和年度合规管理计划，并推动其贯彻落实。

第三，审查评价企业规章制度和业务流程的合规性，组织、协调和监督各业务部门对规章制度和业务流程进行梳理和修订。

第四，组织或协助业务部门、人事部门开展合规培训，并向员工提供合规咨询。

第五，积极主动识别和评估与企业境外经营相关的合规风险，并监管与供应商、代理商、分包商、咨询顾问和承包商等第三方相关的合规风险。为新业务的开发提供必要的合规性审查和测试，识别和评估新业务的拓展、新客户关系的建立以及客户关系发生重大变化等所产生的合规风险，并制定应对措施。

第六，实施充分且具有代表性的合规风险评估和测试，查找规章制度和业务流程存在的缺陷，并进行相应的调查。对已发生的合规风险或合规测试发现的合规缺陷，应提出整改意见并监督有关部门进行整改。

第七，针对合规举报信息制定调查方案并开展调查。

第八，推动将合规责任纳入岗位职责和员工绩效管理流程。建立合规绩效指标，监控和衡量合规绩效，识别改进需求。

第九，建立合规报告和记录的台账，制定合规资料管理流程。

第十，建立并保持与境内外监管机构日常的工作联系，跟踪和评估监管意见和监管要求的落实情况。

（二）合规管理部门的设置方式

合规管理部门是负责施工企业合规工作的具体组织和执行部门，依照所规定的职责、权限、方法和程序独立开展工作，负责公司各部门和全体员工的合规管理工作，合规管理部门对公司高层负责。

合规管理部门人员应具备较高的思想素质和法制观念，坚持原则、忠于职守、廉洁奉公、公正无私，并具备相应的专业知识。合规管理部门必须制定相应的人员岗位责任制，明确任务，落实责任。合规管理部门工作人员同样应遵守公司各种规章制度和规定。合规管理部门依据国家及有关部门的法律法规、公司章程、公司内部管理制度和承包合同，在所赋予的权限内，按照所规定的程序和方法，对行为对象进行客观公正的检查监督并提出处理建议。

合规管理部门的设置有如下几种类型（见表 7-1）。每种类型都有各自的优缺点。企业应根据公司业务类型、组织结构、组织资源等因素选择合规管理部门的设置。

表 7-1　合规管理部门类型及特点

序号	类型	特　点
1	合规管理部	在企业内部建立一个专业的合规管理部门，任命首席合规官作为合规管理总负责人。 优点：企业合规管理部门的独立性强，合规团队专业能力强，合规工作也做得相对专业。 缺点：要求企业投入大量的资金、人力等资源；对合规管理人员职业技能要求高，既要懂合规专业知识，又要懂具体的业务知识；合规管理部门与其他部门之间的沟通协调能力也要求较高。
2	法务合规部	把法务部或者法律事务部的管理职能与合规部门管理职能统一到法务合规部门职能之中，由法务合规部对企业的法律事务工作和合规管理工作进行统一管理。 优点：部门设立相对容易，投入成本相对较低，公司在设立合规管理部门时可以利用公司现有的法务部门的资源，因为大多数公司在成立合规部之前都有法务部门。另外，合规管理工作与法务部工作配合容易，因为合规管理部门有效开展工作的前提须对外部法律法规、监管等规定有正确的理解，在一个领导之下，合规管理部门与法务部门之间的沟通也相对顺畅。 缺点：按照这样的方式设置合规管理部门，开展工作时与其他部门的沟通协调要求较高，需要合规管理部门与业务部门密切配合，对合规管理人员职业技能要求高，既要懂合规专业知识，又要懂具体的业务知识。
3	审计合规部	合规部与审计部结合形成审计合规部。 优点：便于企业对合规风险进行管理，企业可以通过较少的投入达到合规管理的目的。 缺点：独立性不强，适用于业务单一且面临合规风险较低的企业。以生产汽车为主的北京奔驰汽车就采用了该类型。

续 表

序号	类型	特 点
4	风控合规部	融合了公司治理、风险控制与合规管理。 优点：大大提升了合规管理部门整合公司资源的能力，有很强的独立性，方便了合规部门与风险管理部门的沟通，合规部门在合规风险评估时可以和风控部门结合起来共同开展工作，实现风险管理工作成果共享。 缺点：对合规部的领导力提出了很高的要求，同时也需要企业提供较多的资源支持，还需要与法务部门等其他部门加强沟通，平衡业务与合规风险管理的关系。
5	其他	具体根据公司业务类型、组织结构、组织资源而定。 如英国石油公司（BP）在集团层面设置“道德与合规部”进行合规管理，同时配以法律各领域专家提供日常的法律专业支持，来保证 BP 各部门的合规专业有效运行。 BP 公司除了在道德与合规部门工作的全职合规工作人员之外，在每个业务与职能部门及其每一个下属地区部门，都有一位部门领导兼任本部门的“道德与合规联络人”。其职责是确保各项合规制度在本部门的有效实施，并且就日常工作中的合规问题进行处理和解答。这种安排能够有效提高本部门领导的合规意识，高效率解决日常合规问题。

三、企业内部的合规管理体系

（一）董事会的合规责任

董事会作为决策层应以保证企业合规经营为目的，通过原则性顶层设计，解决合规管理工作中的权力配置问题。

董事会负责企业整体风险的预防和控制，审核、监督公司风险控制制度的有效执行，可以下设合规与风险管理委员会，负责对企业国内施工承包及境外施工经营的风险控制及合法合规进行审议、监督和检查，草拟企业风险管理战略，评估企业风险管理状况。

董事会对企业的合规管理承担最终责任，履行以下合规职责：

①审核批准合规政策，监督合规政策的实施，并对实施情况进行年度评估。

②审核批准公司年度合规报告，对年度合规报告中反映出的问题，采取措施解决。

③根据总经理提名决定合规负责人的聘任、解聘及薪酬事项。

④决定公司合规管理部门的设置及其职能。

⑤保证合规负责人独立与董事会、董事会相关委员会（如审计委员会或者其他专业委员会）沟通。

⑥公司章程规定的其他合规责任。

（二）监事会的合规责任

为了完成合规监督职能，监事会不仅要进行会计监督，而且要进行业务监督。不仅要有事后监督，而且要有事前和事中监督（即计划和决策时的监督）。监事会对经营管理的合规方面监督包括以下方面：

一是对企业董事、总经理和其他高级管理人员执行公司职务时违反法律、行政法规或者公司章程的行为进行监督并有权通知他们停止其非合规行为。

二是随时调查企业的合规执行状况，审查合规体系文件、合规记录和合规报告，并把审核意见向董事会报告。

三是当监事会认为有必要时，一般是在企业出现重大问题时，可以提议召开股东会。

（三）管理层的合规责任

企业的高级管理层应分配充足的资源建立、制定、实施、评价、维护和改进合规管理体系。

管理层人员应当熟悉工程建设相关法律、行政法规及国际性组织的监管要求，依法合规、勤勉、审慎地行使职权。管理层人员应当维护企业的统一性和完整性，在其职权范围内对企业经营活动进行独立、自主决策，不受他人干预，不得将其经营管理权让渡给股东或者其他机构和人员。

管理层人员应当根据企业经营环境的合规要求，督促和落实合规责任体系的建立和运行。

管理层人员应当构建企业自身的合规文化，保持企业内部机构和人员合规责任体系、合规报告路径的清晰、完整，不得违反规定的报告路径，防止内部责任体系、报告路径和内部员工之间出现割裂的情况。

（四）合规管理部门的合规责任

①协助领导构建企业合规管理体系，制定、修订企业的合规手册和其他合规风险管理规章制度。

②起草年度合规管理计划。

③主动识别、评估、监测和报告合规风险。

④负责各项具体合规工作方案的拟定，使合规工作顺利展开。

⑤起草合规报告。

⑥参与新业务的开发，识别、评估合规风险，提供合规支持。

⑦违规事件的调查处理，起草违规处理决定。

⑧梳理企业内控流程，提出相关改进建议。

⑨审查企业内部管理制度、业务规程，提供合规改进建议。

⑩组织合规培训并向企业员工提供合规咨询服务。

⑪跟踪法律法规、监管规定和行业自律规则的变动、发展，并根据其有关要求提出制定或者修改企业内部规章制度的建议。

⑫相关辅助性工作和领导指派的其他工作。

（五）合规管理的主要内容

企业应以倡导合规经营价值观为导向，明确合规管理工作内容，健全合规管理架构，制定合规管理制度，完善合规运行机制，加强合规风险识别、评估与处置，开展合规评审与改进，培育合规文化，营造重视合规经营的企业氛围。

1. 合规管理的主要活动

合规管理旨在构造企业监督系统，对企业的决策系统、执行系统进行全程、动态的合规监控，监控的对象覆盖企业经营管理的全部内容，主要包括：

①定期学习法律、法规，传达监管要求，打造企业合规文化，提高员工合规意识。

②审核业务合同，各部门的制度和工作流程。

③依据合规要求，检查和评估日常经营管理活动的合规性。

④梳理整合各项法律法规、规章制度，开展合规培训。

⑤为新的承包合同提供合规支持。

⑥开展法律咨询，协同处理企业法律纠纷及其投诉。

2. **合规文化**

合规文化建设是合规风险管理的一部分，同时也是企业文化建设的一部分。如果企业上下所有员工都严格遵守高标准的道德行为准则，那么该合规风险的管理是最为有效的。

在企业内部要形成浓厚的合规文化，做到人人合规。所有员工都要有足够的职业谨慎、具有诚信正直的个人品行以及良好的风险意识和行为规范。企业内部要具有清晰的责任制和问责制，以及相应的激励约束机制，形成所有员工理所当然要为自身从事的职业和所在岗位的工作负责任的氛围，进而逐步形成工程建设企业的合规文化。企业加强合规文化建设应从以下四个方面努力：

第一，管理层的重视。

第二，全员合规理念的建立。一定要改变钻政策空子、打擦边球的观念，消除侥幸心理。

第三，合规部门与其他部门的配合、信息交流，实现资源共享，协同作战。

第四，合规考核机制的有效落实。

3. **合规政策**

合规政策是企业体现合规理念，培育合规文化，制定实现合规目标的纲领性、指示性的文件，对企业开展合规工作提出了原则性要求。其内容包括：

（1）合规政策的制定。企业的高级管理层（合规委员会）负责制定书面的合规政策，并根据合规风险管理状况和法律、规则、准则，以及项目所在地的政策、宗教和文化环境的情况适时修订合规政策，经董事会审议批准后传达给全体员工，定期评价各项合规政策和执行状况；若发现重大的合规问题，管理层必须立即向董事会汇报。

（2）进一步明确合规管理部门的职能。为确保合规管理部门能在公司合规管理中充分发挥作用，对合规管理部门的责任至少应明确：①合规管理部门的功能和职责；②合规管理部门的权限；③合规负责人的合规管理职责；④保证合规负责人和合规管理部门独立性的各项措施，包括确保合规负责人和合规管理人员的合规管理职责与其承担的任何其他职责之间不产生利益冲突等；⑤合规管理部门与其他部门之间的协作关系；⑥设立分支机构合规管理部门或项目部合规管理部门的原则。

（3）合规政策的落实。

①高级管理层：负责贯彻执行合规政策，确保发现违规事件时及时采取适当的纠正措施，并追究违规责任人的相应责任。

②企业职能部门及各项目部：遵循企业合规政策，研究制定本部门或本项目决策和运作的各项制度流程并组织实施，定期对本部门或项目的合规风险进行评估，对其合规管理的有效性负责。

③合规管理部门：作为合规风险的日常管理部门，主要负责识别、评估和监控合规风险，并向管理层和董事会提出合规建议和报告。

4. 合规审核

通过审核，对于外部监督可能发现的问题及时自查自纠，以减少企业损失，避免可能受到的处罚。

合规审核的程序一般包括：制定合规审核机制、合规审核调查、合规审核评价，具体内容见表 7-2。

表 7-2 合规审核的程序及内容

程序	内 容
制定合规审核机制	制订合规审核计划，需要列出审核的目标、步骤和流程。
合规审核调查	合规人员开展内部合规审核时，可能出现内部人员不配合，刻意隐瞒实情的情况，需要合规部门人员进行审核调查，但审核调查手段不能干扰企业或项目的日常运作。
合规审核评价	合规审核工作需要进行阶段性的评估，可以由内部或外部人员进行，最终目的是改进合规部门的工作。

5. 合规审计

企业合规管理职能应与内部审计职能分离。企业审计部门应对企业合规管理的执行情况、合规管理体系的适当性和有效性等进行独立审计。审计部门应将合规审计结果告知合规管理部门，合规管理部门也可根据合规风险的识别和评估情况向审计部门提出开展审计工作的建议。

6. 合规检查

合规检查的主要对象是制度、程序和流程的执行情况，合规检查主要看企业各个层面，特别是施工项目部是否落实了合规要求，检查要点：

一是企业各个层面是否按照相关法律法规和企业章程的规定履行职责，合规记录是否真实、准确、完整，是否按规定存档。

二是合规问题的整改情况及违规责任人的处理情况。

三是风险管理制度是否涵盖了不同风险控制环节。

四是其他需要检查的内容。

7. 合规培训

企业应将合规培训纳入员工培训计划，培训内容随企业内外部环境变化进行动态调整。境外经营相关部门和境外分支机构的所有员工，均应接受合规培训，了解并掌握企业的合规管理制度和风险防控要求。决策层和高级管理层应带头接受合规培训，高风险领域、关键岗位员工应接受有针对性的专题合规培训。合规培训应做好记录留存。合规培训的内容包括但不限于：企业内部的员工守则和各项业务的合规制度、国际商业公约及项目所在国特定的合规要求、境内外合规案例警示教育。

8. 合规汇报、举报与投诉

合规负责人和合规管理部门应享有畅通的合规汇报渠道。合规管理部门应当定期向决策层和高级管理层汇报合规管理情况。汇报内容一般包括但不限于合规风险评估情况，合规培训的组织情况和效果评估，发现的违规行为以及处理情况，违规行为可能给组织带来的合规风险，已识别的合规漏洞或缺陷，建议采取的纠正措施，合规管理工作的整体评价和分析等。

如发生性质严重或可能给企业带来重大合规风险的违规行为，合规负责人或合规管理部门应当及时向决策层和高级管理层汇报，提出风险警示，并采取纠正措施。

企业应根据自身特点和实际情况建立和完善合规信息举报体系。员工、客户和第三方均有权进行举报和投诉。企业应充分保护举报人。

合规管理部门或其他受理举报的监督部门应针对举报信息制定调查方案并开展调查。形成调查结论后，企业应按照相关管理制度对违规行为进行处理。

企业各层级人员对违规行为应有制止的义务，企业应有合规投诉处理的渠道和制度，合规投诉处理的流程为：接收、审议、改进、反馈。合规投诉处理的措施包括：

第一，建立合规投诉渠道。

第二，建立合规投诉的管理办法或处理流程等制度，其中建议含保密、奖励等内容。

第三，规定相关处理极限范围、处理流程与时限等。

9. **合规考核**

合规考核应全面覆盖企业的各项管理工作。合规考核结果应作为企业绩效考核的重要依据，与评优评先、职务任免、职务晋升以及薪酬待遇等挂钩。

境外经营相关部门和境外分支机构可以制定单独的合规绩效考核机制，也可将合规考核标准融入总体的绩效管理体系中。考核内容包括但不限于按时参加合规培训，严格执行合规管理制度，积极支持和配合合规管理机构工作，及时汇报合规风险等。

（1）建立考核目标。企业应在相关部门和各层级建立合规目标作为考核依据。

企业策划如何实现合规目标时，应确定：做什么，需要什么资源，谁负责，何时完成，结果如何评价。

（2）建立员工合规操守考核制。建立包括合规操守、合规业绩考核在内的绩效管理体系。每年初根据境外企业项目建设和生产经营的实际情况，制定考核指标并与主要负责人签订责任书，采取“月度通报、季度考核、半年小结、年度清算”的考核机制，年底根据完成情况进行考核，合规业绩考核结果与企业工资总额、领导班子成员年薪和领导班子成员任职评价“三挂钩”。通过加强合规绩效考核，充分调动企业合规经营的积极性，促进资产的保值增值。将考核结果纳入年度绩效考核，与绩效工资挂钩，以增强员工合规意识，确保员工日常行为合规。

（3）建立违规问责制度。对于发现的违规事件，要严格认定和追究违规行为人的责任，并采取有效的纠正措施，及时优化经营管理流程和修订相关规章制度，切实消除违规事件产生的负面影响。

10. 合规评价

企业应定期对合规管理体系进行系统全面的评价，发现和纠正合规管理贯彻执行中存在的问题，促进合规体系的不断完善。合规管理体系评价可由企业合规管理相关部门组织开展或委托外部专业机构开展。

企业在开展效果评价时，应考虑企业面临的合规要求变化情况，不断调整合规管理目标，更新合规风险管理措施，以满足内外部合规管理要求。

（1）建立法律法规及其他要求适用表。

①合规性评价的基础工作是建立适用的法律、法规及其他要求清单。

②合规渊源，包括：立法机构和监管机构的法律、规则和准则，市场惯例，行业协会的行业规则，内部职员行为准则，诚实守信和道德行为准则。

③合规渊源的获取渠道。

（2）建立法律法规及其他要求合规性评价表。建立法律法规及其他要求合规性评价表的原则和方法。

（3）进行合规性评价。

①归口管理部门；

②评价频次；

③评价人员；

④评价依据；

⑤评价内容；

⑥评价记录；

⑦不合规处置。

（4）提出改进方法。

①企业合规性评价和改进建议表。

②撰写企业规章制度的修改建议书，应注意：如果企业的规章制度体系文件与现行的法律法规有冲突，则必须对规章制度体系进行修改；应通过与有关部门的沟通，了解企业规章制度这样规定的原因，并探讨有无可能提出既合乎技术原理又合乎法律法规的方法；在建议书中，必须写明既有文件的哪一部分与法律法规存在冲突，并给出修改意见。

四、合规管理中的风险控制方法

合规风险是指企业或其员工因违规行为遭受法律制裁、监管处罚、重大财产损失或声誉损失以及其他负面影响的可能性。

合规管理部门应深入调查，梳理各操作岗位的工作规程，研究各岗位原有的内控风险、管理体系风险及法律风险，针对各环节隐藏的或者有可能发生的合规风险进行系统排查，并梳理成全面的合规管理风险。参照国家的法律法规、有关政策和行业标准规范，结合企业实际运营的情况，整理各业务领域需要遵守的法律法规和其他标准，结合上述排查的合规管理风险，细化业务操作标准，量化要求。之后，强调风险提示，列出哪些岗位会出现风险操作、风险级别、业务流程环节中容易出现风险的操作点以及风险控制措施，以便于业务操作人员在工作中能够有意地避开风险操作点，增强风险意识，加强自身责任感。这是企业达成合规要求，实现合规经营的根本策略。

整个风险管理过程是一个闭环系统（见图 7-1），随着风险应对策略的实施及风险监控过程中内外部环境或工作内容的变化，风险会出现许多变化。这些变化的信息可及时反馈，新的风险识别就能及时对新情况进行风险评估和分析，从而调整并实施风险应对策略。这样循环往复，保持风险管理过程的动态性，就能达到风险管理的预期目的。

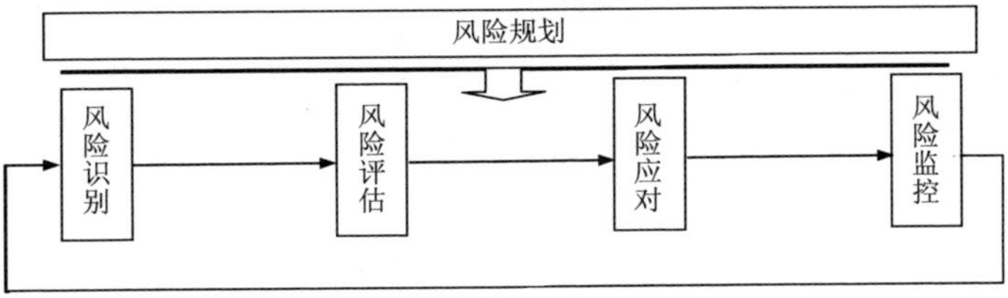

图 7-1　企业风险管理的全过程

（一）风险规划

风险规划是定义如何实施合规风险管理活动的过程，合规部门应该根据企业的业务类型、实施环境和人员特点，制订风险管理规划文档，即风险管理计划。该计划要与业务内容（如所承包的项目类型、项目战略优先级等）对企业和其他相关方的重要程度相匹配，其中特别需要注意的是业务（如工程项目承包）实施过程中关键相关方（如工程所在地政府、业主及企业自身领导层）对合规风险的容忍程度。

风险规划的内容应包括：

①确定合规风险管理的领导者和团队，明确其职责；

②确定合规风险管理活动所需资金及应急储备和管理储备的使用方案；

③确定在项目生命周期中实施合规风险管理过程的时间和频率；

④确定合规风险的分类方式和风险分解结构；

⑤记录各相关方的风险偏好度和风险临界值；

⑥根据具体的项目对风险的概率和影响进行定义；

⑦风险登记册、风险报告以及项目风险管理过程中的文档要求和内容格式等。

合规风险管理活动应纳入日常工作范畴，是合规管理工作的最重要组成部分。同时，企业应在合规风险规划阶段对各类相关人员做好合规培训工作。培训对象及内容见表 7-3。

表 7-3　合规培训对象及内容

序号	培训对象	培训内容
1	企业高层、高级合规官	建立企业合规管理体系
2	合规管理团队成员	合规管理团队的职责、应知应会等
3	从事境内经营的工程建设企业所有人员	境内合规要求、制度
4	从事境外经营的工程建设企业所有人员	境外合规要求、制度

可采取现场培训、书面培训、网络培训相结合的形式，由合规管理部门制订年度合规培训计划，由各业务部门提出培训需求，以工作的实际需要为出发点，与岗位紧密结合，根据年度培训计划、国家政策法规的变化及企业业务发展需要实施培训，有计划、有目的地组织

各种形式的合规培训，强化合规经营理念。

（二）风险识别

企业应当建立必要的制度和流程（风险规划），识别新的和变更的合规要求。企业可围绕关键岗位或者核心业务流程，通过合规咨询、审核、考核和违规查处等内部途径识别合规风险，也可通过外部法律顾问咨询、持续跟踪监管机构有关信息、参加行业组织研讨等方式获悉外部监管要求的变化，识别合规风险。

企业境外分支机构可通过聘请法律顾问、梳理行业合规案例等方式动态了解掌握业务所涉国家（地区）政治经济和法律环境的变化，及时采取应对措施，有效识别各类合规风险。

企业的合规风险识别工作应在整个经营过程中持续开展，并根据环境和业务特性的变化不断更新风险内容。

具体工程项目上的风险识别应以企业已识别的合规风险为基础，结合项目特性、所在地的环境（包含自然环境、社会环境、管理环境和作业环境）等因素，在合规管理部门的配合下，一同开展合规风险的识别。

可使用头脑风暴、核对单、访谈收集与风险相关的信息，通过根本原因、假设条件和制约因素、各种文件和 SWOT 等分析风险及其来源，召开专门会议讨论和完善风险的识别。具体识别风险的方法见表 7-4。

表 7-4　常见风险识别方法

名称	方式	说　明
调查法	访谈	约访专家、工程管理人员，或通过实地观察走访等识别潜在的风险。
	专家会议讨论	通过成立风险管理专家小组，召开会议，利用其专业知识和经验识别潜在的风险。
头脑风暴法	自由联想讨论	组织一群人自由联想、讨论，发表自己的观点或看法，互不强制干预对方。
核查法	核查表	将之前相似项目发生过的风险归纳总结列成清单，核查拟建项目是否存在该类风险。
分解法	工作分解法（WBS）	将复杂的整体工程进行系统分解（单项工程-单位工程-分部分项工程-工序），分析潜在的风险和损失。
	风险分解法（RBS）	将整个工程的风险从不同的方面或层次分类，再将大类风险分解为具体的子风险。
	WBS-RBS	将复杂的工程工作和风险分别分解成简单、易于理解的基本单元，再将其耦合形成 WBS-RBS 矩阵，找出可能的风险因素。
情景分析法	场景假设	设想同一环境不同情境下可能出现的风险和其带来的损失。
假设条件和制约因素分析	实施条件审查	每个项目及其项目管理计划的构思和开发都基于一系列的假设条件，并受一系列制约因素的限制。开展假设条件和制约因素分析，来探索假设条件和制约因素的有效性，确定其中哪些会引发风险。从假设条件的不准确、不稳定、不一致或不完整，可以识别出威胁，通过清除或改变会影响项目或过程执行的制约因素，可以创造出机会。

续 表

名称	方式	说 明
流程图法	流程图	将项目划分为连续的作业流程，再将各个作业流程划分为若干个具体板块，分析各板块中潜在的风险。
SWOT 分析	多维度进行分析	对项目的优势、劣势、机会和威胁进行逐个检查。
文件分析	历史资料分析	通过对企业或项目以往文件的结构化审查，可以识别出一些风险。可供审查的文件包括计划、假设条件、制约因素、以往项目档案、合同、协议和技术文件。

1. 合规风险识别的领域

企业识别、分析和评估合规风险可以从重点领域、重点环节、重点人员三方面考虑。

重点领域：市场交易、商业伙伴、安全环保、施工质量、劳动用工、财务税收、知识产权、反腐、诚信与反贿赂。

重点环节：重要决策事项事前合规审查。境外施工重大决策、重大合同、大额资金管控、境外子企业公司治理等。

重点人员：管理人员、高风险岗位、海外人员。

2. 合规风险识别的框架

全面识别合规风险的一个良好方法是通过风险分解（RBS）建立合规风险识别框架。

合规风险 RBS 建议，参见表 7-5。

表 7-5 不同类型风险需合规的内容或风险点

类 别	需合规的内容或风险点
国际条约、惯例和协议合规风险 相关的规定主要来自联合国（UN）、国际劳工组织（ILO）、世界知识产权组织（WIPO）、国际标准化组织（ISO）、社会责任国际（SAI）、国际商会（ICC）、世界银行（WB）、石油输出国组织（OPEC）等	·合同管理：FIDIC 条款、NEC 合同条款、JCT 合同条款、AIA 系列合同条件等； ·劳工权利：《国际劳工组织宪章》、《建筑业安全和卫生建议书》、《1990 年夜间工作公约》、SA 8000 等； ·知识产权：《保护工业产权巴黎公约》《专利合作条约》《世界版权公约》等； ·环境保护：《生物多样性公约》《控制危险废物越境公约》《联合国气候变化框架公约》《巴塞尔公约》等； ·财务报告：《COSO 全面风险管理框架》《COSO 内部控制整合框架》等； ·国际贸易：《国际贸易术语解释通则》《商业跟单信用证统一惯例》等； ·诚信与反贿赂：《世界银行诚信合规指南》《海外反腐败法》等； ·……
国家（地区）性合规风险	·美国的《海外反腐败法》《针对机构实体联邦量刑指南》《萨班斯-奥克斯利法案》； ·美国的“长臂管辖”司法判例； ·所在国出于国家安全和国家利益作出的行政决定；如美国把华为公司列入出口管制“实体名单”； ·所在国及地区出入境相关规定； ·驻所在国使领馆的规定和要求； ·……

续 表

类　别	需合规的内容或风险点
宗教、文化和习俗合规风险	· 基督教； · 伊斯兰教； · 佛教； · 当地的其他教派和习俗； · ……
国内施工企业涉及的主要法律、法规合规风险	1. 法律 《中华人民共和国建筑法》《中华人民共和国安全法》《中华人民共和国消防法》《中华人民共和国合同法》《中华人民共和国招标投标法》《中华人民共和国土地管理法》《中华人民共和国城乡规划法》《中华人民共和国环境保护法》《中华人民共和国环境影响评价法》《中华人民共和国保险法》《中华人民共和国劳动法》等。 2. 行政法规 《工程建设质量管理条例》《工程建设安全生产管理条例》《工程建设勘察设计管理条例》《中华人民共和国土地管理法实施条例》等。 3. 部门规章 《工程监理企业资质管理规定》《注册监理工程师管理规定》《工程建设监理范围和规模标准规定》《建筑工程设计招标投标管理办法》《房屋建筑和市政基础设施工程施工招标投标管理办法》《评标委员会和评标方法暂行规定》《建筑工程施工发包与承包计价管理办法》《建筑工程施工许可管理办法》《实施工程建设强制性标准监督规定》《房屋建筑工程质量保修办法》《房屋建筑工程和市政基础设施工程竣工验收备案管理暂行办法》《工程量清单计价规范》《工程建设施工现场管理规定》《建筑安全生产监督管理规定》《工程建设重大事故报告和调查程序规定》《城市建设档案管理规定》《增值税暂行条例实施细则》等。

续 表

类　别	需合规的内容或风险点
国内外行业专业技术合规风险	指针对不同的行业、不同质量控制对象制定的专业技术规范文件。包括规范、规程、标准、规定等，如：工程建设项目质量检验评定标准，有关建筑材料、半成品和构配件质量方面的专门技术法规性文件，有关材料验收、包装和标志等方面的技术标准和规定，施工工艺质量等方面的技术法规性文件，有关新工艺、新技术、新材料、新设备的质量规定和鉴定意见等。
企业内部制度和流程合规风险	·公司章程； ·公司制度和业务流程； ·工艺流程和操作手册； ·……

全面风险识别 RBS 建议，详见表 7-6 至表 7-17。

表 7-6　境外工程建设企业全面风险识别框架（RBS 0 级）

序号	层　次	风险类型
1	国家层面	经济风险、政治风险、社会风险、自然风险、法律风险
2	项目层面	招投标风险、设计风险、施工风险、采购风险、业主方风险
3	企业层面	融资风险、资金风险、组织结构风险、人力资源管理风险

表 7-7 国家层面：经济风险清单（RBS 1~2 级）

序号	风险因素	风险源
1	经济发展	所在国经济 GDP 总量及发展趋势如何？经济产业结构是怎样的？经济发展规划和政策有哪些？
2	通货膨胀	所在国通货膨胀率是多少？是否得到有效控制？发展趋势如何？国家的货币政策如何？
3	政府财政和债务	政府财政收入、来源及占比是多少？政府财政收支情况如何？政府外债与内债情况如何？政府外汇收入、来源及储备情况如何？
4	市场竞争	政府投资和私人投资情况如何？市场竞争激烈情况如何？市场竞争者来自哪些国家？中国企业的市场份额、分布领域和竞争优势怎样？
5	汇率变化	所在国采用何种货币？是否是国际货币？与美元的兑换比率是否稳定？汇率的发展趋势怎样？
6	外汇管制	所在国是否是外汇管制国家？所在国的外汇储备怎样？外汇管制的对象是哪些？外汇管制的范围有哪些？
7	华人经济团体影响	所在国是否存在华人商会或经济团体？这些商会团体对所在国经济的影响力如何？与当地政府和社会组织团体的关系如何？
8	商业银行合作	所在国的主要商业银行有哪些？银行的资信、业务及收费、效率情况如何？外国人可否开立银行账号和可办理的业务情况有哪些？

表 7-8 国家层面：政治风险清单（RBS 1~2 级）

序号	风险因素	风险源
1	政治制度	所在国政治体制是哪种（民主共和制/君主立宪制）？所在国民主程度如何？是否存在以及多大程度的独裁？政治权力在各组织机构之间如何划分？

续 表

序号	风险因素	风险源
2	政党及政策	所在国的政党情况如何？是一党制、两党制还是多党制？主要政党有哪些？主要政党对国家政策和政治权利的影响怎样？执政党及其他政党对华态度怎样？
3	国家信誉	所在国的国际信誉如何？是否有国家信用评级？评级情况如何？
4	政府腐败	所在国政府廉洁情况如何？腐败行为严重程度如何？政府是否就腐败问题采取打击措施？政府打击力度和决心怎样？
5	政策连续性	国家政策是否稳定？近几届政府更迭过程是否稳定？新政府对原政府行为（各项政令及外交政策）继承是否完整及政策是否稳定？
6	政局稳定性	国家政局是否稳定？影响国家政局稳定的主要因素有哪些？
7	战争或内乱	所在国是否存在反政府武装或恐怖组织？其破坏活动近年来是否频繁？国家是否已采取军事行动？未来的安全形势会如何？
8	国家关系	所在国周边国家政局是否稳定？其与周边国家关系如何？国际上有无敌视国？中国在该国是否设有大使馆？其与中国合作情况如何？
9	舆论风险	我方在项目所在国设立的机构是否建立了舆情监控机制？
10	工程协会	所在国是否存在工程协会？工程协会的作用及其对市场的影响如何？
11	紧急事故应对	我方在所在国设立的机构是否建立了紧急情况的应对机制？包括哪些具体的应急保障措施？

续 表

序号	风险因素	风险源
12	项目安保	我方在所在国设立的机构是否建立了安全保障管理制度？当地是否有专业的安保公司？费用如何？当地政府可否提供安保力量？
13	市场歧视	建筑市场对外国承包商的态度如何？中资企业在当地受欢迎程度如何？

表 7-9　国家层面：社会风险清单（RBS 1~2 级）

序号	风险因素	风险源
1	民族冲突	所在国有多少民族？各民族之间的关系如何？主要民族占人口比例及其对国家政治、社会的影响？
2	宗教冲突	所在国有无宗教信仰？具体信仰哪些宗教？宗教之间的关系如何？宗教对国家政治、社会、文化等的影响程度如何？
3	风俗禁忌	所在国有哪些风俗习惯？禁忌有哪些？
4	法定假日	所在国有哪些法定节假日？法定假日多不多？节假日如何分布？
5	劳工素质	社会教育体系是否完善？教育是否普及？公民受教育程度如何？
6	交流障碍	所在国官方语言是什么？较为通行的外国语言有哪些？
7	医疗卫生	所在国医疗保障体制是否健全？医疗水平和伤病费用成本如何？
8	社会治安	社会治安状况如何？偷盗、抢劫等暴力犯罪率高不高？

表 7-10 国家层面：法律风险清单（RBS 1~2 级）

序号	风险因素	风险源
1	法制差异	所在国属于英美法系、大陆法系还是其他法系？
2	法制不健全	所在国的国家立法程序如何？法制是否健全？基本法律有哪些？法律法规调整是否频繁？
3	公民法律意识	当地法律文件是否易于获取？公民法律意识怎样？公民犯罪率如何？
4	执法风险	所在国执法部门法律执行力度如何？执法是否公正？
5	司法风险	司法环境如何？司法是否公正？司法效率如何？诉讼成本如何？
6	国际法约束	是否与中国签订双边或多边条约？是否共同加入某种国际组织？
7	公司法风险	所在国关于公司设立及治理的相关法律法规有哪些？主要规定是怎样的？
8	进口管理	所在国对进口程序和手续有哪些规定？海关检查是否严格？清关效率怎样？
9	外籍劳务限制	所在国关于外籍劳务的法律法规有哪些？是否对外籍劳务有明确的限制？外籍劳务需要办理哪些签证和手续？
10	外商投资法	所在国关于外商投资的法律法规有哪些？主要规定是怎样的？
11	投标法规	所在国关于投标的法律法规有哪些？主要的规定是怎样的？
12	合同法	所在国关于合同的法律法规有哪些？主要的规定是怎样的？
13	劳动法	所在国关于劳动关系、职业安全健康的法律法规有哪些？主要的规定是怎样的？对工人加班的时间和费用有何规定？

续 表

序号	风险因素	风险源
14	税法风险	所在国关于税收制度的法律法规有哪些？主要规定是怎样的？税率如何？对外国承包商有无优惠？税法是否定期修改？、
15	环保法	所在国关于环境保护的法律法规有哪些？主要规定是怎样的？对于破坏环境行为的惩罚是怎样的？
16	企业资质管理	所在国关于建筑企业资质管理的法律法规有哪些？主要的规定是怎样的？资质分为几类几级？资质申请的程序和所需的材料有哪些？
17	工程纠纷管理	所在国关于诉讼、仲裁等争议解决方式的相关法律法规有哪些？主要的规定是怎样的？
18	所在国仲裁机构	所在国仲裁机构有哪些？这些机构的国际影响力、公正性、收费情况如何？
19	国际仲裁有效性	所在国是否为纽约公约成员？外国仲裁裁决在该国承认和执行情况如何？
20	法律资源获取	所在国的法律资源如何？有无国际知名律所？本国律师的水平和能力怎样？律师收费如何？该国有无知名的工程咨询专家和税务顾问专家？

表 7-11　国家层面：自然风险清单（RBS 1~2 级）

序号	风险因素	风险源
1	自然灾害	所在国自然灾害现象（地震、洪灾、旱灾、火山、台风等）是否严重？是否常年缺水？
2	气候恶劣	全年降雨量和气温如何？是否有明显的旱季和雨季？雨季和旱季分别是哪些月份？夏季的最高平均温度和冬季的最低平均温度是多少？

续　表

序号	风险因素	风险源
3	水文地质	所在国的地形地貌如何？水文地质条件是否复杂？
4	传染疾病	所在国是否为传染疾病高发区？主要的传染疾病有哪些？病情是否得到有效控制？公民的疾病防范意识如何？
5	生态保护	所在国是否注重对生态的保护？项目是否经过生态保护区？

表 7-12　项目层面：招投标风险清单（RBS 1~2 级）

序号	风险因素	风险源
1	投标程序	建筑市场投标的基本程序是什么？公正性如何？外国企业投标需要做哪些准备？
2	投标政策	所在国对本国企业和外国企业投标的政策是否不一样？具体政策是怎样的？
3	业主手续	业主的行政审批手续是否齐全？
4	工程量和工程范围	合同中关于工程项目内容描述是否清楚？是否存在可凭借推测和想象而导致工作范围扩大的成分？工程量是否有清单？
5	合同报价	合同计价方式约定是否明确？是固定总价合同还是可调总价合同？合同中有无关于价格调整方式的条款？合同价格包含的风险费是否足够？
6	融资要求	合同中是否要求承包商融资？融资额度是否超过企业规定标准？
7	保函担保	业主是否要求承包商提供保函担保？需要提供哪些保函？保函失效、失效条件及担保金额约定是否明确？
8	预付款约定	合同中是否约定工程预付款？预付款的比例是多少？预付款支付形式是什么？

续 表

序号	风险因素	风险源
9	进度款支付约定	合同中是否约定工程进度款的审批及支付时限？进度款的支付方式是什么？是否约定发包人未按时支付工程进度款的违约责任？
10	工程尾款支付约定	合同中是否约定工程尾款的审批和结算时限？工程尾款的支付方式是什么？是否约定发包人未按时支付工程尾款的违约责任？
11	质保金支付约定	合同中是否约定质量保修期和期满后工程质量保修款的清算和支付时限？
12	竣工结算约定	合同中是否约定工程竣工验收的条件？是否明确规定竣工结算审核单位和审核时限？是否约定中间结算和结算时限？
13	付款形式	合同工程款结算的币种有哪些？业主以何种方式付款？
14	工程变更	是否约定工程变更、洽商、签证价款的审批和支付时限？
15	违约赔偿	合同对双方违约的责任是否作出明确的规定和量化？是否约定赔偿的条件和形式？
16	条款不平等	业主是否特意将自身承担的风险定义模糊化？风险范围是否缩小？是否将一些不可抗风险全部强加给承包商？
17	条款不严谨	合同对一些重要性条款有没有清晰的定义？规定是否详细？前后是否存在矛盾？
18	合同条款误解	合同条款翻译是否正确？双方就条款的理解是否进行沟通并达成一致？
19	业主免责	合同条款关于业主责任的要求是否明确？有无具体的制约措施？

表 7-13 项目层面：设计风险清单（RBS 1~2 级）

序号	风险因素	风险源
1	设计标准	业主要求使用的设计标准规范是哪些？是中国标准、欧美标准还是所在国自身标准规范？设计分包商对国外标准规范的熟悉程度？
2	设计技术	设计院或分包商的资质如何？是否做过海外工程的设计？设计团队人员组成结构是否合理？设计人员的设计经验如何？
3	设计资料	业主提供的资料信息是否真实、完整，有无及时更新？承包商是否亲自到项目现场勘察过？勘察资料的深度和广度是否满足设计要求？
4	设计方案	承包商是否深入研究业主提出的技术指标和要求？设计方案是否合理？业主是否会因喜好任意要求承包商改变设计方案？业主对设计方案的审批效率如何？
5	设计变更	设计分包商是否正确理解业主的概念要求？业主对项目的要求是否一次性交代清楚？
6	衔接风险	设计部门的时间安排是否合理？与采购部门、施工部门工作的衔接是否顺畅？

表 7-14 项目层面：采购风险清单（RBS 1~2 级）

序号	风险因素	风险源
1	本地材料设备供应	所在国有无项目所需的材料设备？当地材料的质量能否达到项目要求？当地的材料生产能力和设备生产效率能否满足项目的需求？材料和设备的价格怎么样？
2	材料设备采购计划	各种材料和设备的采购来源是否合理安排（当地、中国还是第三国）？每次材料采购数量是否经济？采购计划是否合理和灵活？

续 表

序号	风险因素	风险源
3	供货商供货	供货商的信誉情况怎么样？供货数量和质量是否有保障？能否及时供货？供货规格是否与项目匹配？售后服务怎么样？
4	物流运输	物资运输形式和成本如何？运输速度和安全性如何？货物运输损耗大不大？清关手续是否复杂？货物是否在所在国进口管制名单内？
5	物价上涨	材料设备价格是否上涨？跨国采购时货币汇率是怎样的？
6	采购报价	业主是否指定供货商？供货商的数量是多少？承包商询价是否方便？供货商报价是否合理？供货商会不会坐地起价？

表 7-15　项目层面：施工风险清单（RBS 1~2 级）

序号	风险因素	风险源
1	施工技术	技术交底是否清楚？施工工艺是否落后？专项施工方案是否得到论证以及效果如何？有无采用新工艺和技术？
2	安全措施	现场安全措施是否到位？执行力如何？是否安排专职安全巡视员？
3	施工人员管理	施工人员素质如何？施工人员是否服从安排？施工人员是否会盗窃材料设备？施工人员是否会集体要求涨薪或罢工？施工人员是否接受加班安排？
4	分包商管理	分包商之间的施工界限是否清晰？分包商进场安排是否合理？与分包商之间的沟通是否顺畅？有无做好各分包商之间的协调？
5	材料设备管理	现场材料设备是否有专人看管？设备的保养怎样？材料的进场是否及时？设备之间的调度是否协调？

续 表

序号	风险因素	风险源
6	基础设施	施工现场供水供电是否充足？交通方不方便？
7	施工组织	施工方案是否可行？施工进度计划是否科学？施工现场平面布置是否合理？
8	施工影响控制	施工过程中有无注意保护周围的生态环境？有无干扰到周围居民的生活？有无对周围建筑和地下管线造成影响？
9	劳工流动	当地的劳工是否充足？劳工的流动性大不大？
10	技术文件翻译	公司是否拥有既会说当地语言又懂工程技术的人才？技术文件的翻译与原文贴近程度如何？
11	项目目标管理	项目目标分工是否明确？是否制定严格的项目目标管理体制？项目目标管理计划是否严格执行？

表 7-16　项目层面：业主方风险清单（RBS 1~2 级）

序号	风险因素	风险源
1	业主支付不及时	业主拖欠工程进度款和竣工结算款的情况如何？业主对承包商的请示回复情况如何？
2	业主干预	业主是否强行干预项目的管理？是否发出一些不合理的指令？
3	需求变更	业主会否因经济问题减少项目工作量或范围？业主是否要求承包商执行合同规定之外的工作？

表 7-17　企业层面：企业风险清单（RBS 1~2 级）

序号	风险因素	风险源
1	融资风险	企业的融资能力如何？融资渠道有哪些？融资是否得到国家支持？

续 表

序号	风险因素	风险源
2	资金短缺	企业的资金运转是否正常？是否有足够的资金维持垫资施工？
3	人力资源管理	企业雇佣当地员工和国内员工的规划是否合理？员工的培训计划和费用如何？薪酬制度是否透明公正？
4	企业内部组织管理	企业的管理团队是否团结？内部是否拉帮结派？与当地建筑企业是否存在腐败交易？管理人员结构安排是否合理？各自的责任与权力是否明确？
5	组织结构	企业项目组织机构采用何种形式？机构设置是否合理？

3. **风险识别的结果**

风险识别的最终的成果是建立风险登记册，记录已经识别的风险、潜在的风险责任人和潜在的风险应对措施。

（三）风险评估

风险评估是指根据工程所处的环境，风险管理人员应用统计、概率分析等方法对已识别风险的发生概率和影响进行综合分析的过程。其主要目的是对风险进行优先级排序，筛选出重点关注的高优先级风险。

企业应通过考虑不合规的原因、来源、后果的严重程度及其后果发生的可能性进行合规风险评估。后果包括（不限于）：个人和环境伤害、经济损失、声誉损失和行政责任等。

企业可根据企业的规模、目标、市场环境及风险状况确定合规风险评估的标准和合规风险管理的优先级。

企业进行合规风险评估后应形成评估报告，供决策层、高级管理层和业务部门等使用。

风险具有动态性、紧迫性、临近性、潜伏性、可控性、连通性、可监测性、可管理性、不确定性、相对性、突发性等众多特性。传统的风险评价方法大都认为风险度为风险发生概率 P 与风险损失 I 的乘积，即 $R=P\times I$ 。这种分析方法仅从概率和损失两个维度来评价风险，不能全面反映风险的发生过程和规律，可能会导致错误的结果。有必要将风险分析从两维向三维甚至多维拓展，也就是除了考虑风险发生的概率和风险损失，还须考虑风险的可控性、紧迫性、临近性等风险特性指标，用风险特征向量表示如下：

$R=(R_1,R_2,R_3,R_4,R_5\cdots)$ =（概率、损失、可控、紧迫、临近……）

风险各评价维度的具体含义如下：

发生概率：风险在工程全过程中发生的可能性大小。

损失：风险发生后影响工程进度、质量、成本等目标而造成的损失，以及连带给企业的经济损失、声誉损失和行政责任等。

紧迫性：为有效应对风险而必须采取应对措施的时间段。时间短就说明紧迫性高。

邻近性：风险在多长时间后会影响一项或多项项目目标。时间短就说明邻近性高。

可管理性：风险责任人（或责任组织）管理风险发生或影响的容易程度。如果容易管理，可管理性就高。

可控性：风险责任人（或责任组织）能够控制风险后果的程度。如果后果很容易控制，可控性就高。

可监测性：对风险发生或即将发生进行监测的容易程度。如果风险发生很容易监测，可监测性就高。

连通性：风险与其他风险存在关联的程度大小。如果风险与多个其他风险存在关联，连通性就高。

战略影响力：风险对组织战略目标潜在的正面或负面影响。如果风险对战略目标有重大影响，战略影响力就大。

密切度：风险被一名或多名相关方认为要紧的程度。被认为很要紧的风险，密切度就高。

值得说明的是，并不是每一个风险特性都需要考虑，除概率和损失外，其他的特性根据项目的情况进行选择，并设定相应的权重。各项评分应由经验丰富的专家进行打分，评分的标准应在风险规划中设定，多位专家的多重评分会显著提高风险评估的准确性。表 7-18 是风险评估模型示例。

表 7-18　风险评估模型（示例）

风险 10 分制	维度	概率	损失	可监测性	紧迫性	…	综合评分	优先级
	权重	30%	30%	5%	5%	…		
风险 A	—	9	8	8	8	…	8.3	1 级
风险 B	—	7	8	5	6	…	6.5	3 级
…	…							

（四）风险应对

企业应建立健全合规风险应对机制，对识别评估的各类合规风险采取恰当的控制和处置措施。发生重大合规风险时，企业合规管理机构和其他相关部门应协同配合，依法及时采取补救措施，最大程度降低损失。必要时，应及时报告有关监管机构。

合规风险的应对主要从五个大方面考虑，即风险上报、风险规避、风险减轻、风险接受和风险转移。详见图 7-2。

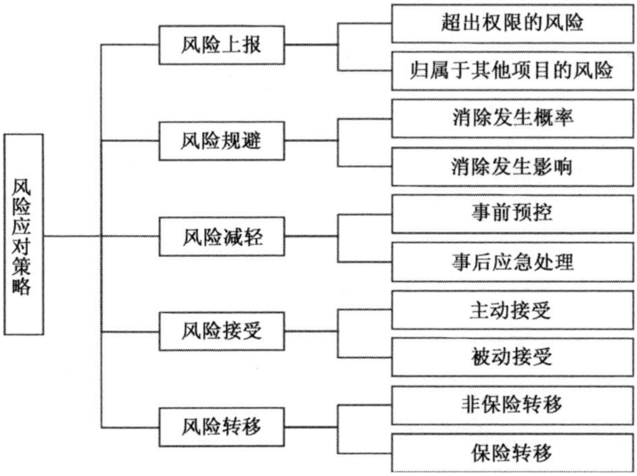

图 7-2　风险应对方案框架图

1. 风险上报

如果某风险不在职责范围内，或提议的应对措施超出了责任人能力或权限，就应该采用上报策略。被上报的风险将在相应的相关部门加以管理。而风险责任人确定应就风险通知哪些人员，并向该人员或组织部门传达关于该风险的详细信息。

上报策略带来的好处是能在更高层次进行统筹管理，能调动更多的资源来响应风险。合规管理人员应该充分意识到上报并不是责任推诿，也更应清楚地意识到如果在超出职权能力范围内自行管控风险或是瞒报而导致风险没有得到及时有效处理，都将导致最终的失控。

2. 风险规避

风险规避是指采取行动来消除威胁，避免受威胁的影响。规避策略其应对的核心是“阻断”，即把概率降低到零；或者风险发生了，主体也会受保护而不受影响。

某些合规风险发生概率和损失都很大，但又没有经济有效的措施来减小风险，合规管理人员就应该采取放弃项目或原计划，或者改变目标，避免损失。

采取风险规避策略常须同时满足以下三点：

一是对合规风险要有足够的认识和把握。

二是该风险发生的概率很高，带来的后果很严重。

三是采用其他应对策略的代价超过风险所带来的经济效益，只有采取风险规避才能将项目损失降到最低。

但运用该策略时也须认识以下三点：

一是风险是始终都存在的，规避这个风险可能会面对另外一个新的风险。

二是规避风险也就丧失了从该风险中获取利益的机会。

三是风险规避要把握最佳时机，当断则断。

正如上所述，在采取规避策略的时候，往往需要付出相对较大的代价，因此在制定策略的时候需要考虑经济性和可行性的权衡，如果无法完全规避，可以考虑强化其他策略。

3. 风险减轻

风险减轻是指采取措施来降低威胁发生的概率和（或）影响，最终使风险在可控范围内。当风险应对目标是只需可防可控时，或对于需要完全消除风险（高风险），但因风险特性或其他因素无法采取规避措施时，优先采用减轻策略。

采取减轻策略，在制定具体应对方案时，从决定风险严重性的因素入手，通过强化过程控制来降低概率和损失。

减轻策略一般包括事前控制和事后控制。事前控制是指通过制定防范性措施来降低风险事件发生概率的行为，分为有形的和无形的。

有形的措施如高空作业人员必须系安全带，脚手架挂安全网；进场人员须戴安全帽；易燃易爆材料远离办公场所等。无形的措施如对现场工作人员进行风险教育，制定严格的风险管理制度，采取多种货币结算方式等。事后控制是指通过制定应急处理计划来尽量减小风险事故所造成的损失或抑制事故进一步发展的行为。相应的措施如调整施工进度和材料设备采购计划；准备索赔证据，计算索赔金额，递交索赔报告；查看项目资金链运转状况，调整融资计划等。

4. 风险接受

风险接受，又称为风险自留。风险接受是指承认风险的存在，事前不主动采取措施，因此它不改变风险的概率和损失，是依靠自身的力量来承担风险事故损失的行为。此策略可用于低优先级威胁，也可用于无法以任何其他方式加以经济有效应对的威胁。对于采用接受策略（暂时不管它）的风险，有两种建议，一是为它建立应急储备，包括预留时间、资金或资源以应对出现的威胁；二是定期审查，确保其并未发生重大改变。

5. 风险转移

转移涉及将应对威胁的责任转移给第三方，让第三方管理风险并承担威胁产生的影响。采用转移策略，通常需要向承担威胁的一方支付风险转移费用。购买保险、使用履约保函、使用担保书或保证书是转移的最常见手段。

该行为并不能减小风险发生的概率和损失，而只是将风险损失转移给最有能力承担或控制的其他组织或个人。一般分为保险转移和非保险转移。

保险转移是指项目主体通过购买工程保险来将风险转移给保险公司。常见的保险转移措施有：建筑工程一切险、安装工程一切险、社会保险、车险、汇率险等。

非保险转移是指项目主体通过签订合同将风险转移给对方。该方法能够转移那些不可投保但被转移者长于该类风险管理的风险。但要注意被转移者的财务能力，一旦无法承受风险带来的损失而破产，那么最终的损失仍由转移者承担。此外为确保风险转移的顺利落实，在合同中须明确规定双方的权利与责任。常见的非保险转移措施有：工程分包、转包、担保、出售；技术转让；设备租赁；免责合同等。

（五）风险监控

监控风险是在整个项目期间，监督商定的风险应对策略的实施、跟踪已识别风险、识别和分析新风险，以及评估风险管理有效性的过程。

由于在项目实施过程中合规风险是不断变化的，企业应落实监控措施，管理合规义务和对应的合规风险，实现预期的行为。

采取有效的监控措施确保满足合规义务，能够预防或发现不合规事件并纠正。充分而严格地设计各类、各层次的监控措施，以促进企业的活动和运行环境实现合规义务。

比如，控制包括：

· 清晰、实用并易于遵循的文件化运行方针、程序、过程和操作指示；

· 系统和异常报告；

· 审批；

· 划分有冲突的角色和职责：

· 自动化过程；

· 年度合规计划；

· 员工绩效计划；

· 合规评估和审核；

· 管理层的承诺和促进合规行为的其他措施；

· 对预期的员工行为（标准、价值观和行为准则）进行主动、公开且经常的沟通。

风险监控方法如下：

· 风险审计：专人督察风险监控机制的执行情况，并定期对风险执行过程进行审核。

· 风险审查会：定期召开合规风险的审查会，来检查和记录风险应对策略的有效性。在风险审查中，还可以识别出新的合规风险，并及时制定应对措施。

· 技术指标分析：比较计划技术指标与实际技术指标之间的差异。

· 风险预警监督：度量项目在运作过程中某指标偏离预警线的强弱程度、发出预警信号并提前采取防范措施。

结 语

开展境外经营是中国企业实现企业发展战略，参与“一带一路”建设，推进中国与世界各国（各地区）互利共赢的重要方式。强化合规经营意识是企业海外经营行稳致远的前提。

不论国内还是国外，廉洁、合规都已成为世界范围内对企业的基本要求，国际机构以及国家（地区）、行业组织等各个层面的监管力度都将越来越大，企业依法合规经营已经成为当今企业治理的国际趋势。中国的工程建设企业也应当积极顺应国际趋势，认识到建立合规制度、强化合规监管的重要性，努力建设和实施符合国际标准的合规经营制度。

我国工程建设企业在“走出去”过程中，因不合规被处罚的案例比比皆是，而在海外失败项目中的经验教训，往往具有很高的相似度。“屁股出去了，脑袋还留在国内”，这十分形象而深刻地概括了合规问题的成因。我国工程建设企业在国内市场的技术、工期等方面创造了一系列的工程奇迹，但是我们必须清楚地认识到，这些“奇迹”的产生是依赖中国这个得天独厚的市场环境，占尽“天时、地利、人和”，一旦脱离了这个熟悉的市场环境，丧失了赖以创造“奇迹”的土壤，中国承包商很难复制“中国速度”。

我国工程建设企业在几十年“走出去”的过程中所形成的经验，往往是以高成本作为代价的。而用高成本换来的境外工程经验，又常常是低效率的。一方面，获得经验的往往是个人，而个人的经验很难转化为组织合规体系的一部分，常常出现“人走了，经验也被带走了”的怪现象。然后，企业又不得不重新开始“交学费”和积累教训，很少能够像成熟的国际承包商那样，及时把经验和教训总结、固定下来，形成失败项目的案例库。另一方面，我国“走出去”的工程企业之间难以建立有效的沟通交流机制，个别企业的经验教训难以成为整个行业的共同财富。如果不能突破这种重蹈覆辙的恶性循环，我们所付出的“学费”会更加惊人。

因此，我们编制了本书，对境外合规经营的经验予以总结。期望通过我们的努力，把大家的经验串联起来，能使境外经营人员及企业，对境外各国（各地区）的经营方式及合规要求有总体的了解；同时，希望通过本书，加强企业对合规意识、合规文化及合规具体要求方面的重视。

附　录

附录 1　埃及部分政府部门和相关机构一览表

序号	机构名称	网　址
1	埃及政府门户网站	www. egypt. gov. eg
2	内阁	www. cabinet. gov. eg
3	贸易与工业部	www. mti. gov. eg
4	议会事务部	www. mpa. gov. eg
5	军工生产部	www. momp. gov. eg
6	国防部	www. mod. gov. eg
7	宗教基金部	www. miic. gov. egawkaf. org
8	电力与可再生能源部	www. moee. gov. eg
9	外交部	www. mfa. gov. eg
10	石油与矿产资源部	www. petroleum. gov. eg
11	移民与侨务部	www. emigration. gov. eg
12	水资源与灌溉部	www. mwri. gov. eg
13	旅游与文物部	www. antiquities. gov. eg
14	人力资源部	www. manpower. gov. eg
15	供应与内贸部	www. mss. gov. eg
16	司法部	www. moj. gov. eg
17	教育与技术教育部	www. emoe. org

续 表

序号	机构名称	网 址
18	高教科研部	www. mohesr. gov. eg
19	计划与经济发展部	www. mped. gov. eg
20	文化部	www. moc. gov. eg
21	国际合作部	www. moic. gov. eg
22	财政部	www. mof. gov. eg
23	地方发展部	www. mld. gov. eg
24	内政部	www. moi. gov. eg
25	卫生与人口部	www. mohp. gov. eg
26	环境部	www. eeaa. gov. eg
27	通信与信息技术部	www. mcit. gov. eg
28	青年体育部	www. emys. gov. eg
29	国有企业部	www. mpbs. gov. eg
30	住房与公共设施部	www. moh. gov. eg
31	交通部	www. mot. gov. eg
32	新闻国务部	www. scm. gov. eg
33	民航部	www. civilaviation. gov. eg
34	社会团结部	www. misa. gov. eg
35	农业与农垦土地改良部	www. agr-egypt. gov. eg
36	苏伊士运河经济区管理局	www. sczone. gov. eg
37	投资与自由区管理总局	www. gafi. gov. eg
38	中央公众动员与统计局	www. capmas. gov. eg
39	埃及国家信息服务中心	www. sis. gov. eg

附录2　埃及主要中资企业

企业名称	
国家开发银行开罗代表处	安琪酵母（埃及）有限公司
中国远洋海运集团埃及公司	科泰电源埃及公司
中国贸促会驻埃及代表	丰尚埃及工业股份公司
中国石化国际石油勘探开发有限公司埃及公司	中国技术进出口集团有限公司埃及代表处
中国西电埃及分公司	中国中冶埃及代表处
中萨钻井公司	中国船舶工业贸易有限公司埃及代表处
华晨巴伐利亚汽车股份公司	中国葛洲坝集团股份有限公司埃及分公司
中埃·泰达苏伊士经贸合作区	中国路桥工程有限责任公司
巨石埃及玻璃纤维有限公司	中国水电建设集团国际工程有限公司埃及代表处
新希望六和股份有限公司	国家电网-中国电力技术装备有限公司
中国能源建设集团国际工程有限公司	中国土木工程集团有限公司
中国铁建国际集团埃及分公司	大运埃及机车股份有限公司
中国电子科技集团有限公司埃及代表处	中航技进出口有限责任公司埃及代表处

续　表

企业名称	
中国建筑股份有限公司埃及分公司	埃及宏华石油钻机制造股份有限公司
中国电子进出口有限公司埃及代表处	胜利渤海钻井埃及公司
中国北方工业有限公司埃及代表处	美的开利埃及合资公司
振华石油埃及 NPIC 公司	中石油阳光国际埃及有限公司
埃中钻井公司	重庆长安汽车国际销售服务有限公司
中国航空技术国际控股有限公司埃及代表处	迈瑞医疗埃及分公司
中兴通讯股份有限公司埃及分公司	埃及鳗鱼花园旅行社
中国港湾（埃及）工程有限责任公司	金石安保有限公司
埃及华为技术有限公司	浙江正泰电器股份有限公司
中曼石油埃及分公司	中国电信（非洲中东）有限公司埃及代表处
埃及中纺机无纺布有限公司	埃及恒石公司
新亚国际进出口贸易	徐州工程机械集团进出口有限公司
红太阳服装公司	东方电气驻开罗办事处
埃及综合工业股份有限公司	中国船级社
山东科瑞有限公司埃及代表处	上海吉上照明科技有限公司
中国石油技术开发公司埃及代表处	上海电气集团股份有限公司埃及分公司
中国能源建设集团浙江火电建设有限公司	山东泰开电力建设工程有限公司
中材国际成都建筑材料工业设计院	正邦科技

续 表

企业名称	
中地海外集团有限公司	江苏亨通光电股份有限公司
杰瑞集团埃及代表处	中国外运埃及公司
一汽非洲投资有限公司埃及代表处	中国新时代控股（集团）公司
普晨星国际投资管理埃及有限公司	埃及黄金时代旅行社
中国重汽集团国际有限公司	三一重工股份有限公司
中国柯维家具（埃及）有限公司	东盛建筑工程公司
奇瑞汽车	陕西省一三一煤田地质有限公司
中钢设备有限公司	特变电工新疆新能源股份有限公司
烽火国际（埃及）贸易公司	中国能源建设集团广西水电工程局有限公司埃及公司
彩讯埃及工业公司	中国电子科技集团第二十八研究所（南京电子工程研所）
深圳市远东国际货运代理有限公司	一带一路（北京）国际物流有限公司
山东潍柴进出口有限公司	丝味埃及食品饮料有限公司
特变电工山东鲁能泰山电缆有限公司埃及分公司	中国化学工程第十六建设有限公司
山东宏丰钻探科技有限公司	浙江吉利汽车国际贸易有限公司
沈阳斯沃电器	隆鑫（埃及）动力股份有限公司
阿玛斯卫浴制造有限公司	中国五环工程有限公司埃及分公司
同方威视公司	哈尔滨电气国际工程有限责任公司
泛阿网络	四达时代软件技术股份有限公司
海能达通信股份有限公司	中国天辰工程有限公司埃及代表处
浙江城建企业	北京中创信测科技股份有限公司

续　表

企业名称	
浙江大华技术股份有限公司	传音控股埃及办事处
中国电建集团湖北工程有限公司	埃及诚信建筑工程有限公司
汉能薄膜发电集团	思源电气股份有限公司
四川航空股份有限公司	中埃绿色蔬菜食品公司
康好科技股份公司	中交一公局
神州高铁技术股份有限公司	华诚工程有限公司
镇江国际经济技术合作有限公司	名创优品股份有限公司
中工国际工程股份有限公司	上海汽车国际商贸有限公司
中国化学工程集团有限公司	厦门明承环保科技有限公司
中国铁路通信信号股份有限公司	中建三局集团有限公司
KKK 工程工业公司（宁波万佳）	中控智慧科技股份有限公司
狮子集团	好龙摩托车公司
中铁二十局集团有限公司	杭州海康威视数字技术股份有限公司（埃及分公司）
超石建筑工程有限公司	中国国机重工集团有限公司
中联重科股份有限公司	中国能源建设集团江苏省电力建设第一工程有限公司
上海联影医疗科技有限公司埃及代表处	中国寰球工程有限公司
保利科技有限公司	万控集团有限公司
骏麒商贸有限公司	金时塑料有限公司
科思达国际有限公司	海尔国际智慧教育
TCL 集团有限公司	中铁武汉电气化局集团有限公司

续　表

企业名称	
埃及海大有限公司	中国石油化工集团有限公司非洲代表处
埃及快虎摩托车公司	信永中和埃及会计师事务所
陕西重型汽车进出口有限公司	中化二建集团埃及分公司
新建筑工程有限公司	中国长城工业集团有限公司

附录3 埃及主要华人商会和社团

序号	社团名称
1	埃及华人联谊理事会
2	埃及中国和平统一促进会
3	埃及东北华商总会
4	埃及中国石材协会
5	埃及中华总会
6	中埃友谊促进会
7	埃及埃中文化交流协会
8	埃及华人华侨协会
9	埃及河北同乡会
10	埃及中国学生学者联合会